AS PRISÕES DE SÃO PAULO

Estado e mundo do crime na gestão da "reintegração social"

CB027539

AS PRISÕES DE SÃO PAULO

Estado e mundo do crime na gestão
da "reintegração social"

Felipe Athayde Lins de Melo

alameda

Grafia atualizada segundo o Acordo Ortográfico da Língua Portuguesa de 1990, que entrou em vigor no Brasil em 2009.

Edição: Joana Monteleone/ Haroldo Ceravolo Sereza
Editor assistente: João Paulo Putini
Projeto gráfico e diagramação: Camila Hama
Capa e revisão: Ana Lígia Martins
Assistente acadêmica: Danuza Vallim
Imagem da capa: Ilustração – Murilo Maluf. |s|p|

Este livro foi publicado com o apoio da Fapesp.

CIP-BRASIL. CATALOGAÇÃO NA PUBLICAÇÃO
SINDICATO NACIONAL DOS EDITORES DE LIVROS, RJ

M485p

Melo, Felipe Athayde Lins de
AS PRISÕES DE SÃO PAULO : ESTADO E MUNDO DO CRIME
NA GESTÃO DA 'REINTEGRAÇÃO SOCIAL'
Felipe Athayde Lins de Melo. - 1. ed.
São Paulo : Alameda, 2014
240p. : il.; 23 cm

Inclui bibliografia
ISBN 978-85-7939-282-5

1. Prisioneiros - Educação - São Paulo (SP).
2. Criminosos - Reabilitação - São Paulo (SP).
I. Título.

14-13798   CDD: 365.66098161
                        CDU: 343.811

A Coleção Conflitos & Justiças é organizada por Jacqueline Sinhoretto.

ALAMEDA CASA EDITORIAL
Rua Conselheiro Ramalho, 694 – Bela Vista
CEP: 01325-000 – São Paulo, SP
Tel.: (11) 3012-2400
www.alamedaeditorial.com.br

Para Adriel

SUMÁRIO

PREFÁCIO

O argumento "contra a hipótese repressiva" já é conhecido, mas sobretudo no domínio da sexualidade. O poder que incide na construção da ordem e do sujeito modernos não estaria centralmente preocupado em *reprimir* o sexo, de forma inespecífica; daí a profusão de discursos modernos que, ao contrário, o instigam, das tardes de domingo às noites de sábado. Interessaria mais ao poder legitimar uma instância – soberana, disciplinar, governamental – a partir da qual se pudesse *classificar* legitimamente a sexualidade: descrevê-la, categorizá-la, hierarquizá-la. A administração moderna do sexo se nutriria dessa operação de captura e reificação inscritas no ato de nomear, também ato de moralizar. O significado dos nomes se rotinizaria como parte da natureza; normalizaria aquele sexo plausível de ser integrado à vida familiar e produtiva, distinguindo-o daquele a ser banido da moral dominante, no limite da legalidade. Do quarto escuro dos pais de família aos mais abjetos puteiros, o dispositivo da sexualidade agiria classificando, para governar.

Pois bem, nunca se falou tanto sobre a "violência urbana" como hoje. Armas de fogo, bandidos com o rosto coberto, policiais, drogas apreendidas e corpos estirados no chão povoam noticiários espetaculares e conversas de bar. Nunca, tampouco, se apostou tanto no encarceramento daqueles que se *classifica* como sendo seus artífices: homens jovens e pretos, pardos ou favelados, que levaram a sério a incitação orgiástica por consumo de carros, motos e mulheres, dinheiro fácil, cerveja e "vida loka". Tínhamos 45 mil presos no estado de São Paulo, em 1996; hoje são mais de 200 mil. A chamada "população carcerária" segue crescendo com metas precisas, e sua média etária ultrapassa pouco os 20 anos de idade.

O livro de Felipe Melo nos apresenta a alguns desses "marginais" que, por representarem o oposto da lei e da ordem, servem de referência contrastiva para a construção dos pilares cognitivos, morais e legais da família, do trabalho, da igreja e do estado, no Brasil contemporâneo. Nosso "outro" fundamental já não é o desempregado, que pede integração social por querer ser trabalhador, por ter índole e religião de trabalhador. Nosso outro agora é o "bandido", o inimigo público que precisa ser contido, talvez internado compulsoriamente, no limite exterminado. Não se oferecem direitos aos inimigos. Este livro nos leva a conhecer, por isso, os modos como corpos e mentes desses homens têm sido concebidos e administrados, entre as muralhas dos presídios e os escritórios do governo. Administrados, também dentro e fora da cadeia, pelo Primeiro Comando da Capital e pelo governo capilar das igrejas evangélicas.

Administrados, ainda, pela dinâmica econômica em que se inscrevem quando se filiam ativamente ao "crime" ou são, por outros, incriminados. Em torno da representação que se faz da existência desses "ladrões", operam hoje muitos mercados: de grades de ferro para celas, mas também para casas de família, escolas e hospitais; de cercas elétricas, câmeras de segurança e arames farpados em espiral para presídios, mas também para centros comerciais e mesmo bairros inteiros; de carros blindados e armamento para as polícias, mas também para empresários, jornalistas, juízes e consultores; de incorporação imobiliária para condomínios fechados, mas também para a "nova Classe C"; de unidades de internação para adolescentes e clínicas de reabilitação para usuários de drogas, mas também de novas plantas prisionais para os que delas saírem; de pedreiros e serventes para construir tudo isso, de psicólogos comportamentalistas e psiquiatras positivistas para demonstrar a centralidade dos remédios de tarja preta para gestão do "problema da violência". Sem falar do dinheiro movimentado nos próprios mercados ilícitos de drogas e armas, motos e carros roubados, apropriado, em grande escala, por quem não é classificado como "ladrão". "Está caro ser criminoso em São Paulo", nos diz um dos personagens do livro. Há que se levar a sério o que ele diz, e Felipe Melo faz isso. Contra a hipótese repressiva: o crime compensa para os mercados, e compensa para a ordem desigual, desde que corretamente gerenciado. O sistema prisional que esse livro nos faz conhecer está no centro dessa gestão.

Para que esse livro fosse escrito, muitos milhares de quilômetros foram percorridos pelo autor, no mesmo caminho dos "bondes" que deslocam os presos pelas estradas paulistas. Bem perto dos interlocutores aos quais somos apresentados nas páginas que seguem, muita gente morreu, muitos outros ficaram feridos. Não há sangue nessas páginas, entretanto. Muito pouco se discutirá sobre a violência criminal ou policial. Os principais personagens das narrativas a seguir são, antes de mais nada, objetos heurísticos de uma análise da vida social que não se confina às cadeias do estado de São Paulo, mas as atravessa. Diego, Mário e Anderson também não se confinam a circuitos fechados. Vivem em territórios alargados, circulam entre espaços sociais os mais diversos – a capital e o interior, o centro e a periferia, as dinâmicas criminais e as delegacias de polícia, os fóruns e as audiências; em pontos de venda de drogas e armas, em bares e biroscas, mas também em shows e hotéis, em casas de família, faculdades, igrejas e instâncias de regulação de mercado, em escala nacional e internacional. Não se apropriam, entretanto, dos bens sociais e direitos que esses trânsitos em tese propiciariam. Demonstram por suas andanças, e isso é importante notar desde logo, que a cadeia não tira as pessoas de circulação, muito menos as tira do *mundo do crime*, mas os priva da comunidade política estatal. Se o mundo é o conjunto de espaços entre as pessoas – Simmel e Arendt já o afirmaram – a passagem das trajetórias aqui narradas pelas cadeias é signo da ampliação do *mundo do crime* paulista e, sobretudo, da sua pervasividade social. Mas é signo, também, do modo contemporâneo de sujeitar territórios e populações pobres, apartando-as da comunidade moral que rege a distribuição de direitos: a incriminação.

As páginas deste livro, que já nasce sendo referência para os estudiosos do cárcere, da punição e das relações de poder contemporâneas, foram escritas em situação liminar. Felipe Melo estava no governo e fora dele, ao mesmo tempo, justamente durante os anos em que se consolidou em São Paulo, nos bastidores, a decisão de fazer das prisões o centro de irradiação de uma estratégia de contenção do conflito social e urbano. Foi gerente de uma fundação voltada para cuidar da "educação" daqueles que ninguém pensa que possam realmente ser educados; da "reinserção" daqueles de quem se está seguro que, se não forem contidos, disciplinados, civilizados, evangelizados, engrossarão as fileiras dos "reincidentes". Daqueles homens e mulheres que, para "defender a sociedade", resolve-se encarcerar e, uma vez encarcerados, decide-se que produzam bons negócios para os municípios onde estão, para as empresas que "investem" em sua mão de obra, para os funcionários que os vigiam e punem. As taxas seguem crescendo e o trânsito entre os muros das cadeias, contados apenas os que entram e saem delas fisicamente, todo mês, gira em torno de 12 mil pessoas, em São Paulo. A posição institucional e política do autor – fazer e não fazer parte desse jogo – produz uma liminaridade que, como se sabe, é condição privilegiada de pesquisa. É desse privilégio que brota a qualidade do trabalho condensado aqui.

Este livro tem quilômetros rodados suficientes para demonstrar que o binômio "reinserção *versus* reincidência", tradicional forma de representar a finalidade normativa das instituições prisionais, serve mais para produzir "bandidos" do que para "diminuir a criminalidade". Nota-se aqui, ainda, que o vetor normativo que supostamente apontaria para a "reinserção" simplesmente não existe no mundo das práticas. Mas nota-se, sobretudo, que o próprio enquadramento da questão, baseado nessa polaridade, não faz sentido no cotidiano dos supostos "pólos de desenvolvimento local", vulgo *cadeias* de São Paulo. Ao afirmar a irrelevância empírica da oposição moral entre "reincidência" e "reinserção", o livro demonstra também os modos como essa ficção se valida como verdade entre os "formadores de opinião", ou seja, entre as elites que governam São Paulo há décadas. Se "reinserção" e "reincidência" não são opostas pelo vértice nas práticas de prisões, mas o são nas representações normativas dominantes, pode-se perscrutar a partir delas as fronteiras que produzem o problema das prisões e do *mundo do crime* em São Paulo.

Caudatária da bibliografia recente a respeito das prisões paulistas, que atravessa diferentes grupos de pesquisa, a reflexão de Felipe Melo supre a lacuna fundamental de etnografar os bastidores da administração do conflito prisional contemporâneo, em conexão com o universo das políticas para presos e egressos produzidas tanto pelo Estado, quanto pelo "crime" e pelas "igrejas" que se instalam, mais uma vez, dentro e fora das cadeias. O autor não se aventura por nenhum submundo criminal, nessas páginas, porque nessa abordagem metodicamente construída, rigorosamente orientada, existencialmente conduzida, não existem submundos. Tampouco aventureiros. Nas estradas em que esse livro se gestou, há sim muito trabalho conjunto entre o autor e sua orientadora no Programa de Pós-Graduação em Sociologia da Universidade Federal de São Carlos, Jacqueline Sinhoretto, a quem admiro muito. Há um grupo de pesquisa, coordenado por ela, no qual versões anteriores da então dissertação de mestrado puderam ser debatidas, corrigidas, refeitas. Nas páginas a seguir há muito rigor de pesquisa e, sobretudo, uma história pessoal de dedicação a uma causa, ao mesmo tempo intelectual e política, de compreender para habitar um mundo comum. Este livro é, assim, fruto da experiência, como gestor e pesquisador, de alguém que compartilhou dos cotidianos de presos, funcionários, diretores, políticos e administradores públicos, do sempre em expansão sistema penitenciário paulista. História pessoal, intelectual e política coetânea ao período em que a prisão deixou de ser, em São Paulo, uma questão ligada apenas à "segurança pública". Os "bandidos" a chamam de *faculdade*, em muito pelo alargamento da crítica que a atual conformação das lutas sociais em torno do "crime" possibilita, em período de hegemonia do PCC. Classificações, que demonstram o grau de dissenso, de potencial conflito político e violento, que ronda esses territórios. Presídios-faculdade, monitores-presos. Contra a hipótese repressiva: parafraseando um poeta marginal: "nas cadeias, o poder gargalha".

Gabriel de Santis Feltran
São Carlos, agosto de 2013

APRESENTAÇÃO

No momento em que iniciei a formação nos estudos de sociologia da violência e da punição, tive a percepção de que não havia nada mais a ser compreendido a respeito da prisão e do encarceramento. Era o ano do Massacre do Carandiru (1992), um morticínio perpetrado pela Tropa de Choque da Polícia Militar do Estado de São Paulo, em que para pôr fim a uma rebelião no interior de um mega presídio superlotado, a decisão – que passou pelo governador e pelo secretário de segurança pública – foi a invasão para promover confronto aberto entre a polícia armada e os internos que portavam apenas armas improvisadas. O saldo oficial foi de 111 mortos entre os presos e a eleição do candidato de situação ao governo estadual, três dias depois. Eu, à época com 18 anos, pude concluir que não havia como melhorar pontualmente a prisão. Ela era o resultado de um complexo sistema de injustiças, sustentado por decisões deliberadas de governantes eleitos, apoiado pela opinião da maioria dos paulistas, que continuava acreditando que "bandido bom era bandido morto". Do meu ponto vista, naquele momento, tudo já havia sido dito sobre a prisão. Mas não era bem assim...

O livro que ora apresentamos foi escrito por Felipe Melo e defendido como dissertação de mestrado junto ao Programa de Pós-Graduação em Sociologia da UFSCar, em 2012. Tive o privilégio de acompanhar o desenvolvimento desta pesquisa na condição de orientadora e de líder do Grupo de Estudos sobre Violência e Administração de Conflitos, que tem no encarceramento um de seus temas de pesquisa. É o segundo livro sobre prisões em São Paulo que apresentamos pelo selo Conflitos e Justiça da Alameda Casa Editorial, financiado com recursos da Fapesp e apoiado pelo Instituto Nacional de Ciência e Tecnologia – Instituto de Estudos Comparados em Administração Institucional de Conflitos (INCT-InEAC).

A recorrência é um dos indícios da centralidade do encarceramento e da penitenciária nos temas da sociologia da violência e da administração dos conflitos. Especialmente em São Paulo, estado em que as taxas de encarceramento não pararam de crescer nos últimos vinte anos, o dispositivo da prisão é a principal forma de administrar conflitos do crime e da economia ilegal do nosso sistema legal. Muito pouco se tenta para além disso, mesmo num país que teve um crescimento econômico destacado no cenário mundial e hoje figura entre as seis nações mais ricas do mundo, exibindo a quarta população prisional do planeta.

Entre as causas do encarceramento acelerado estão inúmeras mudanças legislativas que aumentaram as penas para um infindável rol de crimes, sob o argumento de que o crime é hoje uma das principais preocupações de nossa civilização. Contudo, o tráfico de drogas, os crimes patrimoniais mais graves, e os homicídios (na maior parte das cidades) apenas cresceram, enquanto um número cada vez maior de jovens passou a ser socializado, atrás das grades, nas dinâmicas avançadas da organização do crime.

Este livro trata deste contexto e procura interpelá-lo por um assunto comumente associado à juventude – a educação. Paradoxalmente, uma sociedade que encarcera jovens tem que lidar com o tema da educação no ambiente prisional. Contradição dramática de um Estado que pune com radicalidade até mesmo pessoas em formação, cidadãos que o mesmo Estado, mais à frente, será obrigado a reconhecer que não tiveram oportunidade de completar sua socialização formal. E no interior deste Estado coexistem também aqueles que não abrem mão do ideal civilizacional que concebe a escola como um lugar natural dos jovens.

Felipe Melo viu nesse paradoxo a possibilidade de construir uma sensível sociologia do momento contemporâneo. Com base numa experiência empírica robusta e num ponto de observação extraordinariamente privilegiado, ele foi desafiado pelo desejo e pelas dificuldades de exercitar a crítica de sua própria experiência cotidiana como superintendente para a educação no ambiente carcerário na Funap – Fundação de Amparo ao Preso "Prof. Dr. Manoel Pedro Pimentel".

Poucos tiveram acesso tão privilegiado para pesquisar as prisões de São Paulo como Felipe. E poucos tiveram condições tão desfavoráveis de ser um estudante de mestrado. Realizar a pesquisa sociológica não é só coletar um conjunto respeitável de dados; requer tempo para o exercício artesanal do registro das informações relevantes, da atribuição de sentido ao que se vê, do pensar com as teorias, conhecê-las, criticá-las, refazê-las, propô-las no texto acadêmico. Um de seus diários revelava que, em apenas uma semana, Felipe podia ter que viajar 900 quilômetros para visitar as unidades prisionais, espalhadas por centenas de cidades do interior do estado de São Paulo. Pequena odisseia de um profissional visceralmente comprometido com a garantia de um direito fundamental aos cidadãos no cárcere.

Mas impressiona, desde que o conheci, o exercício contínuo do distanciamento crítico fundamental para sua atividade intelectual. Felipe constituiu riquíssimos diários de campo de sua experiência enquanto se envolvia em conflitos ideológicos ou em questões administrativas, enquanto conhecia pessoas que o impressionavam por sua inteligência ou por sua estupidez, enquanto admirava as atitudes de técnicos ou de presidiários que passarão anônimos nas próximas páginas. Para nosso benefício, Felipe escreveu para dar sentido às ambiguidades e tensões da sua experiência no trânsito frenético entre o dentro e fora das grades. E teve a oportunidade de revisitar seus escritos e memórias – enriquecidos por outras fontes de dados a que também teve acesso – no processo de sua formação em pós-graduação.

O ponto de vista do autor deste livro é especial e único. Ele transitou entre os gestores penitenciários paulistas por anos, não apenas em uma unidade, mas em todas. Tinha acesso a conversar com os presos fora das celas e longe dos ouvidos dos agentes penitenciários, tinha acesso aos documentos e aos espaços, tinha uma posição que inspirava confiança. E desconfiança, é claro. As relações de respeito que estabeleceu com os monitores de educação permitiram que os homens livres das grades (ou nem tanto) ainda quisessem com ele manter contato. Por isto, seu registro etnográfico é tão único e raro. E denso, preciso, contundente. Felipe começou a construir sua sociologia da prisão bem antes de me conhecer e bem antes de ingressar no mestrado na UFSCar. Ora, o que eu tinha a acrescentar? Foi uma pergunta que nos fizemos durante um tempo.

Então tive o privilégio de poder ler alguns de seus diários de campo e suas reflexões. E fui ganhando espaço como interlocutora preocupada com a qualidade do método de relato e tratamento do muito que ele sabia sobre seu objeto de estudo e sobre as trajetórias dos sujeitos junto a quem fez sua pesquisa. Com isto, a situação de vida dos presos, as perspectivas de futuro dos egressos, o desenrolar de suas vidas – como pessoas de carne, osso, experiências, desejos, sucessos, fracassos, emoções, cálculos racionais – foram apontando as possibilidades de uma sociologia da prisão vigorosa e vibrante. Um exercício intelectual que não cedeu aos apelos sedutores de uma análise determinista ou dicotômica de uma realidade que é um efeito extremo de violências estruturais.

Nesta sociologia das prisões de São Paulo, o conhecimento sobre a população prisional dá lugar ao conhecimento de pessoas singulares. Este movimento é uma grande qualidade sociológica deste livro: Felipe Melo leva seu leitor à compreensão dos macroprocessos sociais que hoje definem o que são as prisões e as punições quando descreve o impacto destes sobre as pessoas que sofrem mais diretamente as suas consequências.

Conhecendo as pessoas através das análises de Felipe, compreendi que não basta lutar pelo fim das prisões. É preciso trabalhar para propiciar qualquer possibilidade de construção de dignidade aos jovens que hoje estão presos e que podem ter sua vida positivamente afetada pela experiência da educação, mesmo que ainda na prisão. Não se trata de um entusiasmo ingênuo ou piegas com o discurso da educação como processo libertador.

Não há aqui a crença na educação em ambiente prisional como um processo de cura ou salvação das almas perdidas. A prisão aqui não foi retratada como inferno, nem o crime foi tratado como pecado. Tampouco o papel dos educadores foi imaginado como o de salvar as almas para a gloriosa luz do céu do conhecimento. Nada disso. Podem não salvar nem a si próprios, já que uma das coisas surpreendentes deste livro é o registro da experiência de presos que são professores no interior do cárcere, conquistando respeito e prestígio com o ofício. Ao sair da prisão, porém, os estudantes-presos e os professores-presos, tornando-se egressos, podem ver-se aprisionados em tensões muito mais poderosas do que sua agência individual.

A "cela de aula" foi tomada como um propício *locus* de observação da vida moral e política no interior das prisões, intensamente conectada com o seu exterior. Num ambiente tão dificultoso para a pesquisa empírica como é a cadeia, uma metodologia sociológica criativa apresenta a prisão como um espaço de tensão e disputa permanente, que nenhum processo de educação no cárcere pode doravante ignorar.

O dilema entre a função ressocializadora da prisão (marcada pela garantia de direitos e pela vigência da lei) e sua função de pura gestão de vidas infames (marcada pelo predomínio da segurança sobre qualquer outra dimensão) aparece destrinchado por olhar minucioso. Olhar que leva a compreender que a prisão atual não é isto ou aquilo – ela é o efeito da luta entre estas forças contraditórias.

Lei, direito, cidadania, de um lado; segurança, guerra, negócios, mercado, neutralização de inimigos, de outro. São linguagens e táticas mobilizadas por diferentes atores no interior do sistema penitenciário. Na análise construída por Felipe Melo não há apenas guardas e presos dentro da prisão, há professores, técnicos, cargos de direção e gerência intermediários que mobilizam e se valem da ambivalência da punição carcerária para sobreviver e sustentar-se num ambiente conflitivo e prestes a explodir. Não há apenas uma massa de presos com identidades fixas. Há pessoas que lutam pelo reconhecimento do *partido*, buscando melhorar, mediante a experiência prisional, sua posição no mundo econômico e político do crime. Há operadores experientes dos mercados ilegais que buscam manter equidistância tanto da polícia como do PCC. Há singularidades que resistem dia após dia às opressões de guardas e faxinas e disciplinas e tantas outras posições de comando que disputam a vida política na cadeia e no crime.

A leitura do livro adverte que não adianta fazer política pública nos gabinetes de secretarias, com intenções ilustradas e humanistas, sem levar em conta o poder disputado corpo a corpo no interior das prisões por quem o exerce concretamente: administradores, agentes penitenciários, representantes do PCC, operadores poderosos de um mercado ilegal multimilionário que explora mão de obra e comercializa mercadorias. Nesta forma contemporânea de capitalismo, o Estado exerce regulação do mercado através das ambivalências do cárcere: impondo-o, cedendo-o, negociando suas condições internas, deixando de impor-se, ameaçando com formas de cárcere mais duras, e com punições mais graves que o cárcere.

"It's a brave new world that have such tings in it", diria Aldous Huxley, se tivesse conhecido este admirável mundo novo do encarceramento em que há tanto de velho e de repetido. Porém, diferente do mundo imaginado por Huxley, no mundo analisado por Melo não há um poder centralizado e coerente do qual emana toda a ordem: no interior do cárcere a ordem é disputada a cada centímetro, gesto, recurso, homem a homem. Submeter-se ou resistir aos múltiplos poderes são ambas atitudes perigosas, por serem ambivalentes.

Mesmo constituindo-se numa punição degradante e inaceitavelmente desproporcional para a imensa maioria dos que a ela são condenados, a prisão não vai desaparecer tão logo do nosso horizonte. Hoje ela enreda cada vez mais vidas. Hoje ela é um elemento importante de reprodução do capitalismo ilegal e da nova regulação do Estado, que se faz num emaranhado de ambivalências e de tensões. A nova regulação sinaliza dubiamente para a expansão de direitos e para formas específicas de segregação de grupos que têm existência econômica – uma espécie de cidadania mercantil – sem ver reconhecida a legitimidade moral de sua existência.

Há algo de dolorosamente ambíguo em fazer pesquisa sobre prisões. A centralidade e a força deste dispositivo tem nos levado, parceiros de pesquisa no Grupo de Estudos sobre Violência e Administração de Conflitos, ao reforço de nossas convicções abolicionistas. De fato, como há muito já foi captado por Michel Foucault, toda reforma da prisão, qualquer que seja a "melhoria", a torna cada vez mais prisão. Por sua centralidade e força, para nós sociólogos, educadores ou cidadãos, tornou-se impossível omitir-se e escusar-se da prisão. A publicação deste livro é um sucesso que faz valer os muitos esforços e dificuldades com que desenvolvemos a atividade da produção do conhecimento. Sucesso que coexiste com aquela dor.

Jacqueline Sinhoretto
São Carlos, 2014

INTRODUÇÃO

Quando cheguei à unidade prisional, notei prontamente que havia ali algo de diferente. A pintura em ordem, a simpatia e organização dos funcionários e seus procedimentos, a recepção cordial da direção, contrastavam com o atendimento protocolar e com a péssima conservação física de todos os outros CDPS[1] que eu já visitara.[2] Sempre achei que o abandono e o desleixo vistos nessas prisões fossem marcas da transitoriedade que as devia caracterizar,[3] como se tudo ali representasse fluidez, como se mesmo a concretude física se dissolvesse nessa fluidez.

Aquela unidade, porém, era diferente. O dia claro de sol outonal reforçava o contraste entre aquele prédio e seus circunvizinhos. Incrustado em plena área urbana da capital paulista, havia ali um complexo de unidades penais para presos provisórios e a prisão onde

---

[1] Centros de Detenção Provisória, unidades prisionais concebidas para abrigar presos antes do julgamento.

[2] Em 2004 fui contratado pela Funap – Fundação Prof. Dr. Manoel Pedro Pimentel, órgão vinculado à Secretaria de Administração Penitenciária de São Paulo, razão pela qual conheci mais de cem unidades prisionais no estado. Meu percurso de inserção no campo, como profissional e como pesquisador, será descrito adiante.

[3] No discurso oficial, os Centros de Detenção Provisória serviriam para desocupar as cadeias públicas. Dessa forma, abrigariam presos provisórios, com alta taxa de rotatividade da população prisional. Empiricamente, no entanto, há presos que passam vários anos nessas unidades, seja pela morosidade do julgamento, seja pela morosidade da transferência, quando condenados, para estabelecimentos penais de cumprimento de pena.

eu entrara se destacava, naquele momento, pelo pequeno número de pessoas a visitarem-na. As conversas posteriores – com diretores da unidade e com alguns presos – confirmaram minha desconfiança inicial: por tratar-se de uma unidade ocupada principalmente por presos de artigo, o fluxo de visitantes era comparativamente menor que nas demais prisões. Tirei daí outra consequência: como ali havia uma população prisional com pouco trânsito[4] pelos estabelecimentos penais do estado, sua permanência na unidade era comparativamente maior que nos demais cdps. E foi inevitável associar esse perfil às condições físicas e administrativas daquele estabelecimento: era como se a fragilidade desta população no *mundo do crime* a imprimisse fixidez; e como se essa fixidez se traduzisse na robustez do concreto bem mantido, na pintura conservada, nos funcionários prestativos.

Eu chegara àquela unidade penal[5] em busca de um prisioneiro "reincidente". Diego[6] fora preso por assalto à mão armada, quarenta e um dias após ser solto em progressão ao regime aberto, tendo cumprido doze anos de prisão.

Caderno de campo, maio de 2010[7]

***

---

4   São chamados *presos de artigo* os homens presos por crimes sexuais, denominação dada pela própria população prisional. Outro termo comumente utilizado é *Jack*. Porém, ao longo deste texto utilizo os termos que foram mais recorrentes em minhas interações, quais sejam, *presos de artigo* e *coisa*. O pouco trânsito destes presos advém, inclusive, pelo número de unidades penais que os recebem: dos 152 estabelecimentos vinculados a sap (julho de 2012), apenas três são destinadas oficialmente para *presos de artigo* e em outras 13 unidades, presos desse perfil são aceitos, não se tratando, porém, de unidades exclusivas para crimes sexuais. (Pesquisa de Campo). Retomo essa descrição no Capítulo 3, ao narrar a trajetória de Diego.

5   Visita realizada no dia 13 de maio de 2010.

6   Nome fictício. Todos os nomes de presos ou egressos prisionais citados nesse trabalho são fictícios. Funcionários da Secretaria de Administração Penitenciária ou da Funap – Fundação Prof. Dr. Manoel Pedro Pimentel serão identificados pela inicial do nome, exceto quando se tratar de representantes de cargo de reconhecimento público.

7   Ao longo deste texto utilizarei registros de campo e anotações pessoais de trabalho. Embora ambas sejam extraídas de minha vivência, a distinção está na origem e no tempo de ocorrência dos fatos e passagens descritos. Considero anotações pessoais de trabalho aquelas extraídas de minha vivência profissional, anterior ao ingresso no programa de mestrado, e que retomo para descrever situações e relações referentes a temas aqui discutidos. Os registros de caderno de campo são posteriores ao ingresso na UFSCar e têm caráter mais diretamente vinculado à atividade de pesquisa.

Descrevendo disputas no campo da gestão de políticas penitenciárias e dinâmicas de conflitos e de convívio que se estabelecem entre diferentes sujeitos no interior das prisões paulistas, este livro busca analisar as relações sociais estabelecidas por egressos prisionais e que implicam em seu retorno ou não para a prisão. Para tanto, a trajetória de Diego foi tomada como caso central do estudo, relatando sua socialização inicial na prisão, a conquista da liberdade civil e um novo encarceramento, o qual o levará da marginalização no *mundo do crime*[8] à ocupação de uma posição de liderança entre a população prisional.

O estudo está amparado numa vivência de campo que permitiu cotejar esta trajetória com aspectos significativos das trajetórias de outros egressos prisionais, investigando as diversas relações e representações que tangenciam a vida destes sujeitos e buscando descrever os processos recorrentes que dimensionam a prisão como estrutura de pertencimento social de indivíduos vinculados ao *mundo do crime*. Nesse sentido, longe de se constituir como estrutura de isolamento e afastamento dos indivíduos do convívio na sociedade mais ampla, a prisão se apresenta, para parcela cada vez mais significativa da população paulista, como *lócus* de sociabilidade, de reconhecimento e de sobrevivência.

Nessa perspectiva, a abordagem aqui realizada acerca das trajetórias de egressos prisionais se opõe a uma concepção formal – legal e normativa – de "reintegração social",[9] que, amparada numa visão "ressocializadora" da pena de prisão, propõe a realização de ações de "tratamento penitenciário" como forma de preparação desses indivíduos para a liberdade. Segundo tal concepção, a "reintegração social" compõe um binário antagônico com a "reincidência criminal", sendo estes os dois polos opostos da vivência prisional, de modo que as ações de "tratamento penitenciário" devem prevenir a "reincidência", permitindo aos egressos prisionais novas formas de participação social, distanciadas do *mundo do crime*.

---

8   Tomo a expressão no sentido da abordagem de Feltran (2008a), como "expressão que designa o conjunto de códigos sociais, sociabilidades, relações objetivas e discursivas que se estabelecem, prioritariamente no âmbito local, em torno dos negócios do narcotráfico, dos roubos, assaltos e furtos" (Feltran, 2008a: 31).

9   São grafadas entre aspas as palavras ou expressões que representam conceitos clivados entre sua formulação normativa e sua manifestação fenomênica. Expressões nativas ou retiradas da minha vivência no campo são grafadas em itálico. Expressões extraídas de diálogos e/ou entrevistas, mesmo que apresentem vocalizações ou concordâncias verbais ou nominais distintas da norma culta, serão mantidas na forma dita pelos interlocutores.

Além do trabalho de campo, parto de pesquisas contemporâneas sobre a violência e as novas formas de organização das atividades criminais como laços de sociabilidade – sobretudo no estado de São Paulo –, questionando aquele antagonismo binário e interseccionando "reintegração" e "reincidência" em "superfícies de inscrição" (Deleuze, 1992: 113-114), resultando na demonstração da fragilidade do conceito normativo frente aos processos empíricos vivenciados pelos sujeitos que são, pela trajetória de Diego, aqui representados.

Considero como hipótese que a polaridade "reintegração x reincidência" escamoteia a multiplicidade de relações sociais estabelecidas a partir da prisão, sendo este binário insuficiente para compreender tal multiplicidade. Seja em decorrência dos laços e das representações de sociabilidade estabelecidos entre os próprios presos (que constituem diferentes *coletivos*[10]), seja como resultado das formas de convívio possibilitadas e negociadas pela administração penitenciária, seja pelo fluxo constante e crescente que se estabelece entre relações internas e externas às prisões, considerar as formas de participação social de egressos prisionais apenas sob a ótica normativa da "reintegração x reincidência" é ocultar os diversos significados e sentidos que a prisão ocupa na contemporaneidade.

---

10   O termo "coletivo" é apresentado em Biondi (2010) por substituição ao usual "facção". Compreendo que a opção da autora é acertada. O uso de "facção" exigiria adotar uma categoria universal de classe, da qual a *facção* representasse uma fração específica. Não me parece que o PCC, por exemplo, represente uma fração de uma classe universal de criminosos. Embora esse *coletivo* se coloque abertamente contra o *sistema* – termo nativo que designa "sociedade", ou seja, aqueles que não pertencem ao *coletivo* – suas características, conforme descritas na autora citada, dificultam associações teóricas a outras organizações criminosas, de modo que se pudesse elaborar aquele conceito universal. Mesmo assim, é preciso compreender este termo a partir de sua manifestação no campo e não como definição literal de um agrupamento ou grupo homogêneo. Sobretudo considerando que cada *coletivo* não é formado apenas por pessoas que se encontram em privação de liberdade, importa compreender esse termo como um conjunto de pessoas, nem sempre coeso ou aproximado, que compartilham de códigos e regramentos específicos acerca da vivência na prisão ou das relações que tangenciam a vida na prisão, o que será determinante para estabelecer o(s) sentido(s) daquilo que Adalton Marques (2009) tão bem descreveu como *proceder*, isto é, "um complexo conjunto de regras que organiza parte significativa da experiência cotidiana no interior das unidades prisionais do Estado de São Paulo" (Marques, 2009: 14). Um *coletivo* é, então, aquele conjunto de pessoas que compartilham de um mesmo *proceder*; não necessariamente estas pessoas estão na prisão, mas, seja porque por ela passaram, seja por terem relações – de parentesco, amizade, vizinhança etc. – com presidiários, passam a compartilhar dos mesmos códigos e a agir como pertencentes ao mesmo grupo. Este entendimento se aproxima também da definição de Eduardo Marques, que anota que "um coletivo seria formado quando pessoas se tornam conscientes das estruturas de comunicação que ocorrem em seu interior e começam a traçar fronteiras de pertencimento" (E. Marques, 2010: 50).

É nessa perspectiva que a trajetória de Diego apresenta-se referencial: longe de constituir um caso isolado, Diego esteve inserido num contingente expressivo de presos com acesso privilegiado às ações de "tratamento penitenciário", de modo que, ao terem acesso a todas as condições formais preconizadas pelo discurso[11] da "reintegração social", tais presos, ao deixarem a prisão, deveriam estar dotados das condições necessárias e suficientes para estabelecer outras relações que não os colocassem novamente no *mundo do crime*.

Assim, fez-se importante caracterizar esse contingente de presos, que são identificados como monitores de educação da Funap – Fundação Prof. Dr. Manoel Pedro Pimentel, órgão estatal responsável pela execução de diversas ações de "tratamento penitenciário" no sistema prisional paulista.[12]

Estes monitores são inicialmente instituídos por meio do projeto "Tecendo a liberdade", implantado pela Funap a partir de 2004 como proposta de educação nas prisões. O projeto foi elaborado segundo os referenciais da EJA – Educação de jovens e adultos, do socioculturalismo freireano e das experiências institucionais acumuladas ao longo dos mais de 30 anos da Fundação (Leme, 2011). Além desses referenciais, o "Tecendo" baseou-se num tripé de estruturação formado pelo binômio monitor preso/monitor orientador, por encontros de formação de educadores e por eixos temáticos de organização curricular.[13]

A proposta de assumir os *monitores presos* como sujeitos do processo educativo remonta a experiências surgidas durante o regime militar (Leme, 2011), em que presos políticos passaram a ministrar aulas para colegas de cela com menor escolarização. Assim, a partir de 2004 a Funap assume essa proposta como estratégia político-institucional, considerando o *monitor preso* como sujeito privilegiado de mobilização da comunidade escolar no interior das unidades prisionais e como agente específico de construção de conhecimentos significativos para esta comunidade de alunos, não restringindo o conhecimento aos conteúdos escolares tradicionais (Melo & Prado, 2010; Melo & Oliveira, 2010).

Porém, sobretudo a partir de 2010, uma série de transformações e disputas políticas em torno deste programa e do controle da oferta de educação nas prisões levará ao questionamento da posição ocupada pelo *monitor preso de*

---

11   Toma-se o termo no sentido foucaultiano, enquanto composto de enunciados, práticas, normas e instituições sociais.

12   O papel e as ações da Funap serão descritos adiante.

13   O detalhamento desta estruturação do programa "Tecendo a liberdade" surgirá adiante.

educação gerando, a partir de 2013, uma reconfiguração dessa posição enquanto sujeitos dos programas de "tratamento penitenciário".

Não obstante, em que pese o reconhecimento deste "lugar" privilegiado do monitor preso de educação, é comum encontrar indivíduos que ocuparam esta posição, participaram das ações de preparação para a liberdade, conquistaram direitos jurídicos – livramento condicional, progressão ao regime aberto etc. – e voltaram a cometer delitos.

Que relações estarão presentes nesses processos? Estará esse retorno ligado a uma concepção de fracasso da "reintegração social" – como fazem crer os índices de "reincidência"[14] – ou há outras relações envolvidas nesse retorno, que colocariam em xeque a própria concepção de "reintegração"? Quando se tornam egressos prisionais, que caminhos são buscados por esses monitores?

Decorre de tais questionamentos uma hipótese complementar, a saber, a de que a prisão se torna uma esfera a mais das estruturas de pertencimento social à medida que os egressos prisionais estejam inseridos em redes de sociabilidade cujos vínculos principais se imbricam no *mundo do crime*, não sendo rompidos pelas ações de "tratamento penitenciário".

A trajetória de Diego guiou a pesquisa por esse caminho[15] e exigiu considerar ainda outros recortes de especificidade.

Primeiramente, a pesquisa se refere às relações entre prisão e processos de retomada do convívio em liberdade de presos oriundos de unidades prisionais paulistas. Tal distinção se faz marcante, sobretudo, quando se considera que além de possuir a maior população prisional entre todos os estados brasileiros,[16]

---

14 Não há indicadores seguros de reincidência criminal. Ao passo que estudo do Ilanud aponta índices de 48% no estado de São Paulo, documentos da Funap, disponíveis em seu site, mencionam 65%. O então Secretário da Administração Penitenciária de São Paulo, Lourival Gomes, afirma não conhecer "nenhum lugar do mundo onde esse índice possa ser medido com segurança" (Discurso de inauguração de Unidade de Reintegração Social, em Avaré, no dia 23/09/2010). Essa dificuldade surgirá em outros momentos da pesquisa, reforçando a debilidade dos índices que são tornados públicos.

15 A pesquisa sistemática da trajetória de Diego inicia-se concomitantemente a minha entrada no programa de mestrado – 2010 – e se desdobra ao longo dos trinta meses subsequentes, sendo que nosso último encontro ocorreu em julho de 2012, no interior de uma unidade prisional.

16 O número de pessoas encarceradas no estado de São Paulo cresce exponencialmente, conforme se verá pelos dados aqui utilizados, que foram coletados em momentos distintos da pesquisa que deu origem a este livro. Optei por manter no texto final o dado que fora obtido no momento da coleta, explicitando aquele crescimento e especificando o período de sua obtenção. Assim, no momento em que foi necessário o registro da posição de São Paulo

São Paulo possui o maior número de unidades penais e a maior distribuição territorial destas unidades.

Sobretudo a partir da segunda metade da década de 1990, o Governo de São Paulo empreendeu um amplo processo de descentralização,[17] interiorização e desterritorialização (Silvestre 2012; Melo, 2007), que resultou numa mobilidade distinta dos demais estados aos presos e presas de São Paulo, que passam por constantes transferências de uma unidade a outra, em diferentes regiões geográficas, configurando redes de relacionamentos próprias do sistema prisional paulista.

Outra particularidade do estado é a presença do PCC – Primeiro Comando da Capital, *coletivo* de presos que exerce forte influência nas prisões paulistas e na problemática aqui apresentada[18] (Dias, 2011; Biondi, 2010).

Por fim, a Administração Penitenciária de São Paulo possui influências específicas na gestão da questão prisional em todo o país, tendo surgido neste estado algumas diretrizes que pautaram reformulações jurídicas e administrativas para as prisões de todo o Brasil (Teixeira, 2009).

Um segundo recorte diz respeito à expressão "população prisional", que, nesse trabalho, refere-se exclusivamente às pessoas em cumprimento de pena ou que foram aprisionadas nas unidades penitenciárias do estado, não havendo menção às cadeias públicas[19] nem aos hospitais de custódia.[20] Essa opção

---

num ranking internacional de pessoas encarceradas, a saber, em agosto de 2010, o estado contava com cerca de 170 mil presos, numa população prisional brasileira da ordem de 496 mil pessoas. Fonte: Departamento Penitenciário Nacional (disponível em: www.mj.gov.br/depen; acesso em: agosto de 2010).

17   Chamo de descentralização o processo de distribuição das unidades prisionais por cinco coordenadorias regionais da Administração Penitenciária, quais sejam: Coordenadoria das Unidades Prisionais da Capital e Grande São Paulo, Coordenadoria das Unidades Prisionais do Vale do Paraíba e Litoral; Coordenadoria das Unidades Prisionais da Região Central; Coordenadoria das Unidades Prisionais da Região Noroeste e Coordenadoria das Unidades Prisionais da Região Oeste. A interiorização se deu com a construção de mais de noventa novas unidades, a maioria no interior do estado. Já a desterritorialização corresponde à desvinculação do cumprimento da pena em regiões pertencentes à sede da execução criminal onde se deu a condenação, dificultando, inclusive, o acompanhamento do trânsito processual pelos condenados.

18   O PCC, sua influência e suas articulações com a própria administração penitenciária serão oportunamente discutidos.

19   As cadeias públicas, ou carceragens, estão vinculadas à Secretaria de Segurança Pública. Em setembro de 2010 o Estado de São Paulo apresenta cerca de 8.000 homens e mulheres presos nestas cadeias, segundo declaração do Sr. Lourival Gomes, Secretário de Estado da Administração Penitenciária, durante discurso de inauguração de Unidade de Reintegração Social, em Avaré, no dia 23/09/2010.

20   São três os Hospitais de Custódia e Tratamento Penitenciário, sendo dois no município de Franco da Rocha e um em Taubaté. Disponível em: www.sap.sp.gov.br; acesso em: setembro de 2012.

justifica-se pelo perfil destas instituições: no caso das cadeias públicas, não são oferecidas as ações oficiais de "tratamento penitenciário", uma vez que estes são espaços de prisão temporária, efetuada no momento da captura e de onde presos e presas são transferidos para estabelecimentos penitenciários. Quanto aos Hospitais de Custódia, sua análise exigiria a abordagem de outras questões e formas de atuação estatal, como a administração da psiquiatria nos espaços de privação de liberdade, o que não é objeto deste estudo.

✳✳✳

Este livro está dividido em cinco capítulos e possui forte ênfase na descrição de processos, relações e representações observadas no interior das unidades prisionais paulistas, na trajetória dos sujeitos com os quais mantive interlocução e nas articulações potítico-institucionais que se desdobram em torno das prisões de São Paulo no período de 2004 a 2012.

No primeiro capítulo, intitulado "Definições preliminares", procuro explicitar o processo de pesquisa e as relações que estabeleci no campo, deixando claro o lugar que ocupei e as formas por meio das quais identifiquei e obtive os dados apresentados.

Trata-se, nesse sentido, de uma abordagem etnográfica que leva em consideração as relações diretas estabelecidas entre o pesquisador, o campo de pesquisa e seus sujeitos, e que permitiu descrever os comportamentos coletivos e os agenciamentos individuais, tomados como pólos não-excludentes das dinâmicas sociais. Nessa perspectiva, abre-se espaço para compreender em que medida os indivíduos que permeiam e que formam a "estrutura prisão" são por ela orientados, mas, ao mesmo tempo, a transformam e a reproduzem. Em perspectiva semelhante, Dias (2008) anota que

> A vida cotidiana na prisão será entendida enquanto uma realidade social construída e mantida pelas relações sociais tecidas entre os diversos grupos que aí se encontram, os quais projetam, uns sobre os outros, expectativas de comportamento, de como devem agir, de como devem ser – expectativas oriundas de disposições fixadas nos estabelecimentos prisionais (Dias, 2008: 52).

É nessa abordagem que se dá a descrição dos fenômenos observados e vivenciados, os quais, por seu turno, são compreendidos a partir da concepção de que a prisão e as relações sociais que nela e a partir dela se desenrolam formam um campo de pesquisa já identificado no bojo da sociologia da violência e da punição. Este argumento é desenvolvido por meio de uma revisão dos estudos sobre violência, punição e prisão, sejam aqueles já consagrados na sociologia universal, sejam aqueles que vêm sendo realizados em contextos mais específicos, caso da atual produção sociológica acerca das dinâmicas da violência e das prisões no Estado de São Paulo.

Por outro lado, a revisão bibliográfica específica apontará a escassez de estudos da problemática que foi pesquisada: ver-se-á que embora tenha crescido o campo de reflexão e de produções acerca da violência, da punição e das prisões, o tema "egresso prisional" ainda é pouco explorado nessa literatura, causando dificuldades, inclusive, para a tomada de definição segura quanto a alguns conceitos utilizados. Assim, apresento, na seção 2 do capítulo i, uma definição conceitual de "reincidência" que permitiu o desenvolvimento da pesquisa, mesmo que aqui se assuma uma concepção oposta à definição trazida pela literatura.

O capítulo ii trata de "pôr a pesquisa em movimento". Descrevendo cenários empíricos, conflitos e representações que tangenciam e/ou determinam o(s) modo(s) de gestão das prisões em São Paulo, apresento *o monitor preso de educação*, uma posição que foi construída a partir de uma política institucional, mas que acabou por configurar uma nova identidade social no interior das unidades prisionais. Os conflitos, os mecanismos de controle, as disputas de poder e as influências exercidas sobre esses monitores são descritos ao longo deste segundo capítulo, que está dividido em quatro seções.

Embora a pesquisa tenha considerado a trajetória de Diego como eixo central dos processos descritos, a compreensão de suas características e dos desdobramentos de sua vivência nas prisões dar-se-á em cotejo com outras personagens. Assim, descrevo, no capítulo iii, etapas das passagens pela prisão de Mário e Anderson, dois egressos prisionais que, à primeira vista, tiveram pelos estabelecimentos penais paulistas vivências semelhantes a Diego. A partir de então, tornar-se-á possível compreender as especificidades da trajetória de Diego e as generalizações e inferências que, a partir dele, realizo.

É o que trato então no capítulo iv. De forma um tanto rizomática, este capítulo se divide em seis seções não lineares, descrevendo desde a socialização inicial de

Diego numa prisão do interior de São Paulo, passando por seu livramento civil e por momentos distintos de seu reaprisionamento. O estudo aponta, por esta descrição, elementos que permitem refutar o antagonismo entre "reintegração social" e "reincidência criminal", demonstrando, pelas trajetórias contrapostas, que nem sempre uma coisa é uma coisa e outra coisa é outra coisa, mas que aquela pode ser esta, tão provavelmente como esta pode ser aquela. Ou não, cantaria o velho Chico.

É o que se conclui no capítulo VI, no qual busco analisar o que fora descrito nos capítulos anteriores e alinhavar diversos pontos que, por necessidade pessoal e metodológica, precisavam ser concluídos ao final.

Assim, desejo boa leitura, àqueles/as que por obrigação profissional, paciência estoica ou curiosidade desinformada, se propuserem a seguir estas linhas.

I

Definições preliminares

O bem e o mal viviam junto na mesma terra, falavam a mesma língua, reuniam-se como velhos amigos, completados um pelo outro.

Graham Greene, *O condenado*

Percurso metodológico: um gestor público e a descoberta de um campo de pesquisa

A definição da problemática apresentada neste livro, bem como as condições para realização da pesquisa que lhe deu origem, foram decorrentes de minha atuação, ao longo de cerca de oito anos, como gestor de políticas penitenciárias. A importância de expor esta especificidade está, por um lado, na posição privilegiada[1] de acesso ao campo e às informações que lhe são pertinentes, e, por outro, na necessidade sempre presente de diferenciar os olhares de gestor público e de pesquisador.

Após participar de diversos programas e organizações do chamado "terceiro setor", em agosto de 2004 inscrevi-me num processo seletivo para preenchimento de vaga de gerente regional da Funap – Fundação Prof. Dr. Manoel Pedro Pimentel.

Fundada em 22 de dezembro de 1976, por meio da Lei Estadual 1238, a Funap teve seu Estatuto aprovado pelo Decreto nº 10.235, constituindo-se como uma Fundação de direito e fins públicos, vinculada à Secretaria da Administração Penitenciária do Estado de São Paulo e tendo como missão "contribuir para a inclusão social de presos e egressos, desenvolvendo seus potenciais como indivíduos, cidadãos e profissionais".[2]

Aprovado no processo seletivo, assumi o cargo em setembro daquele ano na região de Araçatuba, oeste do estado de São Paulo. Passei a acompanhar as atividades da Fundação em dezesseis unidades prisionais, distribuídas por nove municípios. Coordenava, em nível regional, os programas institucionais de educação, cultura, alocação de mão de obra e apoio ao egresso prisional.[3]

---

1   Sobretudo considerando ser um campo fechado, na medida em que o acesso a ele é dificultado inclusive por questões de ordem jurídica, minha atuação profissional permite afirmar que se trata de uma posição privilegiada.

2   Disponível em: http://www.funap.sp.gov.br. Acesso em: janeiro de 2011.

3   Uma descrição mais pormenorizada destes programas está disponível no sítio da Funap (ver nota anterior).

Permaneci naquela região até dezembro de 2008, quando fui transferido para a vaga de gerente regional de Campinas. Em fevereiro de 2010, período que coincide com minha entrada no Programa de Pós-graduação em Sociologia da Universidade Federal de São Carlos, assumi a Superintendência de Projetos e Captação de Recursos da Diretoria de Formação, Capacitação e Valorização Humana da Fundação, passando a coordenar as gerências regionais e a acompanhar aqueles programas em todo o estado.[4] Meu desligamento da Fundação dar-se-ia em outubro de 2012, período concomitante à conclusão da escrita da dissertação que originou este livro.

**

Ao assumir o cargo em Araçatuba, minha primeira tarefa foi a realização de processo seletivo para técnico em políticas públicas, que seria responsável pela gestão de uma Central de Atendimento ao Egresso Prisional (CAEF) a ser implantada naquele município. As CAEFS são equipamentos públicos geridos pela Coordenadoria de Reintegração Social e Cidadania da Secretaria de Administração Penitenciária de São Paulo (SAP) e são definidas como "o local onde o ex-detento recebe apoio integral para garantir boas condições para o convívio social".[5]

A implantação daquela CAEF fazia parte de um projeto da DIAPH – Diretoria de Atendimento e Promoção Humana da Funap, que até então coordenava, em parceria com a Reintegração Social, o programa de apoio ao egresso.[6] O pro-

---

4   Embora tanto o cargo de gerente quanto o de superintendente sejam cargos comissionados, com contratos em regime de CLT e sem vínculo de estabilidade, o que, em geral, os caracteriza como cargos de confiança, preenchidos por critérios de nomeação política, jamais possuí qualquer vínculo de ordem pessoal ou partidária para ocupá-los. Ao longo do período em que estive na Fundação passaram pelo Executivo Estadual três governadores; pela Diretoria Executiva da Funap quatro dirigentes; pela Diretoria ao qual estive vinculado, cinco diretores.

5   As informações estão publicadas em materiais institucionais da SAP e são disponibilizadas nas CAEFS.

6   A DIAPH teve seu nome alterado em 2007, passando a se chamar Diretoria de Formação, Capacitação e Valorização Humana. A Coordenadoria de Reintegração Social e Cidadania, instituída em fevereiro de 2009, substituiu o Departamento de Reintegração Social, que até então era responsável pelas CAEFS. Com relação às informações sobre a Funap, as extraí de minha própria prática profissional, pois acompanhei internamente todos esses processos. Quanto à transformação do Departamento em Coordenadoria, há notícias e links para o Decreto Estadual no sítio da Secretaria de Administração Penitenciária (http://www.sap.sp.gov.br).

jeto acabou não sendo executado, pois o órgão que seria financiador, o DEPEN – Departamento Penitenciário Nacional, órgão do Ministério da Justiça responsável pela definição da política e das diretrizes penitenciárias a serem seguidas pelos Estados da Federação, cancelou o recurso que estava previsto.[7]

Desde meu ingresso na Funap o programa de apoio ao egresso prisional me chamou particular atenção. Minha trajetória anterior pela área social exercia influência direta nesse interesse, pois considerava que havia ali um campo para a inovação em termos de concepção de projetos.[8] Assim, tão logo cheguei a Araçatuba iniciei um processo de formação de parcerias para discutir a implantação da CAEF, tendo elaborado, com os parceiros iniciais, um primeiro plano de ação[9] que estabelecia estratégias de formação de rede social e oferta de ações para o público previsto no programa. Paralelamente, acompanhava a execução de uma obra de reforma no prédio da antiga cadeia pública do município, onde seriam instaladas a CAEF e a gerência regional da Funap.

O cancelamento do financiamento previsto para o programa e as dificuldades na execução da obra de reforma[10] trouxeram a oportunidade para

---

7   À época, a informação que circulou na Funap foi de que o cancelamento do recurso para o projeto estava relacionado com uma reestruturação administrativa do DEPEN. Considerei irrelevante o motivo pelo qual o recurso foi suspenso, uma vez que esse elemento pouco se relacionava com a pesquisa realizada.

8   Desde o início de meu trabalho na Funap, considerei que não haveria muita condição para inovações no que tange às ações realizadas no interior das unidades prisionais. A cristalização dos procedimentos internos e o imperativo da contenção que rege os espaços de privação de liberdade indicavam esse sentido. Tais questões serão oportunamente discutidas. Por ora, apenas menciono esta percepção para contextualizar como direcionei minha atenção ao tema que originou minha pesquisa.

9   A documentação referente a este período está arquivada na Gerência Regional da Funap Araçatuba/Mirandópolis. Participaram do processo de discussão dirigentes e técnicos do Centro de Ressocialização (CR) de Araçatuba e da ONG CRISEP, que cogerenciava aquele estabelecimento penal.

10   Os recursos financeiros para a reforma eram compartilhados entre a Funap e o Departamento de Engenharia da SAP. À Fundação cabia o pagamento de mão de obra, utilizando-se o serviço de presos em regime semiaberto do CR Araçatuba. A SAP cobria as despesas de material de construção e projetos técnicos (engenharia). No entanto, em dezembro de 2004 houve uma grande rebelião na Penitenciária I de Presidente Venceslau, sendo a unidade totalmente destruída. Assim, no início de 2005, os recursos para a reforma da cadeia pública de Araçatuba não foram liberados, pois a prioridade de destinação de verbas era a reforma da unidade de Presidente Venceslau. Em abril de 2005, período em que deveria ser renovado o contrato de alocação de mão de obra dos presos do CR Araçatuba, recomendei à Diretoria da Funap sua suspensão, pois os presos eram liberados para o trabalho mas não havia o que executar na obra, uma vez que não havia material disponível. Desde então a obra foi suspensa e o prédio encontra-se abandonado, sendo objeto de diversas reclamações no município (Prédios

que eu pudesse me debruçar melhor sobre o assunto, buscando conhecer as experiências em curso e outras já realizadas em diferentes momentos. Em 2005, visitei o Departamento de Reintegração Social da SAP em São Paulo para conhecer de perto os serviços realizados numa CAEF. Ainda neste ano, uma comissão de funcionários da Funap e da SAP foi criada para redigir o documento que sistematizaria a experiência de atendimento ao egresso e estabeleceria as diretrizes para o Programa de Atenção ao Egresso Prisional e ao Familiar de Preso do Estado de São Paulo. Esta comissão não chegou a ser oficializada e seus trabalhos se resumiram a duas reuniões na sede da SAP, em decorrência de disputas internas e divergências entre as Diretorias da Funap e do Departamento.[11]

Pode-se afirmar que até este período o Estado jamais formulara uma política de atenção ao egresso prisional. As ações até então realizadas caracterizavam-se por serem ações isoladas e resultantes de iniciativas pontuais, que não permitiam a configuração de uma política pública de atendimento (Espinoza, 2003).

A dissolução da parceria entre a Funap e o Departamento de Reintegração Social conduziu estes dois órgãos para ações distintas. Enquanto a Funap acabou restringindo sua atuação junto aos egressos prisionais a duas experiências que estavam sendo implantadas,[12] o Departamento, posteriormente transformado em Coordenadoria, se consolidou enquanto órgão responsável por elaborar e propor a política oficial do Governo de São Paulo nesta área, dando origem a um programa estadual denominado "Pró-egresso".[13]

Atento a estas questões, iniciei, ainda em 2005, um processo de discussão com algumas prefeituras da região de Araçatuba sobre o impacto exercido pelas unidades prisionais nos municípios. Considerando que esse diálogo não tinha perspectiva acadêmica, foi possível identificar algumas queixas

---

abandonados causam transtorno à população. Jornal *Folha da Região*. 01/11/2009. 57 prédios estão abandonados em Araçatuba. *Idem*. 03/12/2008).

11   O texto preliminar que, naquele momento, deveria orientar a formulação do Programa Estadual encontra-se em arquivo pessoal e em arquivo da Funap.

12   São elas: o Centro de Desenvolvimento e Reintegração Social de Mirandópolis, abordado neste trabalho, e a COOPERESO – Cooperativa de Egressos Prisionais de Sorocaba.

13   Decreto estadual nº 54.025/2009, Institui o Pró-egresso. Em 16 de março de 2011, a Coordenadoria de Reintegração Social e Cidadania realizou o lançamento de seu sítio oficial (www.reintegracaosocial.sp.gov.br), apresentado como "uma ferramenta de controle e disseminação da política estadual de reintegração social", segundo palavras do então Coordenador, Sr. Mauro Rogério Bitencourt.

principais das administrações municipais. Dentre elas estavam a falta de apoio do Governo do Estado para que as cidades pudessem aprimorar sua estrutura de atendimento social e o "aumento dos índices de violência".[14] Na base de ambos problemas, a migração de famílias de presidiários em busca de aproximação familiar com o ente preso e a permanência nas cidades de egressos dessas prisões.[15]

Esse diálogo rendeu frutos principalmente na cidade de Mirandópolis, distante cerca de 80 km a oeste de Araçatuba. Ali, por meio de uma parceria com a Prefeitura Municipal e o Lions Clube local, ajudei a conceber e implantar o Centro de Desenvolvimento e Reintegração Social de Mirandópolis, inaugurado em agosto de 2006 e constituído como

> uma iniciativa comunitária sem constituição jurídica, cuja missão é elaborar, propor e executar políticas de desenvolvimento e reintegração social, voltadas ao atendimento de egressos prisionais, familiares de presos e comunidade de baixa renda [tendo o] propósito de formação de uma rede de apoiadores responsável pela elaboração e implantação de ações de integração entre comunidade local e o sistema prisional (Melo, 2008).

Meu ingresso no Programa de Mestrado em Sociologia da Universidade Federal de São Carlos foi motivado por inquietações geradas por este percurso profissional. O problema que eu colocava inicialmente era a ineficiência dos programas oficiais do Estado no atendimento aos egressos prisionais e aos familiares de presos. Problema que eu ouvia na interação cotidiana com presos e egressos prisionais. Problema percebido, empiricamente, no cotejo entre o que era realizado no CDRS Mirandópolis e informações que eram trazidas ao CDRS por presos ou familiares de presos que haviam procurado

---

14   Embora não haja dados que confirmem tal afirmação, essa era uma fala comum dos prefeitos com quem eu dialogava.

15   Conquanto não houvesse nenhum estudo que confirmasse as afirmações, a Divisão Regional de Assistência e Desenvolvimento Social de Araçatuba (DRADS) identifica na região três movimentos migratórios, sendo um ligado ao setor canavieiro, um vinculado ao movimento de trabalhadores rurais sem terra e o terceiro ligado à mudança de familiares de presos para os municípios onde foram instaladas as unidades prisionais. Essas informações foram também levantadas durante processo de discussão de parceria que estabeleci entre a Funap Araçatuba e a DRADS Alta Noroeste, e que resultou, em 2007, na elaboração de um Plano Regional de Desenvolvimento e Reintegração Social, cujo documento se encontra arquivado na gerência regional da Funap.

alguma CAEF, caso da história que relato abaixo, a partir de diálogo com a esposa de um presidiário:

> Casou cedo, grávida. Não tinha emprego, não tinha creche pro fi-lho. Quando conseguia, lavava roupas para estudantes universitá-rios. "R$ 8,00 por tanto". Tanto era a medida das roupas. Em algumas repúblicas, tanto significava as roupas de uma semana de 04, 05 moradores. Oliveira lavava e os R$ 8,00 "ajudava" nas despesas da casa. Morava com a mãe, irmão e cunhada. Três sobrinhos. Seu filho. O dinheiro dos tanto ajudava também na passagem do ônibus. Fim de semana sim, fim de semana não, Oliveira visitava o marido. Preso na Penitenciária de Marília por assalto à mão armada. O porte de armas era agravante. Condenação de quase 18 anos. Muitos comerciantes, depois de o virem na TV, reconheceram-no na delegacia. Oliveira não se furtou de sua pena: visitar o marido e levar, quinzenalmente, sabonetes, frutas, bolo. No início, também levava cigarro. Mas o marido "quer outra vida" e o pastor lhe disse onde encontrá-la. Fora os tanto de roupa, Oliveira buscou apoio. Disseram-lhe que havia um lugar. Precisava de ajuda "pro menino ficar na creche", para tentar algum trabalho. Precisava de trabalho. Com o pouco que estudara, com a aparência que aparentava, com o marido onde estava, não era fácil. Mas "lá" ela ia ter ajuda. Fizeram-lhe perguntas, mostraram-lhe um cadastro "cumprido". Emprego não havia. A creche "ainda não é parceira, mas a assistente social vai entrar em contato". Oliveira voltou pra casa, guardou as esperan-ças, e foi em busca de uns tanto pra lavar.
>
> *Anotações pessoais de trabalho.*
> *Município de Mirandópolis, dezembro de 2006*

A disparidade entre o atendimento burocrático das CAEFs e o impacto das ações realizadas no CDRS junto aos participantes de seus programas gerava desconfortos: para os gestores do Departamento de Reintegração Social, o CDRS era uma dissonância da política estadual de atendimento aos egressos que vinha sendo construída. Para mim, para a equipe do CDRS e para as pessoas atendidas, a experiência de Mirandópolis propunha um embrião para uma política de caráter social distinta dos aspectos protocolar e legalista das CAEFS.

Por isso, em meados de 2007, busquei contato com um centro de pesquisas sobre violência de uma universidade pública. Minha proposta era disponibilizar vagas de estágios para alunos de graduação e pós-graduação que pudessem contribuir com a construção de indicadores de avaliação dos resultados e impactos exercidos pelos programas do CDRS para as condições de vida de seus participantes e para a política social do município. A proposta não gerou interesse da coordenação daquele grupo e, em decorrência da localização geográfica de Mirandópolis, distante de outros centros de pesquisa, a ideia não prosperou.

Durante o período em que estive à frente da equipe do CDRS organizamos diversos documentos e registros de suas práticas, compondo um acervo de acompanhamento das ações realizadas que permitisse sua sistematização num modelo de avaliação de resultados e impactos.

Em dezembro de 2008, deixei a gerência regional de Araçatuba, passando a ocupar o cargo de gerente da Funap na região de Campinas. Levava comigo as dúvidas e inquietações acerca daquelas disparidades de modelos de atendimento aos egressos prisionais. Levava também o esboço de um projeto de pesquisa.

***

Tendo retornado à Universidade motivado por inquietações intimamente ligadas à minha prática profissional, eu propusera como objetivo de pesquisa compreender as razões pelas quais um modelo empiricamente mais efetivo (ao menos eu via assim) de atendimento a egressos prisionais não era aceito como referência para o delineamento da política estadual neste campo. Tratava-se, portanto, de analisar e comparar modelos, inferindo conclusões acerca das decisões político-administrativas do estado de São Paulo.

A questão inicial para definição metodológica de meu estudo estava em como configurar enquanto campo de pesquisa o meu cotidiano de trabalho, fonte de minhas indagações investigativas, origem e *lócus* de minhas preocupações pessoais.

Era preciso refletir sobre as possibilidades de interferências que meu "lugar" de gestor de políticas penitenciárias permitia exercer sobre os sujeitos com quem interagia e com quem pretendia interagir. Era preciso também refletir sobre as formas de minha inserção no campo: como distinguir os "olhares" do gestor e do pesquisador? Ou melhor: como transitar entre estas duas posições, considerando os elementos empíricos trazidos pelos diferentes lugares que ocupava? Como a posição do gestor facilitaria a tarefa do pesquisador ou, pelo contrário, como esta poderia ser "contaminada" por aquela?

Foi seguindo esse rastro, e sob a orientação da Prof.ª Dr.ª Jacqueline Sinhoretto, que me deparei com a história de Diego e com a percepção de que o problema inicial que eu levantara trazia consigo duas fragilidades: a inserção da pesquisa num campo pretensamente propositivo para a reforma da prisão e da política prisional, o que já fora anunciado por Foucault (1979; 1987) como inerente à própria instituição-prisão e a falta de conexão com o campo das interações entre os sujeitos que eu propusera estudar, de modo que ao buscar a compreensão dos modelos e processos políticos, eu corria o risco de fazê-lo de forma desconectada dos processos sociais que envolvem presos e egressos prisionais. Assim, fez-se necessário reorientar meu problema de pesquisa e deixar claro o lugar de onde falava, os processos por meio dos quais coletava meus dados e os caminhos e relações que possibilitavam minha interação com os sujeitos de pesquisa.

ENTRANDO NO CAMPO?

O fato de ter, inicialmente, assumido um cargo na Funap longe do grande centro administrativo do estado, permitiu-me construir um relacionamento positivo com as diretorias de presídios, pois a cordialidade funcionava como estratégia para superar os entraves operacionais causados pela distância em relação à capital. No entanto, meus primeiros contatos no sistema prisional e o estabelecimento de relações de confiança foram facilitados pela aproximação com M., meu principal interlocutor para a tomada de decisões e planejamento de ações de intervenção nas unidades prisionais da região de Araçatuba.

> Basta me dizer o que quer ver, e nós arranjamos. (...) Quando quiser descobrir a filosofia de vida deles, começo uma discussão e consigo pra você. Se quiser alguma outra coisa, monto a cena pra você. Simplesmente me diga o que quer e consigo tudo pra você, a história inteira (WHYTE, 2005: 294).

As relações entre William Foote Whyte e *Doc*, seu informante-chave, porta de entrada do pesquisador em Cornerville, servem de parâmetro para a descrição de minhas relações com M..

> M. é monitor de educação básica da Funap. Prestou concurso em
> 1994, após ter trabalhado como educador autônomo da Fundação
> durante dois anos. Natural de uma pequena cidade, pertence a uma
> de suas mais tradicionais famílias. Caçula de outros três irmãos,
> seu pai, já falecido, dá nome ao Recinto de Exposições, local onde
> acontecem as principais festas e comemorações do município. M.
> cresceu em sua cidade natal e lá passou seus pouco mais de quaren-
> ta anos. Ali se casou e tornou-se pai de quatro filhos. Formou-se em
> Letras e em Pedagogia em faculdades particulares da região e só foi
> "estudar porque uma das irmãs praticamente obrigou, pagando o
> curso". Entrou para "o presídio porque não tinha outro emprego na
> cidade" e precisava arrumar um jeito de sustentar os filhos gêmeos
> que nasceram da primeira gravidez da esposa.
>
> *Anotações pessoais de trabalho, 2005.*

Minha chegada a Araçatuba foi acompanhada de receios e inseguranças por
parte dos educadores da Funap que trabalhavam na região. Eram quatro monitores de educação básica, todos residentes na mesma cidade. Um deles ocupava
cargo comissionado, exercendo a função de supervisor regional, nomeado pelo
gerente a quem eu fora substituir. Entre minha chegada e o mês de dezembro
de 2004, realizei avaliações de todos os programas realizados pela Fundação nas
unidades prisionais que me cabia acompanhar. O diagnóstico, corroborado pela
Diretoria da Funap à época, era bastante ruim.

Ao mesmo tempo, estabeleci com M. laços de confiança e amizade.
Frequentava sua casa, convivia com sua família, compartilhava conversas bastante agradáveis com sua mãe, Dona C.. No trabalho, M. tornou-se minha
principal fonte de acesso às delicadas questões que permeiam a administração
penitenciária.

> O dia-a-dia de um diretor de presídio é repleto de "atividades sigi-
> losas": a obtenção de informações da rotina dos presos por meio de
> caguetas – presos que passam informações para a direção –, a troca
> constante destas informações com o serviço de inteligência da SAP e
> com os comandos locais da Polícia Militar e Polícia Civil, os acertos
> administrativos de transferências de presos para outras unidades,
> o que gera um trânsito permanente de presos e funcionários. Todo
> dia, praticamente, saem bondes – veículos de transporte de presos

– de uma unidade para outra, na mesma região. Em muitas ocasiões essas transferências são acertadas pelos diretores no mesmo dia em que são realizadas. Basta um telefonema entre eles, uma autorização do coordenador da região, e o preso é transferido. Presenciei alguns destes acertos, enquanto tomava café na sala do diretor.

Anotações pessoais de trabalho, 2005.

As penitenciárias daquela cidade foram construídas na arquitetura conhecida como "espinha de peixe",[16] modelo que exige um grande número de funcionários. Datam do período em que se inicia a grande expansão do sistema prisional paulista e abrigaram presos famosos e presos apontados como "líderes de facções".[17] As unidades passaram por diversas rebeliões, entre elas as ações coordenadas pelo PCC em 2001 e em 2006.

Lançado como "Complexo Penitenciário", aquele conjunto de unidades prisionais deveria possuir quatro unidades de regime fechado, mas ficou restrito a duas penitenciárias e um anexo de regime semiaberto. Essas unidades sempre foram consideradas "cadeias pesadas", por abrigarem presos tidos como de "alta periculosidade". A cidade coleciona histórias de tentativas de resgates cinematográficos, com planos de fuga por helicóptero ou por barcos, subindo o Rio Feio em direção ao Rio Paraná, que está a cerca de 100 quilômetros. Inauguradas no início da década de 1990, aquelas Penitenciárias transformaram-se em "escolas" informais da administração penitenciária e hoje é comum encontrar diretores de outros presídios que ali iniciaram a carreira como agentes de segurança penitenciária.

Anotações pessoais de trabalho, 2005

Esse conjunto de fatores – antiguidade, modelo arquitetônico, histórico de rebeliões – fez com que muitos funcionários daqueles presídios ascendessem a cargos de direção em unidades prisionais que foram posteriormente inauguradas. Além disso, à época da construção do "Complexo Penitenciário", sua direção foi ocupada por um eminente funcionário da administração pública paulista,[18]

---

16 Os diferentes modelos de arquitetura, e suas implicações para os assuntos aqui abordados, serão tratados detalhadamente adiante.

17 Passaram por ali, por exemplo, Andinho – acusado de assassinar o prefeito de Campinas, Toninho do PT, Gegê do Mangue, Nego Jairo e Ciborgue – tidos como líderes do PCC.

18 Marco Antonio Feitosa, o Doutor Feitosa, como é conhecido, ocupou cargos de destaque na

que "distribuiu" os funcionários da administração penitenciária de sua confiança por diversas unidades, expandindo sua rede de influências.

Em janeiro de 2005 fiz uma substituição significativa em minha equipe de trabalho: M. passou a ocupar a vaga de supervisor regional, no lugar do monitor de educação que fora indicado pelo antigo gerente.

A função de supervisor está diretamente ligada à função do gerente. Ao passo que o monitor de educação trabalha numa unidade prisional específica, gerente e supervisor acompanham um conjunto de unidades, cabendo ao supervisor, sobretudo, a tarefa de orientar e monitorar as atividades dos monitores de educação. Essa substituição foi fundamental para expandir meus acessos no sistema prisional.

> M. é amigo de infância de muitos diretores das unidades prisionais da região de Araçatuba. Cresceu junto com eles, jogaram bola, encheram a cara. Mantêm a amizade até hoje e não é raro encontrar os diretores em churrascos no sítio do M.. Essa aproximação entre eles me permite entrar nesse "circuito". Em muitas reuniões nas penitenciárias percebo que os diretores se dirigem com menor frequência a mim, o que não impede que as minhas estratégias de intervenção acabem sendo aceitas. É por intermédio de M. que eu acabo sendo ouvido.
>
> *Anotações pessoais de trabalho, 2005*

Após a leitura de Foote Whyte, uma aproximação entre M. e Doc não seria exagero metodológico. E se essa aproximação facilitou minha inserção, por outro lado havia diferenças significativas entre minha trajetória e o processo relatado em *Sociedade de Esquina*. Diferentemente da dificuldade encontrada por Foote Whyte, minha entrada no campo já estava determinada por algumas condições anteriores à minha pesquisa.

Enquanto *Fundação de Amparo ao Preso*,[19] a Funap goza de boa aceitação e trânsito junto à população prisional. São vários os relatos de funcionários antigos

---

administração penitenciária, tendo sido Coordenador de Unidades Prisionais na região de Campinas e na Capital. Durante a gestão Nagashi Furukawa (1999-2006) ficou afastado da SAP por divergências políticas com o Secretário, realizando consultorias para sistemas prisionais de estados do Nordeste. Retornou à SAP/SP em 2006, quando a secretaria passou a ser comandada por Antonio Ferreira Pinto. Servidor estadual de carreira (concursado como executivo público), atualmente ocupa um cargo na Corregedoria Geral da Administração do Estado de São Paulo.

19 O nome original da Funap era Fundação Estadual de Amparo ao Trabalhador Preso,

da Fundação que indicam que, em momentos críticos da dinâmica dos presídios, os *professores* tiveram tratamento diferenciado com relação aos *guardas*.[20]

Por outro lado, o fato de a Funap estar inserida no organograma da Secretaria de Administração Penitenciária gera também uma situação de certa facilidade no trato com a estrutura administrativa dos estabelecimentos penais. Ou seja, como a Funap também integra a SAP, os diretores de presídios a tratam, em geral, positivamente, possibilitando acesso privilegiado no contato com os presos.

Assim, minha socialização inicial no sistema prisional paulista foi fruto tanto da relação estabelecida com M., como da própria posição profissional por mim ocupada. Além disso, como destaca Foote Whyte, "para encontrar as pessoas, passar a conhecê-las, encaixar-me em suas atividades, tinha que gastar tempo com elas" (WHYTE, 2005: 296). Essa foi sempre uma prática comum em minha atividade profissional, antecedendo inclusive o *olhar de pesquisador* sobre tais interações.

Se havia a porta institucional, por um lado, uma interação forte com um interlocutor privilegiado e uma disposição e traquejo pessoais, por outro, para possibilitar minha entrada junto ao sistema, a trajetória ao longo dos anos acrescentou conhecimentos e habilidades no trato das questões do dia a dia de trabalho, o que trouxe credibilidade para as intervenções realizadas nas unidades prisionais. Da mesma forma, a promoção, em fevereiro de 2010, ao cargo de Superintendente da Funap, fortaleceu as facilidades de acesso à dinâmica do sistema prisional que eu já possuía, dando-me uma posição privilegiada de interação no interior desse sistema.

Em sentido oposto, porém, houve constrangimentos à pesquisa que também decorriam de minha posição profissional. O primeiro deles era institucional. Como a SAP lida com informações sigilosas, e como, por intermédio da Funap, muitas vezes tive acesso a esse tipo de informação, por precaução profissional, em setembro de 2010, enviei ofício à Diretoria Executiva da Funap informando

---

posteriormente alterado para homenagear seu fundador, o ex-secretário estadual de Justiça, Manoel Pedro Pimentel. Para o primeiro nome, Lei 1.238, de 22 de dezembro de 1976; para o segundo, Lei 8.643, de 25 de março de 1994. Cópias em arquivo pessoal.

20   Na prisão, em termos gerais, ou se é guarda ou se é *ladrão*. Há nuanças nessa distinção primária e surgem outras identificações, como apresentarei adiante, explicitando os momentos e formas como são mobilizadas tais identidades. No entanto, identifica-se como guarda qualquer pessoa que não esteja na classificação *ladrão* e *guarda* é compreendido como inimigo.

a realização de minha pesquisa, seu objetivo e método de coleta de dados, que dar-se-ia, em boa parte, em minhas interações rotineiras de trabalho. O ofício deveria ser encaminhado à SAP, para autorização formal da pesquisa. Apenas em julho de 2012 recebi uma ligação de representante da SAP para saber se eu já concluíra o mestrado ou se ainda havia interesse em "oficializar a pesquisa". Diante da resposta de que eu estava em fase de conclusão, minha interlocutora disse "não haver tempo hábil para dar prosseguimento aos trâmites".

Um segundo constrangimento estava na própria relação com os colegas de trabalho. Com frequência precisava recorrer aos gerentes regionais[21] para obter informações – quantitativas e qualitativas – acerca da execução dos programas da Funap em todo o estado. Por motivos operacionais e hierárquicos, as gerências devem prestar este subsídio de informações à superintendência; no entanto, desde meu ingresso no programa de mestrado – que, conforme mencionei anteriormente, coincide com minha promoção ao cargo de superintendente –, em muitas ocasiões houve colegas de trabalho que questionavam as informações que eu solicitava, acreditando que as estava requerendo para uso na pesquisa, não no trabalho. Por esta razão, sempre que solicitei informações para uso pessoal busquei deixar claro do que se tratava e que não havia obrigatoriedade de nenhum gerente em me fornecer aqueles dados, uma vez que, nestas situações específicas, não estava operando com as relações hierárquicas, mas sim solicitando contribuições para um processo de pesquisa.

Em certa ocasião, havendo a necessidade de levantamento de informações sobre o perfil de escolarização dos monitores presos de todas as unidades prisionais, para elaboração de um documento institucional, incluí no instrumental de coleta de dados – uma planilha gráfica - a solicitação adicional sobre o "tempo de serviço de cada monitor". Na mensagem enviada aos gerentes fui explícito em informar que "a última coluna da planilha não precisa ser preenchida, pois trata-se de levantamento de dados para minha pesquisa". Dois gerentes optaram por não fornecer os dados, e um deles enviou-me o questionamento: "você tem autorização da SAP para a pesquisa?". Operava ali outra barreira institucional.

Em janeiro de 2011, a SAP oficializou a criação de um "Comitê de Ética em Pesquisa", informando que "a partir dessa data, todas as pesquisas a serem

---

21   A Funap se dividia, à época, em sete gerências regionais, sendo: Araçatuba; Bauru; Campinas/ Sorocaba; Capital/Vale do Paraíba; Grande SP/Litoral; Presidente Prudente e Ribeirão Preto.

realizadas no âmbito do sistema prisional paulista deverão ser analisadas pelos membros do Comitê de Ética".[22] Naquela ocasião, busquei contatos com os membros da SAP responsáveis pela operacionalização do trabalho do Comitê, mas as disputas entre estes membros por seu controle operacional resultaram em indefinições quanto aos procedimentos necessários para solicitação da autorização. Desisti de procurá-los e considerei que deveria privilegiar o processo de pesquisa à burocracia recém-instituída.[23]

O principal condicionamento trazido pela minha posição profissional estava, entretanto, na relação com os presos e egressos prisionais com os quais os caminhos da pesquisa exigiam uma abordagem formal. Nesses momentos, embora eu procurasse afirmar minha "posição de pesquisador", deixando claro o uso a ser dado para as informações coletadas, meus interlocutores posicionavam-se inicialmente como interlocutores do "superintendente da Funap".

Conquanto em tais ocasiões eu operasse com um deslocamento das identidades "superintendente" e "pesquisador", não havia como dissociar esse deslocamento do "palco" e das "identidades sociais" (Goffman, 1999) em jogo nestas interações. Para meus interlocutores, as informações inicialmente disponíveis a meu respeito eram aquelas inerentes à minha posição profissional e era a partir delas que eles buscavam agir, acreditando que minha expectativa com relação aos nossos diálogos estivesse em observar neles os "traços" de um processo de "ressocialização" que deveria estar em curso – no caso dos *monitores presos* – ou já consolidado – no caso dos egressos. Era, portanto, na chave da "ressocialização" que meus interlocutores buscavam, inicialmente, promover seu "desempenho" (Goffman, 1999: 23).

Ao menos três situações podem ser mencionadas para ilustrar essas ocorrências. No caso de Diego, sua reação inicial ao me receber no presídio após seu período de liberdade civil foi buscar se justificar pelo "erro" de ter voltado à

---

22 Disponível em: http://www.sap.sp.gov.br; acesso em: agosto de 2011.

23 Ao optar por privilegiar a pesquisa em detrimento das normas instituídas pela SAP, assumi os riscos trabalhistas decorrentes de minha opção. Além disso, é possível que a descrição de muitas relações e situações ao longo deste trabalho seja considerada "imprópria" pelos sistemas de controle de informações que operam na instituição prisão. Também ciente deste risco, optei pela continuidade da pesquisa. Em julho de 2012, ao receber a ligação de representante da SAP questionando-me sobre meu mestrado, a indaguei sobre a necessidade de autorização do Comitê, ressaltando que o início de minha pesquisa era anterior à sua criação. "No seu caso, não precisa", respondeu-me, informando ainda que minha documentação estava "disponível para eventual cópia".

prisão. Tal procedimento faz sentido quando o "encontro" (Goffman, 1999: 23) se dá entre o gestor público que executa políticas de "tratamento penitenciário" e o "usuário" destas políticas que deveria ter se "reintegrado" à sociedade, mas "falhou" nesse processo.

N'outra situação, durante diálogo com um grupo de *monitores presos*, todos os depoimentos acerca do funcionamento da educação na unidade prisional eram dados na forma de jargões da vivência prisional: "a educação é muito importante na prisão", "a escola é um espaço diferenciado na prisão", "a gente tem muito a agradecer pela oportunidade que a Funap nos dá com esse trabalho de monitor preso" etc. Somente após passarmos à discussão de um texto que eu lhes enviara anteriormente,[24] e após reafirmar o motivo pelo qual estávamos ali naquele momento – a realização da pesquisa[25] – os monitores projetaram o meu papel de pesquisador e se dissociaram do papel de "funcionários" da Funap, surgindo informações importantes para esta pesquisa acerca dos mecanismos de controle que incidem sobre os monitores de educação e que são, inclusive, exercidos por parte da Fundação.

Por fim, passei a acompanhar a trajetória de Mário[26] desde sua saída da prisão e, seja em nossos encontros presenciais, seja em nossas conversas eletrônicas, ele sempre insistiu em se mostrar "ressocializado", destacando seus feitos e "as escolhas que faz para não voltar pro crime". Em duas ocasiões em que nos encontramos precisei descartar as entrevistas que preparara e apenas dedicar-me a conversas informais, pois Mário encontrava-se em grande entusiasmo com as conquistas que vinha obtendo e que insistia em me contar. Nesses momentos, percebi que Mário

---

24 Trata-se de texto posteriormente publicado como artigo: Melo, 2011.

25 Goffman alerta: "parece que é mais fácil para o indivíduo escolher a linha de tratamento que vai exigir de, e estender aos, outros presentes no início de um encontro do que alterar a que está sendo seguida, uma vez iniciada a interação" (Goffman, 1999: 19). Na situação aqui mencionada, boa parte do tempo que passei com os monitores foi destinada a explicar-lhes o objetivo de minha pesquisa, o sigilo na identificação dos colaboradores, a distinção entre meu estudo e minha função profissional. A fim de poder aprofundar o diálogo com os monitores, após uma conversa coletiva perguntei-lhes se poderia conversar com cada um individualmente, mesmo que na mesma sala, e minha sugestão foi acolhida. Operava ali o deslocamento de uma "identidade social" presente no interior das unidades prisionais, qual seja, a de polícia para professor. Essas identidades serão descritas adiante. Agradeço ao J. P., monitor de educação da Funap, a colaboração dada nesta situação específica, quando me ajudou a expor aos monitores presos o motivo de minha visita.

26 Elementos da trajetória de Mário serão incorporados como pontos comparativos com a trajetória de Diego, permitindo a análise de suas determinações e consequências.

também operava um deslocamento: não era apenas com o "superintendente da Funap" que ele se encontrava, mas com um amigo com quem ele podia contar. O estreitamento destes laços foi fundamental para que eu pudesse compreender a complexidade da trajetória de meu interlocutor e desde então passamos a compartilhar cervejas e histórias, de modo que Mário se tornou também uma espécie de "revisor" dos meus textos e análises acerca das dinâmicas da prisão.

Este percurso foi-me trazido tanto pela própria caminhada da pesquisa, como pelas opções teórico-metodológicas aqui assumidas. Ao descrevê-lo, busco ressaltar que o conhecimento que emerge deste estudo é produto direto de minha interação com o campo e no campo, seja na perspectiva de minha atuação profissional, seja na tensão/aproximação/cisão que configura o próprio caminho da investigação científica (SCHAFF, 1986).

O problema frente ao campo teórico

Os estudos sobre a prisão no Brasil são ainda incipientes. Segundo levantamento realizado por Lima (2006) no Banco de Teses e Dissertações da CAPES, no ano de 2006, apenas 163 trabalhos apresentaram "prisão" como palavra-chave (Lima, 2006: 01). Quando defendeu sua tese de doutoramento, Salla descreveu sua dificuldade para levantar a literatura brasileira sobre as prisões, destacando ter ficado "evidente que a questão nunca fo[ra] objeto de uma reflexão sistemática no Brasil" (Salla, 1997: 04). No mesmo sentido, ao prefaciar o trabalho de mestrado de Eda Maria Góes, Adorno destaca que

> comparativamente às outras áreas da sociologia da violência, há ainda [no Brasil] poucos estudos [sobre a prisão], a despeito de algumas referências bibliográficas fundamentais, mesmo considerando a forte presença do crime organizado no sistema penitenciário brasileiro (Adorno, *in* Góes, 2009: 11).

A literatura nacional aponta para certo consenso quanto à escassez de estudos brasileiros sobre as prisões. Segundo a qual, a atenção para este tema só ganha fôlego no bojo das lutas contra o regime político ditatorial imposto no Brasil no período de 1964 a 1985, quando "os níveis de encarceramento chamavam atenção mais pela qualidade do que pela quantidade dos encarcerados" (André Nascimento, *in* Garland, 2008: 15). Nesse cenário, a arbitrariedade das prisões efetuadas, que conduzira a violência para a cena pública, potencializou

> a atuação de diversos movimentos sociais feminista, negro, de trabalhadores rurais e do operariado, de bairros e favelas, práticas associativas ligadas à Igreja, assim como as entidades de defesa dos direitos humanos e sua denúncia da situação dos presídios, da violência contra crianças e adolescentes, e o emprego da tortura. Estes movimentos, articulando-se à luta pela anistia e pelo voto direto, pareciam indicar a existência de uma sociedade civil autônoma e democrática como antes não existira na história

> brasileira. Este cenário marcou o encantamento do imaginário político e sociológico com a sociedade civil. De maneira que logo se formou uma forte tendência nas Ciências Sociais do período em assumir a política como aspecto da ciência, atuando na denúncia do caráter autoritário das políticas implementadas e que lutava por uma sociedade e Estado democráticos, nos quais o respeito aos direitos humanos e da cidadania fosse regra fundamental (Vasconcelos, 2011: 03-04).

Assim, apenas a partir da década de 1970 as ciências sociais no Brasil se debruçam de forma sistemática sobre os fenômenos da punição e da violência, sendo a prisão o tema que inaugura esse caminho de estudos das ciências sociais. Nesse sentido, a pesquisa de Lima aponta a importância do trabalho de "pioneiros das ciências sociais", "nomes que encerram uma contagem nos dedos das mãos" (Lima, 2006: 01) e que levaram a "violência" para o debate acadêmico, permitindo que, no ano daquele levantamento (2006), fossem registrados "1.951 trabalhos contendo a violência como palavra-chave" (Lima, 2006: 01). O autor destaca que

> a preocupação acadêmica nas Ciências Sociais parece ter sido despertada nos anos da década de 1970 para o tema da violência como uma questão global, derivada do debate sobre direitos humanos, e, aos poucos, foi sendo aprofundada para as várias dimensões a ela associadas (Lima, 2006: 01).

É, portanto, no centro do debate acerca da redemocratização, da cidadania e dos direitos humanos que tomará pulso o campo de estudos sobre a violência:

> O interesse original de cada um desses pioneiros pelos temas da violência, acesso à justiça e segurança pública reflete, de um lado, a realidade sociopolítica brasileira do final da década de 70 e início dos anos 80 e, de outro, as influências intelectuais que esses estudiosos adotaram para entender os desafios da transição democrática em sua multiplicidade de formas (Leeds, in: Lima & Ratton, 2011: 08).

Embora ainda incipientes, após quase quinze anos desde o trabalho de Salla o quadro de referências acadêmicas sobre a prisão é um pouco distinto, permitindo encontrar na literatura nacional diversos focos de atenção: análises sobre as condições de cumprimento de pena, considerando as relações entre o sistema penitenciário e as políticas governamentais (SALLA, 1997); estudos sobre as relações entre prisão, violência e sistema de justiça (ADORNO, 1991; 2002); reflexões sobre os processos de resistência dos presos frente à docilização promovida pela prisão (ROCHA, 1994; RUSCHE, 1995) são alguns dos temas encontrados nesta bibliografia.

Além disso, diversificaram-se os núcleos de pesquisa que têm a prisão como tema de interesse; dissertações, teses e simpósios foram e são produzidos; a violência ganhou novas facetas e, nestas, a prisão ganhou novo destaque. A visibilidade obtida por *coletivos* de presos, especialmente o PCC – Primeiro Comando da Capital, no estado de São Paulo, lançou bases para novas reflexões acerca das articulações entre prisão e violência. A produção acadêmica se permitiu, em trabalho mais recente (Maia *et al*), apresentar uma breve historiografia brasileira sobre as prisões, muito embora compreendendo-a ainda como uma "fase de consolidação" (Maia *et al*, 2009: 21) destes estudos.

Mais recentemente, especialmente no estado de São Paulo, a repercussão pública das ações do PCC tem chamado atenção de estudiosos da violência para as mais diversas análises deste *coletivo*, que vão da sua classificação no bojo do "crime organizado", passando pela intensificação do modo prisão enquanto aparelho privilegiado de repressão ao crime e à violência (Teixeira, 2009), até os estudos de perfil interacionista realizados nas *margens*[1] do próprio *Comando* (Biondi, 2010; Marques, 2009; Dias 2008).

Contudo, é preciso assinalar que o processo em curso no Brasil, de expansão da prisão como modo privilegiado de punição e, em sua decorrência, de expansão dos estudos sobre punição, violência e prisão, não é um processo isolado, nem endêmico. Ele evidencia uma dinâmica mundial de crescimento dos índices de encarceramento, de endurecimento na aplicação das penas e de maior visibilidade da violência, à qual nem sempre corresponde um aumento dos índices de ocorrência de crimes:

> O medo do crime passou a ser visto como problema por si só, bem distinto do crime e de sua vitimização, e políticas específicas têm sido desenvolvidas mais com o objetivo de reduzir os níveis de medo do que de reduzir o crime (Garland, 2008: 54).

---

[1] Utilizo o termo para indicar uma posição de pesquisador que se dá no limite entre a observação e a participação como sujeito de pesquisa. Sobre o termo "margens", ver Feltran, 2010. Biondi, por exemplo, realiza sua pesquisa enquanto visita de preso, estando seu marido, à época da pesquisa, preso em *cadeia do PCC*, o que lhe permite um acesso bastante privilegiado a questões internas do *Comando*.

Nesse sentido, o apelo à prisão cresce na mesma medida em que ganha força o caráter simbólico da violência, aqui indicado como as manifestações e as formas de percepção social deste fenômeno, que influenciam desde as pautas dos noticiários e programas midiáticos, até as plataformas de campanhas e decisões políticas.

Em nível mundial, emerge, segundo Michel Wieviorka, um "novo paradigma da violência", em "que se considera não mais o fenômeno no que ele apresenta de mais concreto, de mais objetivo, mas as percepções que sobre ele circulam, nas representações que o descrevem" (Wieviorka, 1997: 08).

Este novo paradigma representa, ao mesmo tempo, um processo de "mundialização da violência", no qual a violência surge como resposta aos constrangimentos sociais, e um declínio das características tradicionais de manifestação da violência, o qual, segundo o autor, se apresenta inicialmente pela quebra dos laços entre violência e projetos de Nação. Nesse sentido, o novo paradigma da violência já não se refere mais a um conflito pela tomada do poder estatal e mesmo os grupos ou organizações que se originaram com este propósito, têm hoje a finalidade principal de "manter atividades privadas fora do controle do Estado" (Wieviorka, 1997: 06), de modo que "a violência (...) torna-se rapidamente contraditória com a respeitabilidade requerida por um projeto de acesso ao poder pela via eleitoral" (Wieviorka, 1997: 07).

O declínio de tal perspectiva do uso da violência acompanha as transformações trazidas pelos movimentos de mundialização do modelo estatal democrático e pelas novas relações interpostas entre as soberanias nacionais e os laços globais entre os Estados:

> De muitos pontos de vista, os Estados contemporâneos, ou pelo menos alguns dentre eles estão enfraquecidos (...) os fluxos, as decisões, os mercados, a circulação dos homens (...) efetuam-se em escala mundial e, aliás, em parte sob formas ilegais (Wieviorka, 1997: 18).

Em outra dimensão, Wieviorka aponta para o esvaziamento da centralidade do trabalho como mediador das relações sociais, o que conduz ao declínio das manifestações de violência enquanto luta contra a dominação e a exploração de classe.

> Não é inútil evocar os vínculos entre a mundialização, e o ne-oliberalismo que a fundamenta ideologicamente, e a violência. Com efeito, esta última se alimenta, no mínimo indiretamente, das desigualdades e da exclusão que se reforçam com o mercado generalizado, a livre iniciativa, o rigor orçamentário e o livre comércio, e é sensível às evoluções que tornam a troca mais importante do que a produção e que ameaçam o trabalho (Wieviorka, 1997: 17).

Para o autor, o declínio do movimento operário e o enfraquecimento da luta de classes enquanto referência de relações sociais estabelecidas em torno dos conflitos pela tomada ou manutenção das forças produtivas, acarreta uma

> não-relação social, a ausência de relação conflitual, a exclusão social, eventualmente carregada de desprezo cultural ou racial, que alimentam hoje (...) uma violência social mais difusa, fruto da raiva ou das frustrações (Wieviorka, 1997: 07).

Contrariamente aos conflitos estruturais antes compreendidos no paradigma da luta de classes, nas manifestações atuais da violência inexiste, segundo Wieviorka, qualquer elemento de positividade ou legitimidade pública, criando um consenso contra a violência.

Em todas as dimensões em que alicerça sua concepção de um novo paradigma, Wieviorka destaca a ausência de mecanismos de mediação dos conflitos,[2] o que o leva a afirmar que "a tarefa de uma sociologia da violência é mostrar as mediações ausentes, os sistemas de relações [entre o sujeito e a estrutura social] cuja falta ou o enfraquecimento criam o espaço da violência" (Wieviorka, 1997: 25).

Em sua argumentação, o autor francês demonstra especial atenção em fazer uma sociologia "preocupada com os grandes temas do mundo contemporâneo" (Misse *et al*, 2009: 148) e que vê a violência dos séculos XIX e XX como diretamente relacionada à própria definição dos conceitos fundadores da sociologia.[3] Nesse sentido, "violência" se relaciona com "Paz", "Estado", "Guerra",

---

2   É importante notar que, para este autor, o conflito ocupa centralidade no processo de contenção da violência.

3   Basta lembrar que já em Durkheim (1995) a violência e a punição, bem como o crime e o direito, surgem como fatos sociais necessários à compreensão do objeto desta nova ciência. Segundo este autor, se o crime surge como "anomalia" (Durkheim, 1995: 79) às regras sociais, a punição, como reação ao crime, é fundamental para manter e reproduzir a coesão social.

"Revolução", "Resistência", "Dominação" etc. Num novo paradigma, entretanto, todas essas antigas *estruturas* de mediação se *dissolvem* em novas manifestações da violência, agora relacionadas a *processos*[4] como "etnicidade", "multiculturalismo", "segregação", "comunitarismo" e "diferenças", dentre outros.

> Assim como a emergência do Estado territorial, há dois ou três séculos, era acompanhada de uma guerra entre Estados, explicando-a e nutrindo-se dela, a pulverização do Estado territorial e a proliferação de guerras civis são, na realidade, dois processos que se reforçam mutuamente, um iluminando e favorecendo o outro (Salamé, *apud* Wieviorka, 1997: 21).

Em tal perspectiva, a violência contemporânea não está apenas, nem sobretudo, relacionada a jogos de força e poder; trata-se primordialmente da manifestação de pessoas ou grupos impossibilitados de manifestarem sua subjetividade (Wieviorka, 1997: 13).

Na emergência deste novo paradigma, e na dissolução entre as antigas e novas estruturas de entendimento da violência, uma metáfora ganha força como elemento indicativo para novas interpretações: a fronteira.

Exemplificando a necessidade de novos enquadramentos para as "novas questões sociais", Wieviorka aponta:

> Há diásporas, há pessoas em trânsito, que atravessam uma sociedade, pessoas que entram e saem, pessoas que querem ser reconhecidas em suas identidades, mas há também pessoas que saem de uma identidade para não serem reconhecidas nela (Wievioka, *in*: Misse *et al*, 2009: 151).

Se o trânsito e as travessias surgem como um caminho possível de interpretação das novas manifestações da violência, não mais ligadas, por exemplo, ao Estado-nação, a metáfora das fronteiras contribui para a reflexão da violência em outros cenários.[5]

---

4   Meu grifo aos termos é proposital: trata-se de compreender a dissolução não enquanto desmanche, desaparecimento, mas sim – num sentido que lhe é dado pela química orgânica – enquanto integração, mistura, incorporação entre propriedades e materiais distintos. Daí a violência enquanto processo – ou conjunto de experiências (Wieviorka, 1997: 29) – e não enquanto evento ou fato ligado a estruturas rígidas ou corporificadas (Estado, Nação etc.).

5   O próprio Wieviorka, na entrevista citada, destaca haver diferenças entre o significado deste trânsito na França e no Brasil. O que proponho aqui é tomar o termo exatamente como metáfora, reportando-o a outros cenários e a outras relações.

Pesquisando as formas de participação das periferias paulistas no mundo público,[6] Feltran descreve como a violência passa a ocupar papel de mediação nestas relações, numa análise em que

> a categoria fronteira é mobilizada por preservar o sentido de divisão, de demarcação, e por ser também, e sobretudo, uma norma de regulação dos fluxos que atravessam, e portanto conectam aquilo que se divide (Feltran, 2008a: 27).

Se, em Wieviorka, a violência surge exatamente pela ausência de estruturas de mediação dos conflitos, Feltran apontará, num contexto específico, como a violência se interpõe com a própria instância de mediação (muito embora não sendo a única). Assim, se há demarcações territoriais e físicas, a fronteira que se coloca a estes territórios é, sobretudo, de significados: trata-se de disputas por legitimidade entre diferentes dispositivos de normatização das relações sociais que coexistem e se entrelaçam nas periferias (Feltran, 2010).[7]

Num primeiro plano avistam-se as regulações trazidas pelo dispositivo oficial do Estado. Nesse caso, são encontradas tanto as ações seletivas do aparelho de repressão policial, quanto as dinâmicas – também seletivas – do aparelho judicial e, por fim, os processos de "terceirização" e de modelação gerencial das políticas sociais.[8] Num segundo plano, e interagindo de diferentes maneiras

---

6   O mundo público é compreendido pelo autor como "um espaço de visibilidade, circulação e confronto de discursos, em que se disputa e exerce o poder" (Feltran, 2008a: 25).

7   A coexistência de normas e as disputas entre dispositivos pela regulação das práticas e relações sociais não é exclusiva das periferias, ocorrendo em diferentes campos, nas diferentes profissões, nas variadas classes sociais. Exemplo disso pode ser encontrado no estudo de Sinhoretto (2010) sobre as características e o funcionamento do campo estatal de administração de conflitos, no qual "práticas informais, ilegais ou não referenciadas às leis escritas não são apenas defeitos de aplicação do direito ou falhas na implementação da lei cometidas por maus profissionais, mas são parte não-negligenciável de rituais de administração de conflitos que estão em disputa no interior do campo" (Sinhoretto, 2010: 110). No entanto, para este estudo, deter-me-ei em seguir a análise de Feltran e sua descrição acerca dos diferentes dispositivos que coexistem e disputam a normatização das relações sociais nas periferias paulistas. Essa é uma opção teórico-metodológica que decorre, sobretudo, da correspondência entre as dinâmicas sociais destas periferias e aquelas presentes no interior das prisões de São Paulo, haja vista tratar-se, em grande medida, de uma relação de fluxo entre pessoas que habitam as periferias e as prisões, alternadamente.

8   Chamo de "terceirização" o processo por meio do qual o Estado passa a transferir recursos para que organizações privadas, algumas oriundas dos movimentos sociais populares, executem políticas do âmbito da assistência social, sobretudo ações de educação, saúde e serviços básicos. Feltran (2008a) insere esse processo no bojo de três deslocamentos estruturais nas relações entre sociedade e Estado: i) ampliação dos convênios entre governo e entidades sociais para realização, por estas, de atendimentos diretos; ii) mediação, pelos partidos políticos de

com o dispositivo oficial do Estado, encontram-se as regulações do *mundo do crime*. Ambos interagem, ainda, com as novas regulações da "lei divina", representada pelas diferentes igrejas e grupos pentecostais e neopentecostais.

No centro de todas essas dinâmicas, a violência. Esta emerge na esteira das transformações decorrentes do esgotamento de um modo de organização social baseado na centralidade do trabalho operário, na ascensão social familiar e na partilha[9] do espaço público, projeto que perdura até meados da década de 1980, entrando em derrocada com a crise do emprego estável e da correspondência entre um projeto privado familiar e um projeto público de ação política, permitindo a expansão do *mundo do crime*.

> O deslocamento deste projeto [de ascensão familiar pelo trabalho operário estável], que foi o centro da organização política das periferias nos anos 70 e 80, oferece à nova geração nascida ali um ambiente de relações com o mundo público muito distinto do anterior, e muito mais propício à adesão ao "mundo do crime", que então se torna maior e muito mais presente nas dinâmicas sociais cotidianas (Feltran, 2008a: 33).

A partir de então a violência passa a ocupar o cotidiano das famílias e para as gerações nascidas no pós-1990, *entrar pro crime* torna-se uma possibilidade objetiva de participação no mundo público:

> Sobretudo para aqueles em que as possibilidades de trabalhar estão mais distantes, e a sorte não tem ajudado, figura a alternativa de obter renda através de atividades criminais (...). O ingresso no universo ilícito do tráfico de drogas ou das subcontratações para assaltos propicia de imediato aos adolescentes o que o trabalho traria: renda, possibilidades de consumo e ampliação do *status* individual no grupo (Feltran, 2008a: 46).

Entretanto, não é apenas enquanto alternativa individual que a violência se interpõe como possibilidade. O caráter seletivo da justiça e da ação policial nas periferias contribui para o reconhecimento do *mundo do crime* como dispositivo para dirimir conflitos:

---

esquerda, das demandas apresentadas pelas associações de base, desmobilizando seu caráter político; iii) imposição, pelo Estado, da lógica de gestão social das demandas populares.

9   O termo é utilizado por Feltran, tendo como referência as filosofias políticas de Jacques Rancière e Hannah Arendt.

> Nas favelas de São Paulo, nos últimos dez anos, muita coisa mudou. (...) Se há dez anos, quando se referiam à "comunidade", eram em especial as paróquias o núcleo de ação coletiva de referência, agora trata-se sobretudo de territórios de favela, em que diversos atores são representados. A explicação é simples (...) *quem protege a comunidade? A polícia protege? Não. Então ela tem que se proteger.* No caso em questão aqui, o monopólio da violência já é ficção; os traficantes (...) pouco a pouco assumem o papel da força armada que normatiza as regras de convivência (permitidos e interditos) e faz a justiça no varejo, pelo uso de uma violência sumária, porém "legítima" no plano local, porque amparada na regra coletivamente aceita, ainda que por falta de opção (Feltran, 2008a: 152).

A percepção da inevitabilidade da violência e seu modo estrito de gestão nas periferias (Feltran, 2010), em que a dinâmica do *mundo do crime* representa um dispositivo "capaz tanto de oferecer parâmetros de comportamento quanto de estabelecer operadores de fiscalização e instâncias legítimas para julgar e punir os desvios e os desviantes" (Feltran, 2010: 11), deflagram um

> "marco discursivo do crime" (...) que faz com que as referências do "mundo do crime", como representação social e visão de mundo, entrem na disputa por legitimidade social nestes territórios [passando] a competir diretamente com outras matrizes discursivas e a coexistir com elas (Feltran, 2008a: 194).

Por outro lado, não é apenas enquanto "presença" nas periferias que a violência se interpõe como dispositivo de regulação do pertencimento ao mundo público. Ou seja, esta regulação não decorre apenas das ocorrências de atos de violência e conflitos, nem mesmo da presença *do crime* nas periferias. Difusa,[10] tal "presença" está também nos jogos discursivos de combate à criminalidade, de repressão aos "bandidos" e de promoção do encarceramento como política de segurança.

As fronteiras se distendem e, dessa forma, a inserção da violência entre os dispositivos de normatização e regulação da vida nas periferias paulistas ecoa também um processo de criminalização,

> vinculado diretamente às formas de distribuição da categorização social e da repartição da legitimidade pública a partir destas

---

10 A noção de difusão, aqui, se assemelha à concepção deleuzeana, segundo a qual os mecanismos de controle das sociedades contemporâneas se constituem como difusão dos mecanismos de vigilância da sociedade moderna disciplinar. Adiante, retomo tal concepção.

categorias. E nesta dimensão, cada vez há menos espaço para mediação entre extremos. Conforme os anos passam, fica mais nítida a impressão do senso comum: [nas periferias urbanas de São Paulo] ou se é *trabalhador*, ou se é *bandido* (Feltran, 2008a: 194-195).

Encontramos novamente, na produção sociológica brasileira, traços de processos descritos na literatura internacional. Não se trata aqui de forçar aproximações teóricas, nem metodológicas, nem de objetivos. Trata-se apenas de apontar similitudes, em contextos distintos, da importância das análises que buscam compreender a expansão e as transformações nas formas de expressão e nos sentidos da violência, da punição e da prisão, postuladas como categorias centrais de entendimento das dinâmicas sociais contemporâneas.

Refletindo sobre os processos de criminalização, Wacquant (2008) assinala tratar-se de um fenômeno social que tem como finalidade promover estratégias de controle das camadas pobres da população, resultante do avanço neoliberal expresso pelo colapso do Estado de Bem-estar Social, do aumento da concentração de renda e do esgotamento da promessa do pleno emprego, de modo que a prisão passa a ocupar uma nova centralidade, qual seja, a de "gerir o trabalho não-regulamentado, a hierarquia etnorracial e a marginalidade urbana" (Wacquant, 2008: 19).

Guardadas as distinções de contextos e formações sociais, o que se observa, tomando o estado de São Paulo como referência, não é um processo específico e linear de administração da pobreza: não se trata, como afirma Wacquant, de um "*continuum carcerário-assistencial*" (Wacquant, 2008: 15),[11] mas sim de um forte impacto dos processos de criminalização de setores específicos da sociedade – dentre estes, destacam-se os jovens de periferia e com baixa escolarização – no crescimento acentuado das prisões e dos índices de aprisionamento.[12]

---

11   Aliás, como demonstra o relato da familiar de preso que procurou pela CAEF, conforme descrevi na seção 1 deste Capítulo, sequer pode ser encontrada essa rede estatal de administração da pobreza, embora projetos desse perfil abundem em órgãos do Governo de São Paulo.

12   Reportagem do Jornal *Folha de São Paulo*, publicada no dia 25 de julho de 2011, noticiava que entre 2006, ano em que foi aprovada a Lei 11.343, que diferencia usuários e traficantes de drogas, prevendo àqueles a aplicação de penas não restritivas de liberdade, e 2010, o índice de pessoas presas por tráfico cresceu 118%, sinalizando, segundo o jornal, um aumento no número de condenações por tráfico para pessoas que poderiam ser enquadradas como usuárias. Feltran (2008a: 120-121) descreve como a legislação de combate ao tráfico impacta diferentemente jovens de periferias e de classes média e alta, incidindo prioritariamente sobre aqueles a interpretação da lei narrada pela matéria do noticiário (Jornal *Folha de São Paulo*, 25/07/2011; pg. C1)

Não obstante, ao passo que se observa também no contexto nacional e paulista um encarceramento cada vez mais massivo e punitivo, do qual a criação do Regime Disciplinar Diferenciado surge como modelo (Dias, 2011), surgem em paralelo diversas propostas de expansão das ações consideradas como de "humanização das penas", de "tratamento penitenciário" ou de "reintegração social".

Como aponta Salla (2000: 37),

> O último quartel do século XXI viu ressurgirem em vários países o debate em torno da pena de morte. Ao lado disso, a adoção de penas mais rigorosas para crimes, especialmente os de reclusão, ganhou força em todo o mundo. (...) Ao mesmo tempo o ideário da ressocialização do criminoso, de um tratamento humanista do condenado, perdeu terreno e vem se tornando cada vez mais formalista. Aquele ideário pode estar contemplado nas legislações mas é sistematicamente corroído pelas práticas institucionais.[13]

É nesse contexto que transitam os *monitores presos de educação*, sujeitos aqui representados pela trajetória de Diego.

Dessa forma, estudar as prisões contemporâneas, e as relações que nela e dela se desenrolam é, nesse sentido, aproximar-se das investigações acerca das formas como a sociedade atual lida com os mecanismos de produção e reprodução das relações sociais, permitindo

> refletir não somente a respeito de como os indivíduos devem ser punidos, mas sim sobre questões mais amplas, como a política penal afeta comunidades, opiniões políticas, economia e cultura da sociedade de maneira geral (Garland, 2010).

O percurso teórico mencionado contribui para a construção de novas perspectivas analíticas de uma questão que está colocada desde o surgimento da própria sociologia.

Ao partir deste arcabouço teórico não se pode perder de vista nem os contextos de sua formulação, nem as formações sociais específicas sobre as quais se debruçam os autores aqui mencionados. Nesse sentido, torna-se indispensável refletir sobre os processos específicos que, no Brasil e no estado de São Paulo, fazem da prisão o modo privilegiado de punição. Como aponta Alvarez (2010),

---

13   Mais à frente retomarei as reflexões acerca dos sentidos do "tratamento penitenciário" e das ações consideradas de humanização da pena, sobretudo a oferta de educação nas prisões. Quanto à convivência entre modelos penais aparentemente contraditórios, ver Silvestre, 2012; Teixeira, 2009.

> a discussão do papel da prisão na atualidade exemplifica bem o que está em jogo [na sociologia da violência e da punição]. Se, até meados dos anos 70 do século xx, as políticas reformadoras no âmbito prisional buscavam seguir a retórica da recuperação dos criminosos, a partir de então pode-se perceber uma significativa inflexão, tanto nas políticas e nas práticas no âmbito prisional quanto no próprio significado mais geral da punição para o conjunto da sociedade.

Este quadro geral, que articula questões clássicas da sociologia da violência e da punição ao contexto contemporâneo, brasileiro e paulista, configura o cenário de inserção da pesquisa que originou este livro, com o qual pretendo contribuir com as reflexões acerca das relações entre violência, prisão e laços de sociabilidade de um perfil específico de sujeitos que passam pela prisão.

Numa perspectiva distinta, porém, este trabalho debruçou-se sobre um assunto pouco explorado mesmo na literatura sobre as prisões no Brasil. Levantamento bibliográfico realizado apontou enorme escassez de estudos sobre egressos prisionais e sobre "reincidência".

PROBLEMATIZANDO A BIBLIOGRAFIA ESPECÍFICA

Na seção anterior, apontei um percurso de reflexões acerca da violência e suas transformações no mundo contemporâneo, bem como suas articulações, em formações sociais específicas – no caso, o cenário paulista –, com os processos de criminalização de segmentos da população e de expansão do encarceramento, em que operam e coexistem lógicas aparentemente contraditórias.

Inserindo tais reflexões num contexto de produção bibliográfica nacional e internacional, destaquei que, se no Brasil ainda é pequena a produção acerca da prisão, o crescimento recente do interesse por este tema está relacionado ao próprio fenômeno de crescimento do encarceramento, mas também às interfaces entre violência, prisão e *mundo do crime*.

Não obstante, como esta pesquisa debruçou-se sobre uma problemática específica, isto é, sobre as relações sociais estabelecidas por egressos prisionais e que implicam em seu retorno ou não para a prisão, fez-se necessária uma incursão na bibliografia que, no Brasil, aborda os temas da "reincidência criminal" e da "reintegração social".

Para alguns autores, a implantação das ações de "reintegração"está vinculada ao fracasso institucional da prisão (Madeira, 2008; Antonietto, 2008). Nessa perspectiva, o fato de a prisão não cumprir com sua função ressocializadora levaria à implantação de ações específicas de preparação para o retorno à liberdade, sobretudo na organização e oferta de programas de atendimento aos egressos prisionais e familiares de presos.

Outros autores (Teixeira, 2009) inserem tais atividades num contexto de humanização das prisões trazido pela redemocratização política. Nessa perspectiva, o processo de humanização teria surgido tardiamente no Brasil, em descompasso[14] com o *welfarismo penal* (Garland, 1993) característico dos países centrais ao longo das décadas de 1960 e 1970. Para Teixeira, tal diferença de temporalidade,

> que marca o ingresso do ideal ressocializador e humanizador da prisão na política criminal brasileira também pode ser creditada como uma das causas de sua efemeridade e da parca eficácia dos dispositivos legais que a inauguraram. O referido modelo de intervenção penal [welfarismo penal], quando finalmente previsto em nosso ordenamento jurídico, já se encontrava em declínio há mais de uma década em países da Europa e mesmo nos EUA (Teixeira, 2009: 23).

Ambas vertentes, porém, se relacionam a uma concepção da prisão enquanto instituição reparadora e ressocializadora: reparadora para a sociedade, em razão de punir o criminoso; ressocializadora para o indivíduo, devendo transformá-lo num *ser sociável,* ou seja, num indivíduo adequado ao "modelo contratual de vida societária" (Castro, *apud* ADORNO; BORDINI, 1989: 77).

Uma fonte importante de informações acerca das políticas de atendimento ao egresso é um estudo técnico encomendado pelo Ilanud – Instituto Latino-americano das Nações Unidas para prevenção do delito e tratamento do delinquente, coordenado pela pesquisadora Olga Espinoza.

Este estudo pontua-se desde o início pelo binário "reintegração" x "reincidência", afirmando que

---

14   A ideia de um descompasso entre os processos ocorridos no Brasil e os processos desencadeados nos países centrais traz consigo uma metaconcepção de linearidade do progresso histórico, segundo a qual tais processos poderiam ser analisados em termos de similitude ou distinção. Não cabe aqui aprofundar tal discussão, uma vez que tal concepção está presente na autora mencionada, mas pouco influi nas reflexões propostas nesta pesquisa.

> O elevado índice de reincidência da população egressa mostra que uma política destinada a fornecer amparo a essa parcela da população – e, portanto, que busque evitar que essas pessoas retornem ao crime – é medida que se insere genericamente na estratégia de prevenção criminal recomendada pela Declaração de Viena aos países membros da ONU (Espinoza, 2003: 11).

Tal premissa servirá como indicativo para a análise de três programas de atendimento ao egresso realizados no início dos anos 2000 no estado de São Paulo, quais sejam, os projetos Clareou e Espaço Livre, coordenados pela Fundação Prof. Dr. Manoel Pedro Pimentel, e o projeto Documentação, sob responsabilidade da Secretaria de Administração Penitenciária de São Paulo.

Por meio de análise dos pressupostos e das estratégias de execução destes programas, de entrevistas com funcionários, gestores e usuários e entrevistas focais com egressos e familiares, o estudo concluiu que

> Ao contrário do que se possa imaginar, o objetivo de um programa de atendimento à população egressa não deve ser simplesmente evitar a reincidência – ainda que evitá-la seja, sem dúvida, uma meta a ser perseguida. Um programa de atendimento a egressos deve ir além, buscando a promoção plena da reintegração social do ex-presidiário (Espinoza, 2004: 103).

Para tanto, o estudo aponta 14 itens estratégicos que devem ser adotados, de modo que os programas deixem de ser casuístas e passem a se inserir no campo das políticas públicas penais. São eles: 1) descentralização dos locais de atendimento e facilitação do acesso de egressos e familiares a esses locais; 2) composição e capacitação de equipes multidisciplinares; 3) auxílio para obtenção de documentos; 4) articulação com políticas sociais; 5) pré-determinação do prazo de atendimento a cada egresso; 6) exigência de contrapartida dos atendidos, sobretudo frequência obrigatória; 7) inserção dos atendidos em programas de educação formal; 8) capacitação profissional e fomento à geração de renda; 9) participação da família no atendimento; 10) atendimento jurídico para acompanhamento da execução penal; 11) atendimento psicológico; 12) participação da comunidade; 13) serviços de prevenção e orientação sobre drogas e DSTs; 14) atendimento específico para a mulher egressa.

Após discriminar o caminho a ser adotado, que não se distingue de outros receituários oriundos dos órgãos vinculados à Organização das Nações Unidas, o estudo conclui que a "reintegração plena" tornar-se-á mais possível por meio "da criação de condições para que o egresso gere sua própria renda"(Espinoza, 2003: 103), alinhando-se, portanto, ao modelo de intervenção social que emerge, sobretudo, a partir da década de 1990.[15]

No campo acadêmico, Madeira (2008) apresenta um estudo que tem como objetivo analisar

> a atuação e a efetividade do Estado e da sociedade civil na formulação, implementação e avaliação das políticas públicas penais, especialmente no tocante aos programas de apoio aos egressos do sistema penitenciário brasileiro (Madeira, 2008: 16).

O estudo se divide entre o levantamento de experiências de apoio aos egressos prisionais e entrevistas com pessoas atendidas nestes programas, visando à definição de um perfil de usuários e à compreensão de padrões da importância atribuída por estes egressos aos programas dos quais participam:

> Analisando-se a trajetória de vida dos egressos entrevistados percebe-se questões marcantes: são pessoas geralmente de origem pobre, com histórico de baixa escolarização e qualificação profissional, com famílias desestruturadas, ingressaram na criminalidade por necessidade, aventura, dinheiro fácil ou fatalidade, e tiveram, com a experiência prisional, uma constatação de que é preciso mudar de vida, para manter-se vivo, uma vez que para pobres envolvidos com a criminalidade só resta a morte ou a prisão (Madeira, 2008: 333).

---

15 O campo de debates e produções acerca da mudança contemporânea nas formas e políticas de intervenção social é bastante vasto, e não caberia aqui discorrer em demasia sobre o tema. Ilustro-o apenas. Assim, seguindo uma abordagem marxiana, por exemplo, Montaño aponta para o "caráter neoliberal" deste processo, que seria decorrente da crise estrutural do capitalismo, iniciada na década de 1970, e que encontraria no Consenso de Washington o ponto de inflexão para o delineamento das políticas mundiais de expansão do "setor público não estatal", numa perspectiva que representaria o esvaziamento da ação política no campo social (Montaño, 2002). Da bibliografia utilizada nesta pesquisa, e seguindo abordagens teóricas e metodológicas distintas a Montaño, Feltran descreve as transformações impressas no campo da ação coletiva das periferias, onde a "expansão das tentativas de 'gestão do mundo social' [...] passa a competir diretamente com as ações coletivas de caráter propriamente político" (Feltran, 2008a: 31). Enfatizando os conflitos entre periferias urbanas e o mundo público, a partir do caso específico de Sapopemba, na região metropolitana de São Paulo, este autor demonstra os deslocamentos no modo de ação política das periferias, descrevendo como a antiga ação dos movimentos sociais populares, ligados a um modo de organização social baseada no trabalho operário e na luta por direitos coletivos, se transforma, a partir de meados dos anos 1990, num modelo de "gestão social" amplamente vinculado aos parâmetros e interesses institucionalizados no estado, traduzindo-se numa estratégia de gestão de populações específicas das periferias, e instrumentalizando-se pela lógica interna dos "programas sociais" (Feltran, 2010a).

Considerando que a prisão, no Brasil, assume caráter meramente retributivo, a autora argumenta que os índices de "reincidência" criminal apontam para a inexistência de políticas públicas que permitam ao egresso a efetiva "reintegração" à sociedade:

> (...) a passagem pelos programas resulta [para os egressos] em ganhos e frustrações. Os programas não conseguem atender todas as demandas, há limites em sua atuação (...) no entanto, através dos programas os egressos conseguem acesso à cidadania formal, a assistências, como alimentação, roupa e transporte (Madeira, 2008: 333).

A constatação do caráter compensatório das políticas sociais é típica das iniciativas empreendidas no âmbito da "terceirização" da questão social: conquanto muitas das organizações e movimentos participantes deste modelo de intervenção social questionem a "eficácia", a "eficiência" e a "efetividade" das políticas públicas estatais,[16] defendendo assim o modelo de "parcerias estratégicas"[17] entre Estado e terceiro setor, mesmo os ideólogos e militantes[18] destas "parcerias" assumem a insuficiência das ações, programas e projetos que são realizados. Os argumentos de Madeira se filiam a essa vertente:

> (...) é preciso demonstrar os aspectos positivos e negativos do apoio promovido pelas iniciativas. Como aspectos positivos, embora os programas sustentem o fato de suprirem lacunas na atuação estatal, seja de descasos prisionais, seja por dificuldades dos poderes Judiciário e Executivo realizarem suas atribuições (...) há aspectos ainda mais importantes (...) [como a] constituição de redes sociais, seja de instituições, seja de egressos, que (...) se apresentam como a única alternativa para garantir sobrevivência para essas populações em vulnerabilidade (Madeira, 2008: 331-332).

16   É marcante, nessa perspectiva, o argumento que sustenta a necessidade de identificar a "função que deveria cumprir o Estado no processo histórico e como dotá-lo da capacidade de gestão necessária para levá-lo a cabo com eficiência" (Kliksberg, 1998), noção que se complementa com a afirmação de que a finalidade da Reforma do Estado "é melhorar o desempenho da máquina governamental para, ao final, melhor servir os cidadãos" (Wilheim, 1999).

17   O paradigma das parcerias estratégicas parte de um princípio de anulação dos conflitos nas relações entre Estado, mercado e Sociedade Civil, postulando uma "ideia" de compartilhamento de "crenças e valores, pontos de vistas e interesses [que conduzem a] um posicionamento estratégico comum diante de uma determinada realidade" (Noleto, 2000: 15).

18   Tome-se, como exemplo, o chiste de um grupo de militantes do terceiro setor: "la experiencia de incidencia en las políticas de las osc en América Latina, aunque ha sido importante, no tiene un nivel adecuado de sistematización que permita extraer los aprendizajes necesarios para o desarrollo de modelos de formación de recursos humanos y de desarrollo de la capacidad institucional en esta área" (Bombal; Garay, 2011).

Conquanto a autora indique o estudo das trajetórias como método para compreender a construção da vida pós-prisão pelos egressos prisionais, seu estudo se baseia, sobretudo, na identificação e análise comparativa dos programas e no levantamento, por meio de entrevistas semi-estruturadas, das interações entre uma amostra quantitativamente indefinida de egressos e algumas estruturas sociais, tais como "família", "educação", "profissão", "crime".

Descrevendo suas técnicas de pesquisa, Madeira menciona "algumas prescrições" adotadas para a etapa de entrevistas:[19] "problemas da familiaridade e da aproximação com os entrevistados, e o cuidado com critérios como a acessibilidade de informações pelo entrevistado, a cognição, ou capacidade de entendimento do que estava sendo requerido pelo entrevistador" (Madeira, 2008: 31). Os dados de entrevistas, posteriormente tratados com o auxílio de um software de análise qualitativa, permitem, segundo a autora, compreender como os egressos são, efetivamente, apoiados pelos programas a eles destinados.

A autora conclui que embora sejam experiências com baixo alcance quantitativo e com perfil estritamente legalista, ou seja, executados primordialmente para atender aos dispositivos legais e normativos, os programas de atendimento aos egressos configuram importante apoio para que seus usuários em diferentes estados possam ampliar seu leque de interação social, o que, em tese, permitiria a ampliação de suas possibilidades de "reintegração".

O pano de fundo que se percebe tanto no estudo de Madeira, como na pesquisa realizada pelo Ilanud, é uma leitura que toma a concepção foucaltiana, presente desde o *Vigiar e Punir*, de que a reforma da prisão é contemporânea de seu surgimento, como fio condutor de uma interpretação da prisão como "instituição falida",[20] interpretação que seria demonstrada pelo fracasso da "ressocialização" e pelos altos índices de "reincidência".

---

19 As condições de pesquisa da autora, especialmente no que diz respeito à aproximação com os entrevistados, reforçam a ambiguidade de minha posição: ao mesmo tempo em que possuía vínculo muito mais estreito com meus interlocutores, diminuindo a necessidade de seguir as "prescrições" apontadas por Madeira, esse vínculo exigiu-me uma atenção mais depurada quanto às respostas que obtive em minhas interações, dada a predisposição de meus interlocutores em responderem aquilo que deles podia esperar o "superintendente da Funap", conforme descrevi anteriormente.

20 Madeira afirma: 1) que a falência da prisão é uma tese de Foucault (Madeira, 2008: p. 18); 2) que o seu reconhecimento pelos juristas e legisladores brasileiros justifica o surgimento da LEP – Lei de Execução Penal, marcando decisivamente a história do sistema prisional brasileiro (Madeira, 2008: p.19-21); 3) que, por ser falida, a prisão passa a investir na ressocialização dos presos (Madeira, 2008: p. 22). e também que a prisão é falida por não conseguir inibir a

Como considero esta uma leitura instrumetalizada da concepção de "reforma" presente em Foucault, torna-se preciso analisar como se constrói, numa perspectiva analítica, essa interpretação da "falência da prisão".

Na obra citada, Foucault declara:

> Pode-se compreender o caráter de obviedade que a prisão-castigo muito cedo assumiu. Desde os primeiros anos do século XIX, ter-se-á ainda consciência de sua novidade; e entretanto ela surgiu tão ligada, e em profundidade, com o próprio funcionamento da sociedade, que relegou ao esquecimento todas as outras punições que os reformadores do século XVIII haviam imaginado. Pareceu sem alternativa, e levada pelo próprio movimento da história (...). E se, em pouco mais de um século, o clima de obviedade se transformou, não desapareceu. Conhecem-se todos os inconvenientes da prisão, e sabe-se que é perigosa quando não inútil. E entretanto não "vemos" o que pôr em seu lugar. Ela é a detestável solução, de que não se pode abrir mão (Foucault, 1987: 224).

A genealogia foucaultiana da prisão compõe um mosaico: a obviedade de sua instauração, a suplantação das outras formas de punição, o caráter supostamente igualitário da prisão, que extrai dos sujeitos aprisionados a liberdade, bem comum à toda a sociedade, parecem indicar um sentido em que a punição prisional incidirá, efetivamente, na correção dos criminosos. E nesse caminho, porém, a prisão se mostra inconveniente: Foucault afirma seu perigo, quando não sua inutilidade. Por que não sua falência?

> Devemos lembrar também que o movimento para reformar as prisões, para controlar seu funcionamento, não é um fenômeno tardio. *Não parece sequer ter nascido de um atestado de fracasso devidamente lavrado.* A "reforma" da prisão é mais ou menos contemporânea da própria prisão. Ela é como que seu programa. A prisão se encontrou, desde o início, engajada numa série de mecanismos de acompanhamento, que aparentemente devem corrigi-la, mas que parecem fazer parte de seu próprio funcionamento, de tal modo têm estado ligados a sua existência em todo o decorrer de sua história (Foucault, 1987: 226. Grifo meu).

A "reforma" como o "programa". Longe de ser a recuperação do criminoso, a prisão fundamenta sua existência em sua própria reprodução e, "ao invés de se

---

criminalidade (Madeira, 2008: p. 22). Por fim, sua falência justificaria o surgimento dos programas de atenção ao egresso (Madeira, 2008: p. 24) que, contraditoriamente, representaria a "efetivação" da LEP (Madeira, 2008: p. 21).

prender às justificativas que o discurso jurídico cria em relação à prisão" (Salla, 2000: 41), Foucault fixa sua finalidade na "produção do delinquente":

> O delinqüente é uma elaboração e construção dos saberes que atuam no interior das prisões. Sempre é apresentado como o inimigo da sociedade. Mas é com a existência da delinqüência que se torna possível a presença constante da polícia, do controle policial sobre toda a sociedade (Salla, 2000: 41).

Se é certo que as últimas décadas trouxeram à tona um novo paradigma da violência, como afirma Wieviorka, e que neste já não se exerce tão distintamente a produção da delinquência, uma vez que surgiram "novas ilegalidades de ordens nacionais e internacionais" (Salla, 2000: 41), também é certo que este novo paradigma, ao mesmo tempo que também incide mais diretamente sobre parcelas específicas da população, dissemina por todo o tecido social as formas de controle e disciplina características da prisão.

A interpretação deste papel da prisão, enquanto instituição de síntese modelar e de disseminação do dispositivo disciplinar de poder, também é encontrada em outras abordagens.

Reportando-se a Foucault, Deleuze (1992: 111), relata: "Eu quis extrair um *duplo* de Foucault".[21] A partir desta noção de "duplo", Deleuze indica, metodologicamente, as passagens características do indivíduo nas sociedades disciplinares. Sempre inserido em meios de confinamento, o indivíduo passa por uma sequência analógica dos espaços de vivência: "primeiro a família, depois a escola (...), depois a caserna (...), depois a fábrica (...), de vez em quando o hospital, eventualmente a prisão, que é o meio de confinamento por excelência" (Deleuze, 1992: 223).

A hermenêutica deleuziana extrai, então, um "duplo" do dispositivo disciplinar:[22] nas sociedades descritas por Foucault, o dispositivo de poder se

---

21   A noção de "duplo", apontada por Deleuze como uma obsessão foucaultiana, está ligada à influência que este autor recebe do pensamento nietzscheano. Foucault apontara, já n' *A verdade e as formas jurídicas* (2005), que sua analítica se debruça sobre uma "reelaboração da teoria do sujeito" (p. 09), na "emergência de novas formas de subjetividade" (p. 11) que são desencadeadas a partir de "obscuras relações de poder" (p. 15). Em Nietzsche toda *invenção* humana – a linguagem, o conhecimento, a poesia – é decorrente deste jogo entre obscuras relações de poder: saúde e doença, belo e feio, Apolo e Dionísio, são polos que Nietzsche considera como forças convergentes e dissonantes. Em Foucault, razão e desrazão, oculto-visível, saber-poder, são relações que seguem o mesmo sentido que o pensador alemão extrai do jogo de forças. Em ambos, há um sentido antiteleológico dessas relações.

22   Obviamente, cabe aqui, mais uma vez, a ressalva quanto as diferenças entre a França deleuziana

estabelece por meio de subjetivações que se dão pela territorialização ou pelo confinamento dos indivíduos. Porém, Deleuze aponta que já em Foucault está presente a noção de que cada dispositivo possui em si o seu arquivo (sua história), mas carrega também o seu *devir*, a sua atualidade (ou o intempestivo nietzscheano): "a descrição do arquivo desenvolve suas possibilidades" (Foucault, *apud* Deleuze, 1990: 158), o que faz com que os dispositivos que produzem essa sociedade distribuam e tornem dispersos o poder e os regimes de verdade que a representam, resultando na incorporação destes regimes e em sua distribuição em novos dispositivos, configurando o que Deleuze denomina "sociedade de controle", ou seja, um "duplo" das sociedades disciplinares.

O percurso analítico de Deleuze encontra paralelo na própria genealogia foucaultiana, segundo a qual também a emergência da prisão e sua supremacia enquanto modo de punição é uma duplicatura da soberania punitiva. Diz Foucault:

> quando penso na mecânica do poder, penso em sua forma capilar de existir, no ponto em que o poder encontra o nível dos indivíduos, atinge seus corpos, vem se inserir em seus gestos, suas atitudes, seus discursos, sua aprendizagem, sua vida quotidiana. O século xviii encontrou um regime por assim dizer sináptico de poder, de seu exercício *no* corpo social, e não *sobre* o corpo social. A mudança de poder oficial esteve ligada a este processo (...) Trata-se de uma mudança de estrutura fundamental que permitiu a realização, com uma certa coerência, desta modificação dos pequenos exercícios do poder. Também é verdade que foi a constituição deste novo poder microscópico, capilar, que levou o corpo social a expulsar elementos como a corte e o personagem do rei (Foucault, 1979: 131; grifos no original).

É na perspectiva – nietzscheana! – dos desdobramentos, da fatal dilaceração dos dispositivos, que a prisão ressoa, portanto, funções que a tornam muito mais complexa do que faz crer a normatividade da "reintegração social":

> Desde o começo a prisão devia ser um instrumento tão aperfeiçoado quanto a escola, a caserna ou o hospital, e agir com precisão sobre os indivíduos. O fracasso foi imediato e registrado quase ao mesmo tempo que o próprio projeto. Desde 1820 se constata que a prisão, longe de transformar os criminosos em gente honesta,

---

e a sociedade brasileira. No entanto, o que importa é chamar a atenção para a duplicatura do dispositivo disciplinar em novas formas de controle.

> serve apenas para fabricar novos criminosos ou para afundá–los ainda mais na criminalidade. Foi então que houve, *como sempre nos mecanismos de poder*, uma utilização estratégica daquilo que era um inconveniente. A prisão fabrica delinquentes, mas os delinquentes são úteis tanto no domínio econômico como no político (Foucault, 1979: 132; grifo meu).

Evidencia-se que longe de considerar a prisão uma "instituição falida", Foucault reconhece nela um exemplar típico dos dispositivos de difusão do poder. A prisão, dessa forma, jamais faliu: a ela se encontram, continuamente, formas de reprodução.

Em tempos atuais, o crescimento vertiginoso do encarceramento e a expansão constante do sistema prisional indicam também outros usos da prisão. Quando iniciei minha pesquisa, a sap utilizava como dados de encarceramento mensal um fluxo de cerca de 6.400 prisões/mês, com saída de cerca de 5.800 pessoas das unidades prisionais e índice de reincidência na faixa de 65%. Conforme esses dados, o estado de São Paulo deveria construir uma nova penitenciária mensalmente, apenas para abrigar os novos presos. Passados pouco mais de 12 meses, esse índice, segundo declaração do Sr. Lourival Gomes, chegara à média de 42 pessoas por dia, superando a marca de 1.000 novos presos/mês.[23] No mês de agosto de 2011, o sítio da sap informa que estão em construção 11 novas unidades prisionais: o Estado de São Paulo assumira a expansão do encarceramento como principal política de "segurança pública" e com bastante recorrência o discurso do endurecimento penal surge como diretriz de ações neste campo.

Não é difícil, dessa forma, encontrar no contexto paulista ecos de ocorrências internacionais. Garland (2010) destaca que, em geral, entende-se a "punição como uma maneira de responder a um indivíduo criminoso – como um castigo por sua agressão", de modo que, ao ser aplicada, a punição

> reduza o crime, faça justiça e anuncie que esse tipo de comportamento é errado. [No entanto] a punição tem efeitos sociais mais amplos que não estão confinados à punição ou controle de indivíduos. Há usos políticos óbvios da punição, que operam na arena política. Por exemplo, a promessa de punições severas é usada para distinguir um candidato que defende políticas muito duras de combate ao crime de um candidato com políticas mais amenas. Assim, a decisão sobre como punir ou que tipo de lei penal introduzir podem ser maneiras simbólicas de marcar um

---

23   Lourival Gomes, Secretário de Estado da Administração Penitenciária, durante discurso de inauguração de Unidade de Reintegração Social em Votorantim, no dia 19/05/2011.

bloco político inteiro de valores e opiniões. Hoje nos EUA, um número maciço de indivíduos está preso e a uma taxa muito mais alta do que em outras democracias liberais. O fato é que o encarceramento de 2,3 milhões de pessoas tem implicações econômicas importantes. Significa, por exemplo, que a taxa de 4% de desempregados nos EUA, anunciada pelo governo, pode chegar ao quadro real de 6% se forem incluídos os que poderiam estar trabalhando – uma adição de 2% de desempregados escondidos atrás das grades (Garland, 2010).

Na visão deste autor a prisão também está longe de ser falida e possui, outrossim, funções econômicas importantes, dentre elas a de disfarçar os índices de desemprego. Contextualizando essas funções econômicas no cenário paulista, pode-se observar outro importante papel desempenhado pelo sistema prisional, qual seja, a geração de empregos.

Assim, embora não haja indicadores seguros sobre em quanto os índices de desemprego são "disfarçados" pelo encarceramento, e embora seja difícil também a medição sobre a geração de empregos decorrente da instalação de unidades prisionais, o que se percebe empiricamente é a importância econômica dos estabelecimentos penais para muitas pequenas cidades do interior paulista.

Certa vez, conversando com o prefeito de uma pequena cidade da região oeste, ouvi que seu grande desafio era levar um supermercado pra lá, "porque com as três prisões na cidade, já há demanda para isso". A cidade em questão possuía, à época, cerca de seis mil habitantes e aproximadamente três mil e quinhentos presos. Boa parte da atividade econômica estava ligada às prisões, seja por meio dos funcionários da SAP – cerca de duzentos por unidade –, seja por meio das atividades formais e informais que surgem para atender as demandas geradas pelos presídios, sobretudo quanto às visitas familiares que ocorrem nos fins de semanas.[24]

O argumento da falência da prisão parece-me misturar, portanto, a abordagem dos múltiplos efeitos da punição, a crença na obviedade da prisão (Foucault, 1987) e a crença nos modelos restaurativos da prisão (Antonietto, 2008), que implicariam na completa preparação do indivíduo para o retorno ao convívio em liberdade.

---

24   Uma descrição sobre estas dinâmicas pode ser encontrada em Silvestre, 2012.

Nesse sentido, ao se perceber, seja empírica, seja estatisticamente, o fracasso da promessa ressocializadora da prisão, decretar-se-ia sua falência. Há, porém, um caráter de militância nesta argumentação, pois nota-se facilmente que ela deixa de considerar que a prisão possui, assim como a punição, outras dimensões, que não se restringem ao isolamento físico dos indivíduos e à sua *reeducação* para o convívio em sociedade.

Se a prisão não é uma instituição falida; se suas funções e dimensões em muito ultrapassam a proposta ressocializadora; se a vigilância e o poder, tal como pressupõe a disciplina prisional, se disseminam em outras esferas da vida social; se é possível observar nas práticas penais contemporâneas mistos e coexistências entre políticas humanizadoras e políticas de endurecimento penal, como compreender os fenômenos da "reincidência" e da "reintegração"? Que sentidos são atribuídos a estes termos por indivíduos que vivenciam a reclusão e como esses sentidos se relacionam com as trajetórias de egressos prisionais?

Até o momento tomei indistintamente os termos "reincidência" e "reincidência criminal"; agora, é necessário definir clara e especificamente que relações o termo denota, dando ancoragem ao prosseguimento dos argumentos.

O CONCEITO NORMATIVO DE "REINCIDÊNCIA"

Neste estudo tomei como ponto de partida a definição legal e o marco regulatório sobre a "reintegração social". Não se trata de aceitar esta definição como verdade *a priori*; trata-se, outrossim, de assumi-la como ponto de inflexão para as análises que foram realizadas, de modo que sua validação ou refutação estará sempre referenciada pelos olhares e representações trazidos pelos sujeitos envolvidos na pesquisa.

No sentido normativo, o termo "reintegração social" é indicado como o processo pelo qual "a sociedade (re)inclui aqueles que ela excluiu, através de estratégias nas quais esses 'excluídos' tenham uma participação ativa, isto é, não como meros 'objetos de assistência', mas como sujeitos" (SÁ, 2005). Segundo o Departamento Penitenciário Nacional,

> [...] as ações de reintegração social podem ser definidas como um conjunto de intervenções técnicas, políticas e gerenciais

> levadas a efeito durante e após o cumprimento de penas ou medidas de segurança, no intuito de criar interfaces de aproximação entre Estado, comunidade e pessoas beneficiárias, como forma de lhes ampliar a resiliência e reduzir a vulnerabilidade frente ao sistema penal.[25]

É nessa perspectiva que a bibliografia específica aponta para um sentido contemporâneo das ações de "reintegração social" desenvolvidas no interior dos estabelecimentos penais como ações de "tratamento penitenciário". Oriundo das concepções consolidadas nas "Regras Mínimas para o Tratamento dos Reclusos", aprovadas em 1955 pelo Conselho de Defesa Social e Econômica da Organização das Nações Unidas (ONU), o conceito refere-se a

> um conjunto articulado de ações por parte do Estado e da sociedade, para a garantia de direitos fundamentais básicos (como o direito à sobrevivência, o direito ao desenvolvimento pessoal e social, além do direito à integridade física, psicológica e moral) por meio de políticas sociais básicas (saúde, trabalho e educação), políticas de assistência social, políticas de proteção especial e políticas de garantia de direitos (JULIÃO, 2010: 537).

A expressão "reintegração social" não está presente na Lei de Execução Penal;[26] ela é decorrente de práticas de gestão prisional, de proposições oriundas da militância de movimentos sociais e dos estudos que tangenciam o tema.

Todavia, a concepção normativa de "reintegração social" surge amparada em proposições da própria LEP, especialmente nos artigos e alíneas que apontam as tarefas "ressocializadoras" da prisão: é dever do Estado "a assistência ao preso e ao internado [...] objetivando prevenir o crime e orientar o retorno à convivência em sociedade", considerando ainda que "a assistência estende-se ao egresso" (Lei 7.210/84; TÍTULO II, Art. 10).

Assim, ao propor a preparação do indivíduo para "o retorno à sociedade", a LEP postula que o sistema prisional deve prestar várias formas de assistência a estes indivíduos, considerando como parte integrante desta população os egressos e egressas do sistema prisional, também definidos na forma da lei como "1. o liberado definitivo, pelo prazo de um ano a contar da saída do

---

25 DEPEN, site oficial, extraído em setembro de 2009

26 BRASIL. Lei nº 7.210, de 11 de julho de 1984. Institui a Lei de Execução Penal.

estabelecimento; II. o liberado condicional, durante o período de prova" (Lei 7.210/84; TÍTULO II, Art. 25).

Nota-se, portanto, que nesse paradigma a "reintegração social", enquanto função social do sistema prisional, ramifica-se em dois vértices de ações, sendo um voltado para o período de cumprimento de pena – especialmente a pena privativa de liberdade –, e um voltado para o período pós-soltura, em que presos e presas são juridicamente definidos como egressos e egressas prisionais.

As ações de "tratamento penitenciário" que o Estado realiza devem, portanto, promover a "reintegração social", prevenindo a "reincidência". Como afirma Julião (2010),[27] para os diferentes agentes operadores da execução penal – membros dos sistemas de justiça e da administração penitenciária – a reintegração social corresponde ao indivíduo "'voltar à sociedade adaptado, respeitando as leis'. Ou seja, 'o preso deve voltar para a sociedade sem delinquir'" (Julião, 2010: 537).

Não estando explícita na lei, a "reintegração social" se consolida como "produto" do campo penal: trata-se, como afirmei anteriormente, da construção de um discurso, que tem por finalidade demarcar os conflitos, as contradições e até mesmo as complementariedades entre as determinações jurídicas, as práticas de gestão penitenciária e o cotidiano das relações no interior das unidades penais.

Por seu turno, ao estabelecer o binômio "reintegração social" x "reincidência", este discurso normativo oculta as múltiplas dimensões presentes na dinâmica e nas funções sociais da prisão: ora o "fracassso" da "reintegração" será creditado à legislação, frequentemente considerada incompatível com as práticas penais. Ora serão as práticas penais culpabilizadas pelas mazelas do sistema penitenciário. Na maioria das vezes, sobretudo para os operadores deste sistema, serão os presos e egressos prisionais os principais responsáveis pelos índices de "reincidência".

Por outro lado, ao passo que no discurso oficial as ocorrências de "reincidência criminal" dificilmente possuem medição segura, como exposto previamente, nos estudos sobre a temática surgem problemáticas mais complexas acerca de

---

27 Cabe destacar que, com passagem por diversos órgãos públicos ou da sociedade civil ligados ao sistema penitenciário do Rio de Janeiro, bem como com atuação como consultor para assuntos penitenciários em organismos internacionais e órgãos do governo federal, Elionaldo Fernandes Julião tem realizado diversas pesquisas neste campo, sobretudo voltadas para questões referentes à oferta de educação e trabalho como "práticas ressocializadoras". Dessa forma, em que pese suas importantes contribuições para a defesa da garantia de direitos para a população prisional, o pesquisador – e gestor – parte do pressuposto normativo da "reintegração" x "reincidência", o que contribui para a reprodução daquela prática discursiva.

seu entendimento. Nesse sentido, Adorno e Bordini apontam para um caráter multifacetado do conceito de "reincidência", destacando que a ausência de uma definição segura a respeito desta concepção

> dificulta o tratamento científico de sua taxa, dadas as diversas implicações metodológicas, sobretudo no que concerne às fontes de informação, ao universo empírico que subjaz aos estudos realizados e ao enfoque adotado (Adorno & Bordini, 1989: 70).

Para os autores, um dos caminhos de pesquisa está em assumir o conceito a partir de uma adjetivação restritiva, considerando-o em termos de "reincidência penitenciária", opção metodológica que se ampara no reconhecimento empírico "[d]a existência de relações entre o sistema penitenciário e a reincidência" (Adorno, Bordini, 1989: 70), tornando possível buscar a compreensão da multiplicidade deste fenômeno social.

Este caminho interpretativo traz consigo a necessidade de compreender que a passagem pela prisão gera diversos elementos negativos de diferenciação social, seja o estigma (Goffman, 1988), sejam os efeitos da prisionização e do disciplinamento (Foucault, 1987), sejam as formas como, atualmente, se manifesta o fenômeno da criminalização (Wacquant, 2008; Feltran, 2010; 2008a).

> Portanto, torna-se imperativo verificar de que modo a prisão e seus efeitos incidem diferentemente no interior da população sentenciada e recolhida aos estabelecimentos penitenciários, regulando-lhes as oportunidades de sobrevivência e estimulando subjetivamente a construção de carreiras delinquenciais (Adorno, Bordini, 1989: 78).

Seguindo caminho interpretativo semelhante, Reis (2001) enfoca a problemática da "reincidência" como fenômeno que

> é produzido e reproduzido no interior de uma complexa teia de relações sociais, estabelecidas por diferentes agentes institucionais, quais sejam, a polícia, a justiça e a prisão (Reis, 2001: 52).

A autora assume como marco conceitual o conceito de "reincidência penitenciária", tomando-o a partir da definição contida na legislação penal brasileira, de modo que o percurso analítico empreendido e os resultados obtidos em sua pesquisa possam ser apreendidos a partir daquela definição.

"Privilegiando particularmente a questão da reincidência penitenciária como objeto de estudo" (Reis, 2001: 03), Reis busca descrever os processos de construção das "carreiras criminosas" dos sujeitos reincidentes, delineando os aspectos que concorrem para a formação de uma "identidade social reincidente".

O que se observa no estudo desta pesquisadora, assim como no trabalho desenvolvido por Adorno e Bordini, é que a opção por tomar como ponto de partida a concepção normativa da "reincidência", permite, por um lado, deslocar e contrapor este conceito a diversos elementos empíricos nas trajetórias dos presos "reincidentes" e, por outro, encontrar regularidades que permitam a construção de interpretações mais seguras acerca das relações entre as práticas punitivas e os elementos sociais e pessoais presentes na prática do *crime*.

É na busca destas regularidades, também, que Julião (2010) aponta o nexo entre as ações de "tratamento penitenciário" e a "reintegração social", como oposição à "reincidência". Segundo este autor, é possível afirmar

> que os internos que participam dos projetos educacionais e laborativos apresentam predisposição à ressocialização, assim como também apresentam características distintivas daqueles que não estudam nem trabalham (Julião, 2010: 538).

Diferentemente, o que se buscou nesta pesquisa foi confrontar este conceito normativo com as trajetórias de vida de meus interlocutores, encontrando em Diego o caso de referência da insuficiência conceitual, por meio da qual o binômio tende a se dissolver.

O que se perceberá nos capítulos posteriores é que nem sempre o que se compreende como "reincidência penitenciária" está relacionado com um "fracasso" das ações de "tratamento penitenciário": pelo contrário, no caso de Diego, é sua inserção privilegiada nessas ações que contribui para fazer da prisão a sua esfera de pertencimento social por excelência. Por outro lado, procurarei descrever como tal inserção não significou, no caso específico de Diego, um rompimento com o *mundo do crime*, reforçando os movimentos de coexistência e complementariedade entre essas duas práticas supostamente antagônicas.

O contraponto a esta trajetória será demonstrado por meio de referências às trajetórias de Mário e Anderson, cujas inserções nas ações de "tratamento penitenciário" tomaram outros sentidos.

II

A pesquisa em movimento

Pois então que seja o manicômio. Aliás, a todas as luzes, é o que apresenta melhores condições, porque, a par de estar murado em todo o seu perímetro, ainda tem a vantagem de se compor de duas alas, uma que destinaremos aos cegos propriamente ditos, outra para os suspeitos, além de um corpo central que servirá, por assim dizer, de terra-de-ninguém, por onde os que cegarem transitarão para irem juntar-se aos que já estavam cegos, Vejo aí um problema, Qual, senhor ministro, Vamos ser obrigados a pôr lá pessoal para orientar as transferências, e não acredito que possamos contar com voluntários, Não creio que seja necessário, senhor ministro, Explique lá, No caso de um dos suspeitos de infecção cegar, como é natural que lhe suceda mais cedo ou mais tarde, tenha o senhor ministro por certo que os outros, os que ainda conservarem a vista, põem-no de lá para fora no mesmo instante, Tem razão, Tal como não permitiriam a entrada de um cego que se tivesse lembrado de mudar de sítio, Bem pensado, Obrigado, senhor ministro, podemos então mandar avançar, Sim, tem carta branca.

José Saramago, *Ensaio sobre a cegueira*

Cenário de inserção: dinâmicas do sistema prisional paulista

A história do sistema prisional paulista foi objeto de alguns escritos (por exemplo, Rocha, 1994; Salla, 1997), cujos registros de pesquisas dão conta de demonstrar o contexto e os princípios políticos, epistemológicos e sociais que nortearam sua criação, expansão e transformações.

Entretanto, a entrada na cena pública dos *coletivos de presos,*[1] bem como as novas dinâmicas de relações no interior das prisões e destas com a sociedade mais ampla, têm sido objeto de novos e importantes estudos (Dias, 2011, 2008; Biondi, 2010; Feltran, 2010, 2008; Marques, 2009, entre outros), contribuindo significativamente para a compreensão do papel da violência no Estado de São Paulo, onde se encontra a quinta maior população prisional do mundo.[2]

Dessa forma, para este trabalho tornou-se importante descrever algumas relações e dados de pesquisa que foram apreendidos a partir de minha interação com o sistema prisional e no interior das estruturas de gestão deste sistema, buscando, sobretudo, contribuir com um contexto mais amplo de pesquisas sobre o assunto e sedimentar o terreno sobre o qual se desenrola a trajetória que compõe o argumento central deste livro.

Quando iniciei minha pesquisa, em março de 2010, São Paulo contava com 146 estabelecimentos penitenciários e uma população aproximada de 155 mil

---

1   O trabalho de Dias, 2011, descreve o processo de ascensão do PCC, sua consolidação e a atual hegemonia exercida por este coletivo. Descreve ainda como o Governo de São Paulo negou durante anos a sua existência, sendo obrigado a reconhecê-la a partir da megarrebelião de 2001. Já o Relatório da IHRC, 2011, descreve os eventos de maio de 2006 e os conflitos que, a partir das prisões paulistas, se espalharam pela capital e interior, analisando o papel do "Estado como protagonista [da] maior crise de segurança pública da história de São Paulo" (IHRC, 2011: 01).

2   Com cerca de 198 mil presos em julho de 2012, São Paulo fica atrás somente do próprio Brasil – cerca de 500 mil –, que é antecedido por Rússia (700 mil), China (1,6 milhão) e Estados Unidos (2,2 milhões), segundo dados divulgados pela ONU em maio de 2012. Ver em: http://noticias.uol.com.br/ultimas-noticias/bbc/2012/05/29/brasil-tem-4-maior-populacao-carceraria-do-mundo-e-deficit-de-200-mil-vagas.htm

pessoas em privação de liberdade, sendo cerca de 95% do gênero masculino.[3] Em julho de 2012, o número de presídios subira para 152 estabelecimentos e neste período o governo intensificou a construção de unidades femininas, tendo inaugurado três presídios para encarceramento de mulheres, cada um com 768 vagas.[4]

Segundo o secretário de administração penitenciária deste período, sr. Lourival Gomes, os presídios devem ser compreendidos como "instrumento de combate ao crime organizado".[5] O discurso representa uma visão policialesca do sistema penitenciário, em clara afronta às suas finalidades legalmente estabelecidas pela Lei de Execução Penal (Lei 7.210, de 11 de julho de 1984). Tal visão, por um lado, produz efeitos cotidianos importantes; por outro, mascara práticas corriqueiras da gestão prisional.

Em termos operacionais, o discurso policialesco se dissemina entre o corpo funcional da administração penitenciária. Passei a notar suas manifestações a partir de visita a um CDP na região norte do estado, em abril de 2012, quando observei, pela primeira vez, agentes de segurança penitenciária utilizando uniformes distintos daqueles que são oficiais, sobretudo camisetas com inscrições e símbolos. Numa delas, o desenho de uma caveira sendo atravessada por duas pistolas; n'outra, uma logomarca com um nome: kombato.org.[6]

Posteriormente, em visita a uma Penitenciária na região noroeste, comentei minha curiosidade sobre o assunto com W., supervisor técnico da unidade, questionando-o quanto ao significado daquelas camisetas que eu vira n'outra unidade. O relato corrobora a percepção sobre o sentido desta visão policialesca no dia a dia dos servidores da SAP:

> Essa moçada que tá chegando agora chega com outros pensamentos. Antigamente o cara ia ser *guarda* porque era um trabalho mais sossegado, e dava um dinheirinho bom aqui pro interior. Então

---

3   Fonte: Relatório Mensal Consolidado de Informações da Funap; março de 2010.

4   São eles: Penitenciária Feminina 2 de Tremembé, Penitenciária Feminina de Tupi Paulista e Penitenciária Feminina de Pirajuí. Os outros estabelecimentos construídos neste período foram CDP Franca, CDP Pontal e CDP Taiúva, todos na coordenadoria noroeste da SAP.

5   A expressão é comumente utilizada pelo sr. Lourival Gomes em discursos e reuniões, ocasiões em que o secretário insiste em afirmar que o sistema prisional "está combatendo o crime organizado dia e noite, noite e dia".

6   Embora não deixe claro se se trata de uma empresa privada, de uma organização não-governamental ou de qualquer outra natureza jurídica, o sítio da "kombato" na internet traz como slogan: "kombato, autodefesa, política de segurança, armamentos e, espírito de tribo!". Disponível em: www.kombato.org. Acesso em: julho de 2012.

você passava no concurso e tava sossegado. E *ladrão* também era diferente, dava pra trocar uma ideia, o cara te respeitava. Só dava pau mesmo quando tinha muito *esculacho*. Agora não. Agora essa molecada chega cheia de querer estilo, de querer ser melhor, ter tribo. E todo mundo quer ser *polícia*. Aí o ladrão percebe isso e vai pra cima desses *policiazinho*. E aí o cara quer mostrar que é macho e também vai pra cima do ladrão. Aí [o cotidiano de convívio entre ASPS e presos] fica tenso o dia todo.

Mas o pessoal já chega querendo *ser polícia*? – pergunto.

Ah, tem uma coisa que eu acho que é dessa galera mesmo, dessa geração, que é querer ter poder, mostrar que tem poder. Outra coisa é o clima aqui da cadeia. O cara [ASP] é chamado [após aprovação no concurso] e vai direto pra cadeia. Aí chega na cadeia sem ter passado pelo curso [de formação de agentes penitenciários, oferecido pela Escola de Administração Penitenciária] e só depois ele vai pro curso. Chega aqui conhece os *guarda véio*, tudo rancoroso. Quem passou por 2006 [a megarrebelião coordenada pelo PCC] não quer saber de tratar preso bem. Aliás, não quer nem saber de preso. Vocês [a Funap] têm um problema sério, porque *guarda* hoje não quer saber de soltar preso [liberar a saída pra escola, oficina de trabalho etc.] não. Nem contato o *guarda* quer com o preso. Se deixar, eles largam os presos tudo lá no pavilhão e jogam a chave fora.

Mas e as camisetas? Que relação tem com isso? – insisto.

É que é assim: o cara chega novo aqui, chega achando que é *fudido* porque virou *guarda de cadeia*. Encontra um monte de *guarda* rancoroso porque tomou porrada de *ladrão* [em 2006]. Aí dá um caldo né. Os caras formam grupinhos pra querer ter poder. E tem também a visão da Secretaria...

Como assim? – a fala aguçara minha percepção.

Ah, a secretaria tem hoje uma mentalidade diferente de antes, né. Antes havia um respeito, vocês mesmo [novamente a Funap] eram mais respeitado, o japonês [Nagashi Furukawa, ex-secretário de administração penitenciária] falava de escola o tempo todo, de dar educação pro preso. Hoje não, hoje a mente dos caras é tudo pela

porrada. Você não viu o outro: trancou *os preso* tudo numa cadeia,
jogava comida pelo muro e agora é coordenador?![7]

Caderno de campo, abril de 2012

O diálogo traz alguns elementos importantes para a análise das relações
entre o corpo funcional da administração penitenciária e a população prisional nas cadeias paulistas da atualidade e coloca a visão manifesta pelo secretário da administração penitenciária no centro de um movimento de dupla
determinação: de certa forma, é uma visão que representa o *modus operandi*
dos servidores da SAP e, nesse sentido, dá ao secretário respeito e credibilidade
junto a estes servidores; por outro lado, é uma visão que configura-se enquanto discurso de incentivo e promoção deste *modus operandi*, permitindo sua
reprodução, retroalimentando-o.

Se é verificável a tendência dos novos servidores à representação policialesca de sua função profissional, o "caldo engrossa" no encontro com antigos agentes penitenciários que sofreram intimidações e agressões durante os eventos de
2006. Recrudesce então uma tendência higienista de tratamento penitenciário,
manifesta na busca de eliminação total do contato entre servidores e presos.[8]

Além disso, o surgimento de grupos distintos de servidores – tribos, segundo o incentivo da kombato.org – dificulta, para as diretorias das unidades
prisionais, o controle sobre as ações do próprio corpo funcional. Não sem frequência, diretores gerais de unidade manifestam sua dificuldade em estabelecer
padrões de procedimentos e é comum ouvir que "dependendo do plantão a coisa

---

7   A referência é ao senhor Roberto Medina, funcionário de carreira da SAP que dirigia a
Penitenciária de Araraquara durante a megarrebelião de 2006. Na ocasião, aquela unidade virou foco da imprensa e de organismos de defesa dos direitos humanos pois após
a rebelião, em que a unidade foi quase completamente destruída, o diretor, com aval da
Secretaria, manteve os presos trancados a céu aberto, com as portas soldadas para evitar
fugas. Luz e água foram cortadas; a alimentação era jogada sobre a muralha. A ação rendeu, por um lado, processos contra o Estado de São Paulo em organismos internacionais,
como a OEA – Organização dos Estados Americanos. Por outro, valeu ao senhor Medina
uma "carta de elogio" publicada pela SAP e registrada em seu prontuário profissional. Em
meados de 2008 o senhor Medina foi nomeado coordenador das unidades prisionais da
região oeste de São Paulo.

8   Após 2006, em muitas unidades prisionais foram instalados corredores de grades para o trânsito de presos entre os pavilhões habitacionais e os locais de atendimento – parlatórios, pavilhões hospitalares etc. – de modo que ao transitar entre o raio que habita e a sala onde
será atendido, o preso não passe por nenhum ponto de contato físico com os ASPS. Alega-se
a preocupação com a segurança; instaura-se mais uma separação objetiva entre os espaços e
ambientes destinados a cada "classe" de indivíduos que coexistem na prisão.

funciona bem", numa referência aos procedimentos para fazer funcionar o horário de soltura e trânsito dos presos que vão às escolas, por exemplo. Esta dificuldade decorre do próprio regime de contratação e das formas de organização institucional da Administração Penitenciária.

Os agentes de segurança penitenciária são concursados para trabalhar em regime de plantão, com jornada de trabalho de doze horas e descanso de trinta e seis horas, tendo direito a uma folga mensal. Não obstante, muitos servidores optam por trabalhar em regime de "diarista", com jornada de oito horas diárias. Em cada unidade os servidores são divididos em quatro grupos, sendo dois para o plantão diurno e dois para o noturno. Cada plantão é liderado por um "chefe de turno", subordinado ao diretor de segurança e disciplina. O sistema hierárquico diretor geral, diretor de disciplina, chefe de turno e demais servidores não garante, contudo, que as decisões e ordens administrativas sejam cumpridas conforme emanadas em sua origem – o diretor geral. É comum a expressão "no fundão da cadeia a coisa é diferente", que expressa as diferenças de visão e de procedimento entre o corpo diretivo e os funcionários subalternos que lidam diretamente com a segurança no interior das unidades prisionais.

Tem-se assim uma múltipla fragmentação do corpo funcional. Dividido em tarefas especializadas e em turnos, o conjunto de servidores de cada unidade se reparte também em grupos de afinidades ideológicas. Funcionários que privilegiam a "reintegração social" voltar-se-ão para as tarefas de promoção da educação, do trabalho, dos atendimentos e benefícios previstos pela legislação. A maioria dos agentes penitenciários, no entanto, dedicará boa parte de seu tempo para elaborar estratégias e práticas de contenção e de endurecimento, o que, no entanto, abrirá caminhos para as práticas veladas de negociação e de compartilhamento – com a própria população prisional – da gestão do cotidiano das prisões.

Por outro lado, a forma de ocupação dos cargos diretivos na Secretaria de Administração Penitenciária e nas unidades prisionais favorece a necessidade de acordos e a prevenção de conflitos. Todos os cargos de direção são ocupados por nomeação. Assim, o Secretário nomeia os coordenadores e estes têm também autoridade para manter ou substituir diretores de unidades prisionais de suas coordenadorias. E dentro de cada unidade o diretor geral nomeia sua equipe, que inclui diretorias de área e diversas chefias. Desta sistemática decorre um sistema de obediência dos diretores gerais de unidades para seus superiores – coordenador, secretário – e dos diretores de áreas para seus diretores gerais.[9] Porém, com os servidores subalternos instaura-se um mecanismo de negociação constante, pois, como adverte o diretor de um presídio da região oeste paulista, "é necessário ter o guarda do seu lado, senão diretor nenhum *toca a cadeia*" (E. diretor de unidade prisional, Anotações pessoais de trabalho, 2006).

Assim, as dissonâncias entre eventuais ordens e procedimentos transferidos pelo diretor geral para o corpo funcional da unidade e as práticas efetivamente percebidas no cotidiano das prisões fazem parte de um equilíbrio frágil que permeia a administração penitenciária em toda sua estrutura, abrindo caminhos para outros tipos de acordos que põem em xeque o próprio discurso de "combate ao crime organizado" propagando pelo Secretário de Estado.

Nas dinâmicas de administração das unidades prisionais, a negociação de espaços e as responsabilidades compartilhadas entre o corpo diretivo e a população prisional surgem como as principais estratégias para "manutenção da ordem". Como expressou-me N., então diretor de segurança e disciplina de unidade prisional da região oeste de São Paulo,

> aqui tá tudo sob controle, mas sob controle *dos cara*. Pra manter a ordem é assim: a gente finge que tá no controle e os caras fazem o controle deles lá dentro. Só que o *ladrão* sabe que se aprontar alguma, a gente vai com tudo lá pra cima deles
>
> *Anotações pessoais de trabalho, 2005*[10]

Dessa forma, o cotidiano é marcado por regras de convívio não estabelecidas oficialmente, mas que permitem aos diretores *tocar a cadeia* e evitar conflitos que ultrapassem os limites das muralhas. Ao longo dos anos em que atuei no sistema prisional paulista, pude perceber a diversificação destas formas de negociação,

---

9   Não é absurdo compreender estas dinâmicas nos termos da coexistência entre práticas de soberania, de disciplina e de difusão das formas de poder. No entanto, tal coexistência acaba por incorrer em complexas formas de interdependência, subjugando a suposta racionalidade da administração do Estado e favorecendo negociações cujas finalidades são, sobretudo, de ordem pessoal.

10   Em entrevista com Anderson, em setembro de 2012, ele relatou-me que, à época em que esteve preso na unidade onde N. era diretor de disciplina, este cobrava cerca de R$ 2.000,00 para permitir a entrada de celular na cadeia. "Apenas era *permitido* para quem era do *Comando*", advertiu Anderson, que finalizou: "toda blitz pegava celular, mas só de *lagarto*". A expressão "lagarto" é utilizada para designar o preso que "faz o que o outro manda ou assume crimes cometidos por outras pessoas" (Biondi, 2010: 241).

que também mudam dependendo do perfil de população prisional de cada unidade. Atualmente, o principal marcador de diferenciação das relações entre corpo diretivo e população prisional decorre da estratificação produzida pela existência dos diferentes *coletivos de presos* presentes nas cadeias paulistas.

Segundo relatos de diferentes diretores de presídios, a *cadeia de* PCC, embora mantenha a tensão constante da iminência de atos de oposição ao Estado (Biondi, 2010; Marques, 2009), torna-se mais facilmente administrada em decorrência da presença de lideranças locais: "em *cadeia do* PCC a gente conversa com um, dois caras, e resolve como a *cadeia anda*. Antes não, a gente negociava no varejo, conversava com um monte de gente e mesmo assim sempre tinha confusão, porque ninguém mandava na cadeia e todo mundo *queria ser fodão*", contou-me C., diretor de unidade prisional que em 2008 passou por mudança de perfil da população prisional, deixando de ser *cadeia neutra* (aquelas em que os presos não pertencem a nenhum coletivo) e recebendo presos tidos como ligados ao PCC.[11]

Marques (2009) e Biondi (2010), com base em suas experiências de campo e nas leituras que fazem dessas experiências, refutam a noção de "liderança" em *cadeias do* PCC. Entretanto, mesmo despersonalizando as "lideranças" em favor das *posições* políticas encontradas no PCC – sobretudo *torre* e *piloto* – e mesmo compreendendo as dinâmicas do *debate* como instância de mediação e resolução dos conflitos, o que observei, nas práticas de negociação entre presos e corpo dirigente, é um exercício de liderança que configura a própria *posição*[12] do *piloto*. Conquanto a pessoa que ocupe, num determinado momento, tal *posição*, possa ser destituída por seus companheiros caso haja uma quebra do *proceder*, e mesmo que seus limites de negociação sejam dados pelo próprio *proceder*, há um exercício efetivo, mesmo que sutil, de liderança.

Eu próprio participei de algumas negociações, das quais o relato abaixo permite uma representação deste exercício de liderança:

---

11 Diferentemente do que se propaga na mídia e mesmo em interpretações de servidores do sistema prisional, o pertencimento ao PCC ou a qualquer outro coletivo possui diversas nuances, de modo que não é tão simples afirmar que alguém pertence ou não a algum coletivo. Esta discussão está bastante explicitada em Biondi, 2010.

12 Biondi aponta o uso do termo "posição" para representar "a persistência das funções políticas perante a intensa fluidez dos ocupantes destas posições" (Biondi, 2010: 110). Optei por seguir a categoria desta autora, sobretudo por encontrar em campo essa correspondência.

No ano de 2005 a Funap passava por dificuldades orçamentárias, tendo parte de sua receita contingenciada pelo Governo de Estado. Era preciso encontrar alternativas para garantir a expansão e a consolidação do projeto político-pedagógico que havíamos iniciado em 2004. A prioridade, portanto, era alocar recursos para pagar monitores presos de educação e dentre as ações financiadas pela Fundação, havia uma que eu considerara inócua: chamava-se "posto cultural". Tratava-se de pagar presos em diversas unidades prisionais para, supostamente, realizar projetos na área de cultura (leia-se projetos de arte-educação). Não havia qualquer acompanhamento destes projetos, nem sequer seleção das atividades a serem financiadas. A ocupação da função de "posto cultural" tampouco era definida pela Funap. Sugeri à diretoria da Funap um modelo diferente de funcionamento dos "postos culturais": a proposta era passar a selecionar projetos e não mais financiar a função. Dessa forma, receberíamos diversos projetos, apresentados pela própria população prisional, e financiaríamos aqueles de melhor viabilidade, considerando sua integração com a escola, a efetiva possibilidade de aprendizagem dos alunos, o tempo de execução dos projetos e os recursos a serem alocados. Definiríamos o número de projetos a serem financiados em cada unidade prisional em razão dos espaços disponíveis para sua execução, o que significaria redução no número de "postos culturais" remunerados, uma vez que, até então, não existia qualquer critério de definisse quantos "postos" havia em cada estabelecimento. Mesmo preocupado com a repercussão que tal mudança geraria, sobretudo junto à população prisional, uma vez que a função de "posto cultural" fazia parte do rol de funções a serem ocupadas pelos presos e, portanto, por eles administrada de acordo com suas regras de convívio, o diretor da Funap à época autorizou-me a "experimentar" a mudança em alguma unidade. Sabendo que os diretores de presídio reclamariam de tal proposta, pois significaria, também para eles, uma função a menos para negociar com os presos quem a ocuparia,[13] optei por "experimentar" o novo modelo numa unidade onde sabia que contaria com o apoio da direção. Para minha surpresa, à época, não houve qualquer

---

13   O preenchimento de muitas funções exercidas pelos presos é de indicação da própria população prisional, contudo depende de aprovação da diretoria do presídio, que tem assim um instrumento de negociação para garantir os interesses tanto do corpo diretivo quanto dos presos da unidade.

reação dos presos àquela mudança: S., diretor de trabalho e educação da unidade, chamou para conversar os *pilotos* dos três raios e, falando-lhes diretamente, explicou: "acabou a mamata, a Funap tá cortando *os posto cultural* porque não tem mais dinheiro. Se vocês quiserem perguntar alguma coisa, o Felipe tá aqui pra explicar. Se não, vocês avisam pra rapaziada lá dentro". Nenhuma reação, nenhuma pergunta, uma única resposta: "*tá pela ordem* senhor, pode deixar que a gente explica tudo direitinho pros *irmão*".

Anotações pessoais de trabalho, abril de 2005

Apesar do corte em postos de trabalho para presos, a cadeia continuou *andando*. E foi fácil saber, posteriormente, porque não houve qualquer reação naquele momento: a diretoria da unidade aceitara manter a função dos postos culturais e remunerá-los pelo MOI (o pagamento aos presos que trabalham para a própria unidade). Mantinha-se assim a função política exercida pelos presos e que estava ligada, por um lado, ao controle das atividades realizadas no interior dos *raios* habitacionais e, por outro, ao contato com a diretoria do presídio.[14]

O que se observa, então, é que diferentemente do que afirmam em público o secretário da administração penitenciária e, seguindo sua linha, os servidores daquela secretaria que ocupam cargos de direção, longe de "combater o crime organizado dia e noite, noite e dia",[15] o Estado estabelece relações permanentes, embora tensas, de negociação e acertos que possibilitem a gestão dos conflitos e a manutenção *da cadeia em pé*, utilizando-se, sobretudo, da própria clivagem existente entre os diferentes *coletivos de presos* e, dentro de cada um destes, do seu modelo de organização interna. Um relato de I., ex-diretor geral de unidades prisionais e que perdeu seu cargo por afrontar uma ordem de negociação, reforça esta prática:

Aquela ação do secretário foi totalmente irresponsável.[16] Eu tinha feito uma blitz na terça-feira (09/05/2006) e a gente pegou um

---

14 São os postos culturais, por exemplo, que organizam as festas comemorativas – dias das mães, das crianças, dos pais etc. – e, por isso, negociam com a diretoria a entrada de materiais e presentes que, habitualmente, não são permitidos.

15 Há uma associação, não apenas do sr. Lourival Gomes mas da mídia e da população em geral, entre o pcc e o crime organizado. Biondi (2010) aponta elementos para contrapor esta associação. Não cabe aqui aprofundar tal discussão, uma vez que o objetivo, por ora, é descrever relações que estão escamoteadas sob o discurso oficial do Estado.

16 O diretor se refere à transferência dos presos identificados como líderes do PCC para Presidente Venceslau, uma das razões apontadas para deflagrar as rebeliões de 2006.

monte de celular. Aí eu botei um monte de gente no castigo e pedi transferência de três presos que tavam lá, que eram tudo cara pesado. Na quinta-feira chegou o ônibus, que era pra levar mais um monte de gente. Aí só com [a tropa de] choque pra entrar e tirar todo mundo. Então eu acertei que o G.[17] ia ficar lá, porque era um preso que *segurava cadeia*. O japonês (Nagashi Furukawa, ex-secretário de administração penitenciária) ficou puto comigo porque ele queria tirar o G. de lá, mas eu disse que ia ser difícil tirar todo mundo que ele queria tirar e que o G. fazia isso pra gente. Então ele aceitou e a gente fez tudo direitinho. Só que no dia seguinte explodiu aquela merda toda, parecia um dominó de cadeia caindo na mão dos caras. Aí o japonês me ligou e adivinha pra quê?! Ele queria que eu conversasse com o G. pra ver como parava aquela merda. Eu conversei com ele e ele disse que não podia parar nada, que não tinha como mandar naquilo. Aí o japonês quis falar com ele, pediu pra eu levar um celular pra ele lá dentro. Eu disse que não podia fazer aquilo, que a gente tinha recolhido um monte de celular e que ia ficar desmoralizado se entregasse um celular pra um preso. O secretário gritava feito louco comigo, falou que se eu não obedecesse, ele me mandava embora, que ia complicar minha vida. Falou até que era melhor acertar aquilo com o G. do que deixar a coisa crescer mais, que era ano de eleição e ele não podia se prejudicar. Aí eu disse que não ia fazer e ele me mandou ir pra casa, que eu não era mais diretor da cadeia. Então ele colocou o M. pra mandar na cadeia e eu não sei o que aconteceu, mas pro M. ficar lá, e hoje ele é diretor em A., é porque ele levou o celular, não é não?

Anotações pessoais de trabalho, 2008[18]

O relato indica que, para além das negociações do cotidiano, realizadas pelas autoridades locais ou por agentes de segurança penitenciária, a perspectiva dos acordos entre Estado e população prisional se faz presente, mesmo que a situação narrada represente um momento crítico da administração penitenciária.

---

17   Nesse caso específico, omito o nome/apelido do preso e indico apenas a inicial. A identificação do nome do preso colocaria em risco o sigilo quanto ao ex-diretor.

18   A conversa com I. ocorreu na sub-portaria de um CDP no interior de SP, onde ele estava lotado desde que deixara a direção do presídio por desobediência ao Secretário de Administração Penitenciária.

Todo esse jogo de forças, os conflitos e mediações de poder encontrados no interior das unidades prisionais exercerão impactos profundos na experiência de aprisionamento dos sujeitos com os quais, nessa pesquisa, eu dialoguei. Exercerão impactos também na *posição* do *monitor preso de educação*, posição a partir da qual estabeleço meus contatos iniciais com Diego. Descrevê-los, portanto, tem como finalidade assentar terrenos para as análises e descrições que virão por diante.

Sujeito de pesquisa: o monitor preso de educação

No capítulo I ocupei-me em delimitar a problemática que gerou esta pesquisa, a minha posição de pesquisador e as relações que esta posição me permitiu estabelecer com a problemática apontada. Apontei também como esta problemática se insere num contexto teórico de reflexões acerca das transformações das formas de manifestação da violência, dos modos de punição e de expansão da prisão.

Já na seção anterior deste capítulo apontei algumas práticas e relações presentes na administração penitenciária paulista e que exercerão impacto nas trajetórias dos indivíduos que passam pelas prisões de São Paulo. Agora pretendo delimitar quem são os sujeitos de pesquisa deste trabalho, dos quais Diego surge como caso referencial. Argumento que as relações aqui descritas atravessam as trajetórias dos egressos prisionais, tornando insuficiente, para uma abordagem sociológica, o binômio normativo da "reintegração" x "reincidência". Considerando que esta oposição se presta, sobremaneira, a usos político-ideológicos (Adorno, Bordini, 1989: 76) e ao consequente efeito na administração oficial da punição, irei descrever algumas articulações entre as dinâmicas sociais das prisões que implicam, no momento da conquista da liberdade civil, em feixes específicos de pertencimento para os egressos prisionais, impactando suas trajetórias pós-prisão.

Para tanto, é preciso mergulhar na descrição das relações entre *ladrões,*[1] na identificação dos papéis sociais que se apresentam nas prisões, nas articulações entre sua gestão estatal e o *mundo do crime*, nos jogos de poder e resistência que se desenrolam na prisão e a partir dela.

Superando a descrição da "massa carcerária" enquanto categoria analítica – que denota um grupo amorfo e homogêneo –, os estudos sobre a prisão no

---

1   O termo, extraído da vivência no campo, será explorado ao longo desta seção.

Brasil têm avançado para a compreensão das múltiplas relações que se estabelecem na prisão e a partir dela, isto é, relações construídas entre as pessoas presas e entre estas e os demais sujeitos – familiares de presos, gestores de políticas prisionais, funcionários do sistema prisional, organizações religiosas e da sociedade civil etc. – que interagem com esse sistema, tornando possível descrever, a partir dos jogos de poder e de identidades, as nuanças, convergências e conflitos que se estabelecem nas relações entre *ladrões*.

É nessa perspectiva que se faz importante descrever uma *posição* específica que se constituiu nas prisões paulistas nos últimos anos e que se apresenta como sujeito de pesquisa neste trabalho: trata-se do *monitor preso de educação*, lugar ocupado por alguns sentenciados que integraram o programa de educação nas prisões paulistas coordenado pela Fundação Prof. Dr. Manoel Pedro Pimentel.

Argumento que o *monitor preso* aparece como posição intercambiante entre diversas categorias da vivência prisional, o que o coloca ora como sujeito privilegiado das relações sociais estabelecidas no interior das muralhas, ora como sujeito fragilizado pelas relações de dominação ali existentes. Diego, personagem principal da pesquisa realizada, ocupava com sucesso essa *posição*. Compreender os significados que a marcam contribui para compreender porque o binômio "reintegração" x "reincidência" é insuficiente para analisar a trajetória de egressos prisionais.

O que descreverei adiante tem o sentido de demonstrar que é no cruzamento entre as escolhas individuais e as redes de significados e de vínculos estabelecidos na e a partir da prisão que se interseccionam relações sociais não abarcadas no âmbito da normatividade da "reincidência".

Por isto a definição do recorte de pesquisa sobre esses sujeitos: definição que emerge do pressuposto normativo de que aos *monitores presos de educação* eram oferecidas todas as ações e oportunidades de "tratamento penitenciário" como "preparação para a liberdade" o que, segundo os postulados da política prisional no Brasil, os permitiria ressignificar sua forma de participação social distanciados do *mundo do crime*.

Há um encadeamento lógico no raciocínio: segundo o discurso oficial, a "reintegração" se opõe à "reincidência"; ainda no campo normativo, as ações de "tratamento penitenciário" devem prevenir a "reincidência"; os *monitores de educação* são sujeitos privilegiados de participação nas ações de "tratamento penitenciário". Portanto, a estes sujeitos deveria incidir a evidência da "reintegração social".

A seguir, descreverei como estavam posicionados os *monitores presos de educação* e em que medida eles estavam situados de maneira privilegiada no dispositivo oficial, muito embora também estivessem envolvidos nas malhas das *relações entre ladrões*, o que, na pesquisa realizada, abriu caminho para o questionamento da validade empírica do binômio normativo.

PROGRAMA DE EDUCAÇÃO NAS PRISÕES PAULISTAS: PARÂMETROS INSTITUCIONAIS

A educação é um *direito subjetivo*, previsto na Lei de Execução Penal e em diversos acordos e tratados internacionais[2] acerca das políticas prisionais. Fruto das diversas ambiguidades que marcam o processo de construção e crescimento do sistema prisional brasileiro (SALLA, 2006; dentre outros), somente no ano de 2010 a educação passou a ser oficialmente regulamentada (BRASIL, 2010), devendo ser garantida sua oferta pelo Estado, por meio dos órgãos gestores da educação e da administração penitenciária nos entes federativos.

No estado de São Paulo, desde 1979 a oferta de educação nas prisões esteve sob responsabilidade da Funap – Fundação Prof. Dr. Manoel Pedro Pimentel. Em documento oficial, a Funap declarara que seu projeto político-pedagógico tinha por objetivo

> assegurar o direito à educação para jovens e adultos presos do sistema prisional paulista, possibilitando elevação da escolaridade e acesso à aquisição de conhecimentos, atitudes e valores, por meio de ações formais e não formais de educação, cultura e formação profissional (Funap, 2010: 25).

Para tanto, a Fundação recorreu a teorias e métodos educacionais e ao seu histórico de experiências pedagógicas, empreendidas "ao longo de mais de 30 anos" (Funap, 2010: 20), para configurar uma prática pedagógica assentada em três pilares de organização:

---

2   Por exemplo, as Regras Mínimas para o Tratamento dos Reclusos, adotadas pelo 1º Congresso das Nações Unidas sobre Prevenção do Crime e Tratamento, realizado em Genebra, em 1955, e aprovadas pelo Conselho Econômico e Social da ONU através da sua resolução 663 C I (XXIV), de 31 de julho de 1957. Disponível em: http://www.dhnet.org.br/direitos/sip/onu/fpena/lex52.htm; acesso em: janeiro de 2010.

Monitor preso e monitor orientador: são os protagonistas da ação educacional no interior das unidades penais. O monitor preso é o agente articulador da população prisional e o facilitador, nas salas de aula, dos processos de construção de saberes. O monitor orientador, por sua vez, é o elo entre esse processo de construção e os conhecimentos historicamente constituídos, permitindo integrar as dimensões sociais, cognitivas, culturais e humanistas do processo de ensino-aprendizagem.

Formação de formadores: trata-se do investimento institucional no desenvolvimento das habilidades, competências e conhecimentos dos educadores do sistema prisional paulista. A formação deve ocorrer de forma sistemática, abrangendo temas de interesse coletivo, conhecimentos metodológicos e reflexão acerca da educação, da educação de adultos, da educação de adultos presos e da própria prisão enquanto instituição punitiva e escolar.

Currículo temático e modular: o currículo deve corresponder às necessidades de aprendizagem dos alunos, bem como às especificidades do meio em que se desenvolve o processo educativo. O currículo modular rompe com as barreiras tradicionais da seriação ou segmentação do ensino escolar, permitindo o acesso do aluno à escola a qualquer tempo (o que, no caso do sistema prisional, é de fundamental importância, em decorrência da alta rotatividade dos alunos pelas unidades). Por seu turno, a organização temática permite a abordagem dos conteúdos disciplinares a partir da realidade de vida dos alunos das prisões, dando significado expressivo ao processo de ensino-aprendizagem.[3]

Segundo o projeto político-pedagógico da Fundação, "o monitor preso tem o papel de articulador e representante entre o sistema educacional e o grupo em que está inserido. É a pessoa que irradia a educação na massa carcerária[4] e demonstra a valorização da educação" (Funap, 2010: 30).

A proposta foi objeto de diversas críticas entre educadores e pesquisadores do campo da pedagogia, desde aquelas menos fundamentadas, que enxergavam

---

3   Documento institucional; arquivo pessoal.

4   Não é à toa que o termo aparece: trata-se da ação normativa da instituição para diferenciar, no seio das relações entre *ladrões*, quem são "os seus presos" e quem são "os outros", buscando, com a distinção, marcar que os "presos da Funap" devem ser "melhores" que os demais, a ponto de conseguir mobilizá-los para uma causa tida como nobre (a educação).

apenas uma suposta "política de redução de gastos" (CUNHA, 2010: 170), passando por posições corporativistas que apontavam para a necessidade da ação exclusiva de "profissionais habilitados e concursados" (DA SILVA, 2010: 29), argumentos ingênuos que caracterizavam a *posição* do *monitor preso* como "motivo de preocupação, pois se torna um cargo de visibilidade, de destaque e de liderança, o que pode resultar em confronto entre os presos" (CARREIRA, 2009: 63) até relatos de situações frustrantes vividas por presos e presas que frequentam ou frequentaram escolas em unidades prisionais paulistas (C. R, 2010: 48-51).

Afora as questões pedagógicas que marcam este debate, importa aqui compreender em que medida a institucionalização de uma posição de protagonismo para os presos permitiu a construção de um "eu" diferenciado no seio das relações prisionais, criando um marcador de diferenciação distinto dos marcadores habituais das prisões – *guarda* e *bandido*.

SOBRE BANDIDOS, IRMÃOS, CRENTES E OUTROS "EUS": AS CATEGORIAS DE IDENTIFICAÇÃO DOS INDIVÍDUOS NAS PRISÕES PAULISTAS

De acordo com Goffman (2010), o ingresso na prisão promove no indivíduo aprisionado um primeiro processo de "ressocialização", que configura sua socialização no mundo da prisão. Torna-se necessário conhecer o espaço, as pessoas e, sobretudo, as regras que regem o convívio entre os prisioneiros, de modo a garantir a existência e a manutenção da vida no interior desta instituição.

Esse processo de socialização sobrepõe às trajetórias individuais o atributo comum a todos os indivíduos aprisionados, uma "identidade social" (Goffman, 1988) que é, ao mesmo tempo, específica e genérica: específica, pois constitui uma categoria de indivíduos distinta daqueles que habitam a sociedade mais ampla; genérica, pois iguala a todos, como membros de uma mesma categoria social, o *ladrão* ou *bandido*, um rótulo que "é de tal modo reificado no indivíduo que restam poucos espaços para negociar, manipular ou abandonar a identidade pública estigmatizada" (Misse, 2010: 23).

Não obstante, enquanto categoria genérica e auto-referenciada por seus próprios membros, a identidade *ladrão* pouco representa quando se observa a diversidade de associações, disputas e relações que nela ocorrem, observação que traz a tona uma multiplicidade de identificações, constantemente atualizadas pelos jogos de poder que são observados nas prisões.

Buscando descrever essa diversidade, Marques (2009) aponta como o *proceder* produz ao menos três marcadores de diferenciação, quais sejam, um marcador de divisão moral, um de divisão populacional e um de divisão espacial.

Designando ora um "atributo do sujeito", "um *cara de proceder*" (Marques, 2009: 14), ora um substantivo – o *proceder* enquanto parâmetro de comportamento, que definirá a *caminhada* do indivíduo –, estes marcadores cindirão ainda aquela categoria genérica – *ladrão* – em diferentes agrupamentos, caracterizando distinções simbólicas e pragmáticas que definirão o pertencimento ou a exclusão de cada indivíduo aos diferentes *coletivos de ladrões*.[5] Assim, ainda segundo Marques, as distinções entre as concepções e práticas do *proceder* efetuam "um recorte preciso sobre o espaço prisional, uma divisão espacial entre 'convívio' e 'seguro'" (Marques, 2009: 15) que marcará as disputas de poder entre aqueles diferentes *coletivos*, operando, segundo os feixes de visibilidade e dizibilidade presentes na concepção foucaultiana de dispositivo (Marques, 2009; Foucault, 1979; Deleuze 1992), posições relacionais "que dependem de quem está afirmando que 'tem proceder' e que está no 'convívio'" (Marques, 2009: 34). Dessa forma, o que se compreende como *convívio* por um membro do PCC será aquele espaço em que habitam os membros de seu *coletivo*, espaço que não poderá ser compartilhado com membros do CRBC, por exemplo.

Porém, não há homogeneidade mesmo dentro de um único *coletivo*. É nessa perspectiva que Biondi aponta no estudo do PCC – Primeiro Comando da Capital, a existência de distinções que a levam a "falar de 'presos', de 'prisioneiros' e de 'irmãos' como uma estratégia discursiva" (Biondi, 2010: 33), por meio da qual torna-se possível reunir numa mesma categoria analítica "uma

---

5   Nas prisões paulistas os principais coletivos de presos encontrados são o PCC – Primeiro Comando da Capital, o CRBC – Comando Revolucionário Brasileiro do Cárcere e o TCC – Terceiro Comando da Capital. Das 152 unidades prisionais do Estado – dados de julho de 2012 –, apenas 15 estabelecimentos não estavam, em agosto de 2010, sob domínio do PCC. Há ainda pequenos grupos ligados à Seita Satânica, CDL – Coletivo Democracia e Liberdade e, em julho de 2012, tomei conhecimento da existência de presos ligados à ADA – Amigos dos Amigos, grupo originário do Rio de Janeiro (Pesquisa de campo). As relações entre esses coletivos e a administração penitenciária, bem como suas distinções, são abordadas, na literatura aqui referenciada, por Dias, 2011, Biondi, 2010 e Marques, 2009.

infinidade de histórias, com milhares de nomes, rostos, gestos, vidas, cada qual tão singular que, de fato, seria impossível falar 'do' nativo" (Biondi, 2010: 32).

Em termos gerais, seguindo o "olhar" do PCC, a categoria *ladrão* se dissolve em

> um sistema classificatório (...) segundo o qual irmão é o membro batizado do PCC; primo é o preso que vive em cadeias do PCC, mas que não é seu membro batizado; coisa é o inimigo, usado tanto para os presos de outras facções quanto para funcionários da segurança pública. Quem não é do Crime, não é irmão, primo ou coisa recebe a denominação pejorativa de Zé Povinho (Biondi, 2010: 46).

Numa outra perspectiva de análise, Dias (2008) busca compreender a manifestação de um outro "eu" prisional e descreverá que "a presença do crime organizado enquanto pilar de sustentação da ordem na cadeia, impondo regras e dispondo de poder suficiente para punir os infratores dessas regras" (Dias, 2008: 36), emerge como fator de potencialização de outra identidade, o *crente*:

> Na prisão (...) ou o indivíduo é *malandro*, *bandido*, ou não é. Ou é *guarda* ou é *preso*. Ou é crente ou não é.
> Todos os habitantes desse universo social são compreendidos a partir de categorias rígidas, muito bem demarcadas, sendo que a inclusão em uma delas implica, imediatamente, a exclusão da outra. Os papéis ou identidades sociais disponibilizados pela prisão aos seus integrantes são os citados acima: o repertório de identidades sociais possível é extremamente restrito.
> Talvez por esse motivo a conversão religiosa é sempre tratada como uma mudança radical (...) e um abandono repentino de uma identidade social em favor de outra (Dias, 2008: 104-105).

Embora distintas em seus dogmas e formas de expressão da religiosidade, ocorre uma equiparação na prática das diferentes igrejas descritas por Dias, de modo que a identificação *crente* se destaca enquanto caracterização de um conjunto de regras e comportamentos impostos aos participantes daquelas práticas e seguidos pelos indivíduos que a ela se vinculam.

O que se percebe é que, longe de abrigar uma "massa carcerária", o sistema prisional paulista comporta grupos bastante heterogêneos, seja por meio de suas divisões espaciais, pela distinção dos *coletivos*, seja pelas diferentes identidades sociais que são assumidas nos jogos de poder e convívio.

Dessa forma, as pesquisas que compõem a atual produção sociológica acerca das prisões paulistas desvela um mosaico de identidades e identificações, todas surgidas ou forjadas na prática prisional, criando conjuntos de significados, de relações de poder e de enunciação.

BANDIDO OU ALUNO; GUARDA OU PROFESSOR: AS RELAÇÕES DO PESQUISADOR NO CAMPO

A descrição deste mosaico de identidades revela um jogo entre a fixidez das *posições* e a dissolução das identificações presentes na dinâmica das relações entre *ladrões*, de modo que todas as *posições* ocupadas se caracterizam pela transitoriedade dos indivíduos a elas identificados. Nesse sentido, se dentro dos *coletivos de ladrões* há, com frequência, deslocamentos e substituições entre os presos que ocupam as posições de *cozinha, faxina, piloto*, dentre outras, a distinção que permanece é aquela que opõe a *rapaziada* aos *polícia*.[6]

Dessa forma, se não se é da *rapaziada*, é *polícia*, sendo considerados inimigos, a partir desta distinção primária,[7] todos os sujeitos não detidos compulsoriamente (Goffman, 1996) ou que não pertencem aos seus agrupamentos extensos, isso é, à *visita*, a qual, embora "guarde certa exterioridade em relação à categoria 'presos', isso não a exime da necessidade de conhecer e obedecer às mesmas coordenadas que os orientam" (Biondi, 2010: 48). Portanto, *polícia* é o termo que designa uma categoria sempre considerada inimiga e sempre em posição de exterioridade, sendo usado, sobretudo, para identificar os profissionais da segurança pública (que, por seu turno, no olhar da *rapaziada*, inclui também os funcionários da administração penitenciária).[8]

Entretanto, tangenciando a distinção *rapaziada/polícia*, encontram-se alguns profissionais da Funap, especialmente aqueles ligados aos programas de

---

6   Os termos "rapaziada" e "polícia" foram extraídos de minha experiência no campo, conforme será explicitado a seguir.

7   Cabe ressaltar que, conforme a descrição de Marques (2009) acerca do proceder nos diferentes *coletivos*, há maior complexidade na classificação dos inimigos. O que chamo atenção aqui é para a forma como opera a distinção primária entre ladrões e polícia.

8   Uma vez que o PCC possui hoje certa "notoriedade", talvez possa-se atribuir, equivocadamente, apenas a ele o princípio de oposição à polícia. De fato este coletivo assume a *guerra contra a polícia* como um princípio de coesão e de mobilização de seus membros, conforme descreve Biondi (2010). No entanto, o que argumento é que a distinção *bandido* x *polícia* é anterior ao próprio PCC.

educação e cultura realizados pela Fundação,[9] aos quais se atribui, também plasticamente, a denominação *professor*.

Como distinção que ocorre no cotidiano das ações institucionais da Funap, que permitem interações distintas daquelas ocorridas entre presos e funcionários da administração penitenciária, a identificação *professor* também não possui fixidez. Sua operacionalidade desaparece quando se trata de questionar aos presos algo relativo às interações específicas entre eles, fazendo ressurgir o binarismo *polícia* x *rapaziada*. Assim, não sendo da *rapaziada*, qualquer conversa privada entre mim e algum preso poderia ser interpretada como delação dele a algum *polícia*.

No ano de 2006, durante o processo de implantação do Programa de Educação[10] que teve no *monitor preso* um sujeito privilegiado de sustentação, vivenciei a passagem instantânea de uma posição de *polícia* para a posição de *professor*, durante um diálogo com os *faxina*[11] de uma Penitenciária localizada no noroeste de São Paulo.

> A Penitenciária de R. foi uma das mais difíceis para a implantação do projeto. Até 2005 havia na unidade cerca de 10 estagiárias de educação. A presença de estagiárias, com destaque para o gênero feminino, funcionava como atrativo para os alunos. Alunos que iam para a sala de aula pelos mais diversos motivos, mas que pouco interesse demonstravam pelo processo de ensino-aprendizagem. Por outro lado, a existência de estagiári@s na função de educadores em sala de aula trazia diversas dificuldades para a Funap, desde a participação destes/as nos encontros de formação – uma vez que, como estagiári@s estavam impedid@s de viajar – até a baixa aceitação quanto à proposta pedagógica da Fundação, que deixava

---

9   A Funap atua, no interior das unidades prisionais, com profissionais ligados às oficinas de trabalho por ela mantidas, com advogados que prestam assistência judiciária aos presos que não possuem advogados particulares e com educadores. Não cabe aqui avaliar o alcance (quantitativo ou qualitativo) destes programas.

10   No ano de 2013 a responsabilidade pela oferta de educação foi integralmente transferida pela SAP e Funap para a Secretaria Estadual de Educação, que passou a atribuir aulas a docentes eventuais e temporários. A Funap diminuiu o número de *monitores presos* e reconfigurou sua atuação, inserindo-os num novo programa, denominado PET – Programa de Educação para o Trabalho e Cidadania (Caderno de Campo, 2013).

11   Trata-se uma posição política ocupada por alguns presos. Biondi (2010) descreve a dinâmica de interação desta posição com a rapaziada e com os guardas, segundo o olhar do PCC. Não obstante, destaco que tanto faxina quanto piloto são posições encontradas também em cadeias de outros coletivos ou de população neutra – presos que não pertencem a nenhum coletivo.

de privilegiar os conteúdos do ensino tradicional em benefício de estratégias e temas socioculturalistas. Naquela unidade, substituir o grupo de estagiárias por monitores presos causou resistência da *rapaziada*. Em duas ocasiões divulgamos as vagas nos quatro pavilhões da unidade, mas nenhum preso se inscreveu para a seleção. Então percebemos que era preciso conversar com os presos. O diretor do presídio chamou primeiramente o *faxina* do *raio 01*, ao qual explicamos o propósito daquela mudança. Com sua anuência, os *faxinas* dos outros raios foram chamados à sala e ao recebê-los, como eu sempre fazia, dirigi-me para um aperto de mão. O primeiro a entrar na sala imediatamente recusou corresponder: *aê senhor, vou dá a mão pra polícia agora?* Aquele que já estava na sala interveio: ô mano, aí é *Funap. Pode cumprimentar o professor*.

Anotações pessoais de trabalho; 2006

Ali estava marcada minha *posição*: funcionário da Funap, portanto, *professor*. Ao explicitar que lugar eu ocupava, o *faxina* do *raio 1* transmitia a seu companheiro de prisão quais atributos e ações ele deveria esperar de mim. Marcava, nos termos do Goffman (1988), uma identidade social. E naquela ocasião, o deslocamento de *polícia* para *professor* significou meu acesso às relações que permitiriam executar minhas atribuições profissionais. Significou também minha aceitação por parte da população prisional daquela unidade, até então arredia à nova proposta para o funcionamento das escolas na Penitenciária.

Data da mesma época a percepção de outro deslocamento operado na identificação de *professor*, referindo-a, agora, a uma nova *posição* ocupada pelos presos.

Desde 2004 as Penitenciárias de M... haviam aderido ao novo programa de educação da Funap e, em 2006, contávamos com um grupo de educadores já bastante afinados com a proposta pedagógica difundida pela Fundação. Em certa ocasião, ao visitar a Penitenciária 1 para reunir-me com os monitores presos, notei que havia nas costas de seus uniformes a inscrição "professor". Questionando-os quanto àquela diferenciação, tomei conhecimento de que ela partira da própria *rapaziada*, e fora autorizada pela diretoria da unidade. É pra marcar nossa *responsa*, disse-me o monitor preso Washington.

(Anotações pessoais de trabalho; 2006).

Desde então passei a perceber em minha interação rotineira com presos de diferentes unidades prisionais, a afirmação da identificação de *professor* para os *monitores presos* que atuavam no programa de educação da Funap. A partir dessa percepção surgiu a oportunidade de questionar até que medida essa identificação configurava uma nova *posição* ocupada por alguns presos no seio das relações entre *ladrões*. Ou ainda, como o exercício de uma função "profissional",[12] ligada a um programa institucional, permitiu a construção de uma nova *posição* nas relações entre *ladrões*, por meio da qual se desenrolam novos jogos de poder e novas manifestações de controle e dominação?

O MONITOR PRESO: OLHANDO POR DIFERENTES ÂNGULOS

Com o objetivo de, "por meio da fala dos presos, refletir sobre o sentido da educação escolar dentro dos presídios" Leme (2007: 114) destaca que

> a "cela de aula" é um espaço privilegiado das relações educativo-formais dentro do presídio. Nesse espaço trava-se a disputa entre a condição atual – homem preso – e uma possível condição futura – a liberdade. Principia como um cenário utópico. Por meio dela busca-se recuperar o tempo perdido, vislumbra-se um mundo, até o momento, inatingível. Com ela criam-se possibilidades de comunicação com o mundo letrado.
> (...)
> Por mais que queiramos, a "cela de aula" não esconde seu lado grotesco, disciplinador; ela não disfarça as suas grades. Nela o professor pode ser a personificação do poder controlador. (...) Sendo a "cela de aula" um lugar de aprendizagem para alguns, para outros não passará de um refúgio (Leme, 2007: 147).

A "cela de aula", como se depreende da afirmação de Leme, cristaliza as contradições que preenchem todos os espaços – físicos e simbólicos – da vida na prisão. Assim, também a identificação do *monitor preso* denota diversas

---

12 Grafo o termo entre aspas, por tratar-se do exercício de uma prática de trabalho que, no entanto, não se configura como prática profissional no sentido formal do termo. O trabalho do monitor preso é regido pela LEP – Lei de Execução Penal (Lei nº 7.210, de 11 de julho de 1984) e não pela CLT – Consolidação das Leis do Trabalho (DECRETO-LEI N.º 5.452, DE 1º DE MAIO DE 1943). Seu exercício não é reconhecido como prática docente formal, que é exclusividade da Secretaria Estadual de Educação. Não obstante, nas relações entre os presos reconhece-se a atividade do professor como prática profissional, que lhe dá o direito, segundo as normas da LEP, a remuneração e remição de pena. Os monitores presos são pagos pela Funap e a cada três dias trabalhados têm direito à redução de um dia de pena.

contradições presentes nesses espaços. Partindo de um olhar pedagógico, Penna (2007) destaca algumas destas contradições.

> O trabalho do professor é efetivado na sala de aula, no contato com seus alunos, pressupondo a formação desse profissional. Dessa forma, implica uma desigualdade cultural, valorativa. O professor sabe mais e deverá ensinar esse "a mais" a seus alunos (...)
> Os monitores-presos sabem mais que seus alunos, por isso mesmo foram selecionados para exercer essa função. No entanto, fazem parte, junto a seus alunos, da mesma população carcerária, partindo, portanto, de uma condição de igualdade. (...) Por viverem e trabalharem em um mesmo local, [os monitores presos] necessitavam demarcar, inclusive, os momentos em que eram professores (Penna, 2007: 84).

Num outro olhar, o *monitor preso* da Funap é compreendido, institucionalmente, como o sujeito de articulação entre o espaço escolar – a "cela de aula", conforme Leme – e os demais espaços da dinâmica prisional:

> A existência do Monitor Preso é essencialmente uma opção político-pedagógica na sua acepção. Gadotti reforça este argumento quando expõe que "o sucesso de um programa de educação de jovens e adultos é facilitado quando o educador é do próprio meio" (Funap, 2010: 29).

Buscando extrair percepções dos dirigentes de unidades prisionais quanto à posição ocupada pelos *monitores presos*, em janeiro de 2011 tive a oportunidade de debater o assunto com cerca de 20 diretores de presídios da região oeste paulista.[13] Tendo-os questionado quanto ao entendimento e à aceitação das diretorias sobre os *monitores presos*, obtive respostas que, à primeira vista, tomam sentidos contrários de argumentação:

> O monitor preso é bom porque evita a entrada de gente de fora na prisão. Além disso, ele aumenta o *rateio*,[14] que é importante pras unidades aqui da região. Mas a gente tem que tomar cuidado, tem que monitorar, que vigiar *os caras* o tempo todo, senão

---

13   Reunião promovida no dia 27/01/2011 pela Gerência Regional da Funap em Presidente Prudente, com diretores das unidades prisionais de sua área de abrangência.

14   O termo refere-se ao desconto percentual de ¼ do salário pago aos monitores presos, valor que é destinado ao pagamento da mão de obra indireta, isso é, presos que trabalham em funções ligadas à própria administração da unidade, como limpeza, copa, manutenção predial, cozinha etc.

> eles aprontam. Muito preso vai pra sala de aula só pra conversar, pra fazer *esquema*, e o monitor preso não tem força pra apontar os erros (J, Diretor Geral de unidade prisional).

> Eu fui um dos que mais resistiram ao monitor preso. Pode perguntar aí, todo mundo sabe que *minha unidade* foi a última a aceitar o monitor preso. Hoje eu mudei minha visão. Os monitores fazem um ótimo trabalho, se dedicam, e levam a sério o papel de *professor*. Antigamente a gente não via a qualidade que a gente vê hoje nas aulas. Ano passado tivemos um teatro que foi tudo ideia *deles* (E, diretor da área de trabalho e educação em unidade prisional).

Perguntei aos dois diretores se, na visão deles, havia algo que distinguia os monitores presos do restante da população prisional. Apenas um diretor aceitou se manifestar:

> Ah, isso existe. O *monitor preso* tem de ter um comportamento, não pode se meter em confusão, não pode se meter em drogas e nem ter dívida dentro da *cadeia*. Se *o cara não se garantir*, ele é tirado fora. Felizmente, pelo menos na *minha unidade*, a gente tem tido umas turmas boas [de monitores presos]. Os caras são *cobrados*[15] lá dentro e são *cobrados* pela diretoria também. Então tem que ter uma responsabilidade, senão o cara não agüenta (E, diretor da área de trabalho e educação em unidade prisional).

Esta declaração trouxe à luz uma característica importante do processo de identificação e de diferenciação do *professor*: a necessidade, por um lado, de se afirmar perante a *rapaziada*[16] – se garantir! – e, por outro, a exigência da *rapaziada* de que os *professores* garantam o seu *proceder*, não se envolvendo com o consumo de drogas ou dívidas.

N'outra ocasião, durante reunião promovida com os dirigentes das unidades prisionais das regiões da Bauru e de Ribeirão Preto, ouvi o seguinte relato de um diretor:

---

15 Para uma reflexão sobre as cobranças, ver Biondi, 2010.

16 Marques (s/d) descreve como o *cabuloso* desempenha seu *proceder* durante os debates do crime, ou seja, como os presos, quando em situação de desavença com outro preso, buscam produzir cautela, receio ou medo em seus litigantes. No cotidiano das relações entre *ladrões*, essa necessidade de se garantir se faz presente permanentemente, não apenas em situações específicas de litígios. Na descrição do diretor, o monitor preso tem de ter a capacidade de ser *cabuloso*. Em certa ocasião ouvi de um monitor preso (Washington, de quem descrevo adiante, uma ocorrência de desavença com a administração penitenciária) que "professor não pode perder debate", numa alusão clara à atitude esperada dos professores.

> Sou totalmente favorável ao monitor preso. Nós temos refe-rências negativas de sobra para dizer quem é o preso: é piloto, é faxina, é *exu*.[17] O *monitor preso* é o maior referencial positivo que existe dos presos: ele tem compromisso, horário, salário (R, diretor geral de unidade prisional na região de Ribeirão Preto; 05 de agosto de 2011).

Não há unanimidade em relação à aceitação, pelos dirigentes de unidades prisionais e agentes de segurança penitenciária, quanto à institucionalização do *monitor preso de educação* no Programa de Educação da Funap. Para R(a)., dire-tor de penitenciária na região de Sorocaba,

> O *monitor preso* não consegue prender o aluno em sala de aula, não consegue (...) ele não impõe o mesmo respeito [que um professor externo]. Tem que ter um funcionário junto, porque ele não consegue ter um comando sobre a turma. Se o guarda não estiver ali, eles não vão respeitar o professor (R(a), diretor geral de unidade prisional; Campinas, 10 de agosto de 2011).

A diferenciação manifesta pelos diretores condensa elementos representa-tivos das contradições implícitas na prisão. Ora expressando as preocupações proeminentes de segurança e disciplina, ora destacando as contribuições para ações de "ressocialização" dos presos, sobressai dos relatos a necessidade de dis-tinção entre o *professor preso* e a *massa carcerária*. Tal distinção é realçada em depoimentos de *monitores presos*:

> No raio onde me encontro e até mesmo nos outros raios sinto que mesmo agindo como reeducando as pessoas ainda me tratam como professor. Exemplo: chamam-me por professor, fazem perguntas com relação à escola, perguntam sobre meio ambiente e ainda me convidam para participar de alguns eventos onde me tratam como professor e algumas pessoas ainda que inocentemente, fazem perguntas sobre a minha situação processual (Costa – Monitor de Ensino Fundamental em unidade prisional na região noroeste paulista; concluiu o ensino médio dentro do sistema penal).

> Apesar de estar neste lugar eu me sinto feliz no setor de edu-cação junto aos meus companheiros de trabalho, convívio e

---

17   O termo *exu* é utilizado pelos dirigentes e agentes de segurança penitenciária para designar "o preso-problema". Esses podem ser tanto os presos identificados como líderes de coletivos, cuja presença em determinada unidade prisional exige maior atenção por parte da equipe de segu-rança, quanto aqueles que estão permanentemente dando trabalho à diretoria, seja por meio de reivindicações constantes, seja mediante ações de enfrentamento dos agentes de segurança.

> funcionários. Sinto-me feliz, pois tanto em sala de aula como nos raios somos respeitados e é glorioso poder ajudar as pessoas que se aproximam de nós nos dizendo: hei professor, você pode me ajudar nesta dúvida? (Fernandes – Monitor de Alfabetização em unidade prisional na região noroeste paulista; concluiu o ensino fundamental e médio dentro do sistema penal).

> Quando falamos de *monitor preso* em questão do convívio com a classe carcerária (raio) sabemos que somos reconhecidos sim e também respeitados por termos esse papel; pois mesmo que nos encontremos na mesma situação dos nossos alunos existe essa diferenciação (Silva – Monitor de Ensino Fundamental unidade prisional na região noroeste paulista).

Por fim, apontando para outro sentido de diferenciação, alguns *monitores presos* indicam no exercício da função a oportunidade para construir novas trajetórias de vida:

> O monitor pode fazer a diferença, e a diferença pode ser feita de uma forma voluntária e informal, pois pode fazer os companheiros entender que cada um de nós pode mudar esta trajetória e darmos uma nova direção em nossas vidas. E se envolver neste trabalho requer dedicação e percepção para lidar com um cotidiano cheio de sentimentos e em conflito constante. (Barbosa – Monitor de sala de leitura em unidade prisional na região noroeste paulista; já foi monitor em outra unidade. Concluiu os estudos no sistema penal).

> Eu consigo enxergar meus filhos no futuro aprendendo comigo os deveres de casa, eu consigo sonhar porque aprendi que a luz que se acende aqui dentro deve brilhar lá fora, e já têm brilhado porque as pessoas que eu amo e estão ao meu redor fora dessa realidade aqui tem visto mudanças em meu comportamento e tem me estendido as mãos para após a liberdade, ter liberdade de trabalhar e estudar colocando em prática tudo de bom que aprendi aqui (dos Santos – Monitor de Ensino Médio em unidade prisional na região noroeste paulista; cursava o 6º termo de direito quando foi encarcerado).

O que se destaca nos depoimentos e nas relações observadas em campo é que o *monitor preso de educação* incorpora três facetas de diferenciação. Para a Funap, neste período, trata-se de uma posição-chave na execução de seu programa de educação.[18] Para diretores e demais funcionários das unidades prisionais,

---

18   Mais à frente, descreverei como, ao longo dos anos, a Funap ampliou consideravelmente o número de presos ocupando a posição de monitor de educação.

são presos com acesso a dinâmicas distintas da rotina da administração, não estando submetidos aos mesmos padrões de horários e trânsito que os demais presos de cada unidade. Para a população prisional, são os *professores*, com todas as implicações trazidas por essa caracterização, como passo a descrever a seguir.

DISPOSITIVOS DE CONTROLE DA FUNAP, DOS *POLÍCIA* E DA *RAPAZIADA*

Ao descrever as atribuições do *monitor preso* de educação, a Funap declarara tratar-se de sujeitos

> selecionados dentre a população carcerária tendo como critérios a escolaridade de nível de ensino médio e o perfil. Entenda-se por perfil características associadas ao seu potencial para se desenvolver como educador: didática, comunicação, criatividade, liderança e conhecimentos, abertura para novos aprendizados e disponibilidade para participar de um processo coletivo de construção destes conhecimentos (Funap, 2010: 30).

A seleção dos *monitores presos* era então realizada pelas gerências regionais da Funap, que a faziam respeitando os critérios de segurança adotados pelas diretorias das unidades prisionais.[19] Esse processo nem sempre esteve isento de divergências, sobretudo porque cada unidade prisional institui normas e procedimentos próprios.[20]

Sobre os *monitores presos* incide toda a estrutura hierárquica da Fundação, de modo que, mesmo ocupando uma posição considerada prioritária no projeto político-pedagógico, essa função se situava na base sobre a qual incorrem todos os mecanismos de controle e vigilância da instituição. Assim, não era difícil acontecerem substituições de *monitores presos* em decorrência do não

---

19 A realização dos processos seletivos de monitores presos se dá a partir da divulgação das vagas nas unidades prisionais, com inscrição dos candidatos interessados, seguida de pré-seleção segundo os critérios da diretoria de segurança e disciplina – que analisa a existência de faltas graves ou impedimentos disciplinares dos candidatos – e, posteriormente, entrevistas e provas.

20 Biondi (2010) descreve as dificuldades enfrentadas por familiares de presos em decorrência das mudanças contínuas e disparatadas nas normas de acesso às unidades prisionais. Em minha experiência profissional, diversas vezes me deparei com normas totalmente opostas entre aquilo que era aceito numa unidade e proibido n'outra. Em certa ocasião eu acompanhava uma diretora da Funap em visita a unidade prisional no oeste paulista, quando aquela diretora foi impedida de entrar numa unidade usando óculos escuros. Ao nos dirigirmos depois para uma unidade vizinha, a diretora retirou os óculos para guardá-los na portaria de acesso e o funcionário do plantão disse preferir que ela levasse os óculos, "para não ter perigo de quebrar ou sumir" (Anotações pessoais de trabalho, 2005).

cumprimento das atribuições que lhes eram determinadas, o que, inclusive, era facilitado pela inexistência de qualquer mecanismo de proteção ao trabalho.

Por outro lado, tratava-se de posição sobre a qual incidiam tanto os "olhares" da administração penitenciária, quanto a atenção da *rapaziada*. Conforme demonstra o relato dos diretores de presídios acima descritos, as diretorias das unidades prisionais dedicavam especial atenção ao controle do que era realizado pelos *monitores presos* em termos de articulação de seus *companheiros* e de possíveis infrações às normas de segurança das unidades. Outra situação é ilustrativa deste controle:

> Washington sempre se destacou no trabalho pedagógico e na mobilização de seus alunos para a discussão dos temas e realização das atividades propostas pelo programa de educação da Funap. No entanto, seu comportamento, tido como "muito pra frente" pelo diretor de educação da unidade, o colocava em constantes conflitos com a equipe de segurança. Numa ocasião fui chamado ao presídio para ouvir um ASP (agente de segurança penitenciária) reclamar que o monitor dava aulas sentado sobre a mesa de professor, ao que respondi não ver problema algum, desde que o trabalho realizado em sala de aula correspondesse ao que fora planejado pelo grupo de monitores, sob orientação do profissional de educação da Funap que trabalhava naquela unidade. Outras reclamações ocorreram, até o dia em que recebi uma ligação do diretor geral da penitenciária comunicando que Washington fora afastado em função de uma falta grave. Em geral, os presos só saem dos pavilhões habitacionais calçando chinelos, o que, segundo os diretores de presídios, "facilita para a segurança". Segundo me informou o diretor, naquele dia Washington quis sair do pavilhão calçando tênis, porque ele achava que "*professor* tinha de ir pra escola com uma roupa diferente", disse-me. Como naquela situação houve um conflito direto entre o monitor e um guarda, o preso acabou sendo levado para o castigo e seu desligamento da Funap foi inevitável.
>
> *Anotações pessoais de trabalho, 2005*

Não obstante, era sob o "olhar" da *rapaziada* que o controle tomava dimensões mais decisivas sobre o comportamento a ser adotado pelos monitores.

> Quando finalmente conseguimos [a equipe da Funap que estava sob minha coordenação] deixar claro para os presos de R... qual o

propósito da substituição das estagiárias por *monitores presos*, re-
alizamos um processo seletivo no qual participaram cerca de doze
candidatos, que concorriam a quatro vagas. A seleção foi realizada
em dois dias consecutivos e, ao término do processo, divulgamos os
candidatos selecionados e propusemos a realização imediata – no
terceiro dia – de uma formação pedagógica inicial, para já deixarmos
programado o início das aulas. Foi então que os monitores presos
recém-contratados solicitaram nosso apoio junto à diretoria da unidade para firmar um compromisso quanto a um procedimento que
eles queriam que fosse adotado: tratava-se da autorização para que
os quatro monitores apenas *subissem* à sala de reuniões pedagógicas
quando todos estivessem juntos. O acerto dessa estratégia foi fundamental para garantir a implantação do projeto naquela unidade.

Anotações pessoais de trabalho, 2006

O relato expõe a fragilidade a que estavam submetidos os *monitores presos*
quanto à vigilância de seu comportamento pela *rapaziada*. A Penitenciária de R...
possui quatro pavilhões habitacionais independentes[21] e cada monitor preso selecionado habitava e passaria a dar aulas em um pavilhão, sendo necessário, a partir
de então, que eles saíssem de seus *raios* e se dirigissem diariamente à sala de reuniões, localizada numa área administrativa do presídio, onde haveria maior contato
com os agentes de segurança. Por isso, a solicitação do grupo para que pudessem
deixar seus pavilhões e subirem apenas quando estivessem os quatro juntos tinha
por finalidade evitar qualquer suspeita de que estivessem agindo como *caguetas*.
Ali, cada monitor assumia o compromisso de não contar nada acerca das rotinas
de seu pavilhão, ao mesmo tempo em que cada monitor passava a atuar como
fiscal do comportamento dos demais, numa estratégia de garantia coletiva para o
exercício da função para a qual haviam sido selecionados.

ENFIM, UMA POSIÇÃO LIMÍTROFE

O que se verifica na dinâmica destas relações – *monitor preso/Funap, monitor
preso/guardas, monitor preso/rapaziada* – é que esses *monitores* ocuparam uma
posição bastante ambígua. No tocante à Funap, eram reconhecidos como o ali-
cerce principal da proposta político-pedagógica da instituição, mas, ao mesmo

---

21   Unidade em arquitetura "cruz", conforme descrevo adiante.

tempo, ocupavam a posição mais frágil de tal proposta, podendo ser substituídos pelos mais diversos motivos.

Quanto à relação com os *guardas*, ao mesmo tempo em que eram vistos com desconfiança e permanentemente vigiados para não armarem nenhum *esquema*,[22] os *monitores* eram aceitos como peças importantes no propósito de mobilização dos demais presos para a frequência escolar[23] e representavam também fonte de receita financeira para pagamento do *rateio*, conforme lembrado pelo diretor L.

Por fim, surgiram nas relações entre *ladrões* as principais ambivalências. Os monitores presos passaram a ser reconhecidos como *professores* mesmo quando não estavam em sua atividade "profissional". Ao contrário do que afirma Penna (2007: 84), o que encontrei em campo não foi a tentativa dos *monitores* de "demarcar seus momentos como *professor*", mas sim a expansão dessa *posição* para os demais momentos de interação, conforme demonstram os relatos acima.

Isso não significa, porém, que os *monitores presos* estivessem isentos de participação nos códigos estabelecidos pelas rotinas de convívio na prisão. E é nessa perspectiva que opera também um jogo cotidiano de pertencimento e distanciamento dos *monitores* com o *mundo do crime*. Por um lado, era importante para os *monitores* a existência e a manutenção daquela diferenciação, que lhes dava o reconhecimento efetivo de seu papel de *professor*. Por outro lado, importava manter-se como um membro daquela categoria primária, o *ladrão*, a fim de não perder o respeito e a posição de equivalência que marca as relações entre *ladrões*.

Esse é um equilíbrio frágil, sobretudo considerando que a rotina dos *monitores presos* era bastante distinta do restante da *rapaziada*, uma vez que os

---

22 O termo denota a possível participação do preso na elaboração ou facilitação de planos de fugas, motins etc.

23 É importante apontar que, embora a educação apareça como uma das atividades menos favorecidas na dinâmica de oferta das ações de "tratamento penitenciário", todos os diretores são obrigados, mensalmente, a fornecer para a Secretaria de Administração Penitenciária as informações quantitativas de atendimento nas áreas de trabalho e educação. Embora não haja nenhuma sanção prevista para o baixo desempenho nessas áreas, uma vez que prevalecem como significado de "eficiência administrativa" os critérios de contenção, há em geral a preocupação dos diretores em apresentar bons números de atendimentos, preocupação que advém muito mais da necessidade simbólica de agradar aos chefes – no caso, os coordenadores regionais e o secretário de administração penitenciária – do que de garantir a oferta dos direitos legalmente previstos. Além disso, é comum ouvir diretores afirmarem a importância da oferta de educação muito mais como atividade para preenchimento do tempo do que como garantia dos direitos. Sobre essa perspectiva de argumentação, ver Carreira, 2009.

monitores possuíam maior flexibilidade de horários, maior facilidade de trânsito dentro da unidade, contato diário e constante com agentes de segurança penitenciária e com outros profissionais[24] – *professores* da Funap, equipes técnicas dos presídios, advogados – e oportunidades facilitadas de acesso aos mecanismos de assistência previstos na Lei de Execução Penal.

Qualquer *vacilo* no equilíbrio deste jogo poderia representar a impossibilidade de o *monitor preso* manter-se em sua *posição*, como demonstrou a trajetória de Jair:

> Cerca de 90% dos presos que cumprem pena na Penitenciária de S... estão condenados por crimes sexuais. Trata-se de uma população prisional com níveis socioeconômicos e educacionais bastante heterogêneos, não sendo difícil encontrar presos com alta escolaridade. Por esse motivo, em unidades com esse perfil o grupo de *professores* é formado por *monitores* bastante qualificados. Jair era um desses casos. Com formação específica e experiência profissional na área cultural, Jair coordenava um grupo de teatro. Escrevia e adaptava roteiros, dirigia peças, treinava novos atores. O grupo de teatro era respeitado e reconhecido, tendo realizado apresentações em eventos importantes do sistema prisional. O perfil daquela unidade e as atividades de cultura e educação ali realizadas, em diversas ocasiões chamaram a atenção da imprensa, gerando matérias para jornais e emissoras de televisão. Numa dessas reportagens, Jair deu uma entrevista e equivocamente declarou que ali "só tinha estuprador". Tão logo a matéria foi ao ar, diversos presos daquela unidade que cumpriam pena por outros crimes procuraram Jair para um *acerto de contas*. Jair foi impedido de manter-se como monitor e teve de ser recolhido para o *seguro*, a fim de ter garantida sua

---

24   O contato do preso com os *polícia* é motivo de grande vigilância pela *rapaziada*. Biondi (2010) afirma que nas cadeias de pcc não existe comunicação entre os presos e os guardas, exceto por intermédio dos *faxina*. Minha inserção em prisões do PCC, de outros coletivos e em prisões tidas como neutras mostraram outra dinâmica. Principalmente quando, por motivos variados, tinha acesso aos pavilhões habitacionais, sendo necessário sempre estar acompanhado de escolta – ou seja, de agentes de segurança –, era comum presenciar a ocorrência de interpelações dos presos aos guardas, em especial quando estava acompanhado de algum diretor da unidade. No entanto, alguns códigos eram perceptíveis nessas ocorrências: o preso se aproximava sempre acompanhado de outro companheiro e se comunicando em voz alta, de modo que outros presos o ouvissem. A matrícula – número que o identifica no sistema prisional, marca típica do dispositivo disciplinar, como destaca Deleuze (1992: 226) – sempre era informada durante algum momento da conversa, de modo que o preso deixasse claro o motivo de sua comunicação com os guardas. Em geral, os assuntos giravam em torno de pedidos de atendimento jurídico ou encaminhamento para vaga de trabalho.

sobrevivência. Conversando com outros presos da unidade, ouvi de um deles: "o boca-aberta tava se achando, pensou que podia falar qualquer coisa por aí".

Anotações pessoais de trabalho, 2010

Outras situações reforçam essa fragilidade do *monitor* frente aos seus companheiros. Em minha trajetória de trabalho/pesquisa me deparei com a história de um *monitor* que cumpria pena em cadeia do PCC, mas teve de deixar a função de *professor* por ser irmão de outro preso que, condenado por crime sexual, cumpria pena em cadeia de *seguro*. N'outra ocasião, um *monitor* que cumpria pena em regime semiaberto teve de abandonar o trabalho quando, ao voltar de uma saída temporária, teve seu nome vinculado a dívidas por uso de drogas.

***

O que se evidenciou pelas situações descritas foi a necessidade, implícita à posição do *monitor preso de educação*, de transitar por cenários bastante distintos, os quais, embora coexistam no interior da mesma instituição-prisão, possuem cada qual sua normatividade específica.

Em sua interação com a Funap o *monitor* buscará agir conforme as expectativas e atribuições que lhe são prescritas por aquela instituição, o que, inicialmente, lhe conferirá algumas vantagens nesta relação, pois a ele é dado saber o que dele se espera. No entanto, o ocupar a *posição* de *professor* irá exigir-lhe, além dos atributos pedagógicos implícitos à função, a capacidade de se equilibrar entre os postulados de um programa de educação que se propunha como "uma opção ética em defesa da liberdade e da autonomia" (Funap, 2010: 13), e as restrições impostas pela dinâmica da contenção prisional.

Nessa perspectiva, o *monitor* terá de desempenhar seu papel sem afrontar as normas declaradas e ocultas das relações entre presos e *guardas*, evitando tornar-se "alvo" de rejeição dos *polícia*.

Por fim, em sua relação com a *rapaziada*, o *monitor* terá de se equilibrar entre um comportamento que legitime sua diferenciação, sendo aceito e visto como *professor*, e um *proceder* que não o distancie do *mundo do crime*, de modo a permanecer no *convívio* com seus companheiros.

O *monitor*, portanto, esteve inserido na dinâmica dos *ladrões*: sua *posição* se distinguia das *posições* estabelecidas pelos diferentes *coletivos – faxinas, pilotos* etc. –, as quais operam, sobretudo, como mecanismos de ordenação das relações entre *ladrões* e destes com os *polícia*. No entanto, mesmo tendo sido forjada por uma prática institucional, a posição de *professor* foi reconhecida pela própria *rapaziada*, numa relação que propõe ao mesmo tempo uma posição de protagonismo para os presos, mas que a submete às lógicas de controle, vigilância e punição que histórica e estruturalmente regem as relações nas prisões.

O que decorre de todas as ambiquidades descritas é que o *professor* passou a constituir, ao longo do período relatado, uma identidade social específica na dinâmica das prisões paulistas, com acesso privilegiado às ações de tratamento penitenciário, mas submetido tanto ao domínio do *mundo do crime*, como ao domínio do Estado – representado ora pela administração penitenciária, ora pela Funap.

Segurança e disciplina

— Bom dia! Cadê, não tem aula hoje não?

— Ué, ninguém avisou que você tinha chegado!

— Então, nunca vi uma coisa assim. Eu cheguei na portaria, disse que era da Funap, o guarda abriu a porta e perguntou onde eu ia. Ele anotou meu nome e depois disse que eu podia descer. Ninguém me revistou. Desci a galeria, cumprimentei os guardas e presos que cruzei no caminho – *bom dia!* –, ninguém sequer levantou a cabeça pra responder. Cheguei aqui.

— Eu pedi para avisarem quando você chegasse. Mas aqui é assim, funcionário não tá preocupado com nada.

JP, meu interlocutor, é monitor da Funap. Sentado à mesa, tinha em mãos o texto que eu escrevera com os depoimentos dos monitores presos daquela unidade.[1] Reunidos na sala dos professores – motivo que me levou a questionar a não ocorrência das aulas – JP os apresentou: Santos, Silva, Barbosa e Costa.

Construída na década de 1990, aquela unidade abriga aproximadamente mil e duzentos homens, em regime semiaberto. "PCC light", dirá JP: "o pessoal aqui não é muito ligado no *partido* não. Tempos atrás o diretor *deu bonde*[2] em todos os *faxina*, *piloto*. A *população* nem reclamou, porque eles *tavam putos* com o excesso de controle do *partido*. Então o PCC tá meio sem moral com a *rapaziada*".

"*Primos*", poder-se-ia dizer, seguindo a tipificação de Biondi (2010). Contudo, a afirmação parece indicar também que, longe de constituir-se apenas como um feixe de posições, relações e discursos, o

---

1   Os relatos subsidiaram a escrita do texto "A formação de um 'eu' diferenciado no seio das relações prisionais: o monitor-preso de educação como interface de categorias normativas da cultura prisional", apresentado no II Seminário do Programa de Pós-Graduação em Sociologia da UFSCar, São Carlos/SP, 12 a 14 de abril de 2011.

2   Termo nativo que designa tanto a transferência do preso para outra unidade, quanto o veículo que é utilizado para este fim.

PCC se corporifica em lideranças reconhecidas tanto pela *rapaziada* como pela *polícia*. E, no caso, tal corporificação materializava, naquela unidade, um excesso de controle, fazendo emergir uma articulação entre *rapaziada* e *polícia* para eliminação desse excesso. O *bonde* das lideranças permitiu, dessa forma, um novo equilíbrio. Apenas este equilíbrio e a existência de acordos não oficiais entre a administração da unidade e a administração da *rapaziada* permitem compreender meu acesso ao pavilhão escolar sem ter sido interpelado. A propósito: provavelmente, em meu trajeto entre o portão de entrada e o portão de acesso à escola, ninguém me identificou como alguém externo àquela "comunidade". Ali, ninguém trajava uniforme e mesmo eu, quando entrei na sala onde estavam JP e os monitores, demorei para saber quais deles eram presos e quais eram *guardas*.[3]

O motivo que me levara àquela unidade foram os relatos que eu recebera dos *monitores presos* acerca da *posição* que eles ocupavam no convívio com a *rapaziada*, com os *guardas*, com o funcionário da Funap e mesmos com suas famílias. Em novembro de 2010, numa conversa com JP, mencionei minha inquietação acerca dessa *posição*, as observações e reflexões que vinha realizando em minha pesquisa e os indicativos que apontavam para uma diferenciação de uma *posição* do *professor* no seio das relações prisionais. JP então me dissera que com frequência ouvia dos monitores presos com os quais trabalhava manifestações desta diferenciação e que poderia pedir a eles que escrevessem sobre isso para me enviar. Ao reler os relatos, um trecho escrito por Costa me chamou atenção:

"No raio onde me encontro e até mesmo nos outros raios sinto que, mesmo agindo como reeducando, as pessoas ainda me tratam como professor".

Quando o questiono sobre essa diferenciação, Costa destaca que a principal distinção entre o comportamento do *reeducando* e o do *professor* está "no dialeto, que é assim uma mediação entre a escola e a *rapaziada* lá no raio". Implícita nessa distinção emerge a separação – simbólica e física – entre o espaço da "reintegração" e o *mundo do crime*.

Caderno de campo; abril de 2011

---

3   Geralmente, há ao menos um agente de segurança penitenciária na escola. Por isso imaginei que naquele grupo havia também um guarda, que eu não conseguia identificar. No entanto, estavam na sala apenas o educador da Funap e os monitores presos.

***

Se, conforme descrevi na seção anterior, a dinâmica das relações entre *la-drões* e das relações destes com a *polícia* exerceram influência direta nas iden-tificações atribuídas ao *monitor preso de educação*, outros aspectos específicos dos estabelecimentos prisionais paulistas concorrem para compor esta *posição*. Dinâmicas relacionadas à forma de sua ocupação, à distribuição espacial e ao trânsito interno dos presos pelos diferentes setores das prisões, irão gerar for-mas específicas de organização das ações de "reintegração social", com forte pro-eminência dos mecanismos de controle.

Tome-se, inicialmente, a ocupação das unidades prisionais e a distribuição dos atendimentos de "tratamento penitenciário".

No início de 2012, o Estado de São Paulo apresentava um déficit de cerca de 84.000 vagas no sistema prisional.[4] Mesmo num contexto de superlotação, as ações educacionais realizadas nos presídios abrangem em média 16.000 alunos por mês. Os postos de trabalho envolvem cerca de 30% da população total. É cons-tante a disputa entre a educação e o trabalho pela ocupação do tempo de cada in-divíduo preso e, no geral, o dia útil nas prisões não é superior a seis horas, período em que os presos se dividem entre trabalhar, estudar, receber atendimentos jurí-dico, social, psicológico, médico etc. Ao contrário do que afirma o senso comum, o que se depreende desta rotina é que "preso não tem tempo de sobra".

As rotinas da prisão giram em torno da "segurança" e da "disciplina".[5] Segurança, supostamente, para os *guardas* e para a população externa às mura-lhas; disciplina para os corpos que deveriam ser "adestrados".[6] O corpo funcional

4   Disponível em: http://noticias.terra.com.br/brasil/noticias/0,,OI5624192-EI5030,00-Jornal+d eficit+no+sistema+prisional+passa+de+mil+vagas+em+SP.html. Acesso em: fevereiro de 2012.

5   A administração de cada unidade é composta pela diretoria geral e diretorias de áreas, sendo que nestas há variações entre os diferentes modelos de unidades e regimes. No geral, entre-tanto, a Diretoria do Centro de Segurança e Disciplina é, abaixo da diretoria geral, a mais importante na tomada de decisões e na definição de procedimentos internos de cada estabe-lecimento. Em minha experiência de convívio e trabalho com diversas unidades era comum notar traços que comprovem esta afirmação. Dificilmente diretores gerais e de segurança participavam de eventos externos ou reuniões ao mesmo tempo, sendo sempre necessária a presença de um dos dois na unidade prisional. Por outro lado, era comum que, na ausência do diretor geral, a responsabilidade pela administração do estabelecimento fosse transferida para o diretor de disciplina. É este diretor também que na maior parte das unidades estabelece as rotinas das demais áreas – educação, trabalho, atendimentos técnicos –, submetendo-as aos seus critérios de importância.

6   O estatuto da Funap preserva até hoje sua função social de "adestrar os presos".

da administração penitenciária é formado majoritariamente por agentes de segurança penitenciária (asps) e agentes de escolta e vigilância penitenciária (aevps), sendo reduzidos os quadros de oficiais administrativos e técnicos das áreas de saúde e de reintegração social. Não há um número fixo de funcionários definido previamente e, a cada novo estabelecimento prisional inaugurado, edita-se um Decreto específico de criação, no qual define-se o quantitativo de agentes de segurança, agentes de escolta e vigilância e os demais profissionais de setores técnicos e administrativos. No entanto, a predominância é sempre de funcionários para a "segurança".

A rotina de atividades é controlada a partir dos horários de *tranca*. Na maior parte das unidades prisionais, dá-se a soltura diária por volta das 7:30h da manhã, horário em que os presos que trabalham ou estudam são liberados para as oficinas ou escolas, respectivamente. Um grupo reduzido, quando se considera o total de presos de cada estabelecimento.

Antes daquele horário, um grupo ainda mais reduzido já deixou as celas. Trata-se do pessoal da cozinha, responsável pelo preparo da alimentação da *rapaziada*. Sobre este grupo incide um processo rígido de seleção e vigilância por parte da população prisional, uma vez que se trata de um grupo com possibilidades diretas de interferência na vida de todos os demais presos.[7] Por isso, ser da cozinha reflete o respeito conquistado ao longo de uma *caminhada*.

Entre as 7:30 e as 10:30h se desenrolam as atividades matutinas da prisão, que voltam a ser interrompidas por nova *tranca*: em torno das 11h, a maior parte dos presos já se encontra recolhida nos pavilhões habitacionais, onde será servido o almoço.

A *tranca* reabre às 13h, quando se inicia o período de atividades da tarde, que se estenderá, quando muito, até as 16 horas. Após esse horário, retorno ao pavilhão habitacional, contagem, cela. As luzes serão apagadas por volta das 21 horas.

Dessa forma, em que pese o discurso de promoção da "reintegração social", o que se percebe é que há pouca oferta de vagas e horários para que a população prisional esteja envolvida nas ações de "tratamento penitenciário". No entanto,

---

7   Dirigido por Marcos Jorge e lançado em 2009 pela Europa Filmes, o filme "Estômago" recebeu dezenas de prêmios nacionais e internacionais ao retratar a trajetória ascendente de Raimundo Nonato no universo da culinária e das relações de poder que se desenrolam numa prisão. Inserido nestas relações, Nonato utiliza seus conhecimentos culinários para conquistar a confiança das lideranças do presídio, culminando com sua chegada ao alto posto das relações entre ladrões a partir do envenenamento de seu principal adversário.

mesmo em meio a todas as restrições de horários, em geral os *monitores presos* de educação possuíam outra rotina, sendo-lhes permitido almoçar no pavilhão escolar, por exemplo, retornar às celas após o término das aulas e apenas nos horários de contagem, permanecer nas escolas mesmo em horários em que não havia aulas.

Assim, os *monitores presos* utilizavam este tempo mais prolongado para leituras, preparação de aulas, conversas informais sobre assuntos distantes da rotina da cadeia etc. Acabavam, portanto, tendo estes horários como momentos de lazer. Essa rotina diferenciada possibilitava-lhes maior contato com *guardas* e outros funcionários e, também por isso, conforme descrito anteriormente, colocava-os sob olhar atento da *rapaziada* e dos *polícia*.

Outro aspecto que influencia as ações de "tratamento penitenciário" são as estruturas físicas das unidades prisionais. Em termos arquitetônicos, há seis modelos principais de estabelecimentos penitenciários, existindo ainda unidades com modelos diferenciados, em decorrência de seus períodos históricos de construção ou dos regimes de detenção que abrigam.[8] A diversidade arquitetônica exerce influência direta nas relações entre *ladrões* e entre estes e a administração das unidades. Tome-se, para ilustrar essa afirmação, o exemplo das penitenciárias compactas, modelo mais comum que é encontrado atualmente.

Trata-se de uma unidade dotada de 08 pavilhões habitacionais, com capacidade para 768[9] presos. Estas unidades são atravessadas por uma galeria central – chamada *radial* – com acessos laterais aos raios e aos pavilhões de trabalho, escola e cozinha. Como o nome já indica, são unidades em que os espaços – celas, áreas de convívio dos raios, pavilhões de trabalho, prédio administrativo etc. – são compactos. As celas se distribuem num raio retangular, sendo o espaço central utilizado como quadra de esportes e área para outras atividades diversas. Um pavilhão originalmente concebido para oficinas de trabalho é utilizado para montagem das salas de aula.

---

8   Em abril de 2011, foi inaugurada a primeira unidade prisional com arquitetura planejada para abrigar mulheres. Dado o curto período de existência destas unidades, a dinâmica de funcionamento das escolas não pode ser avaliada.

9   Os dados referentes aos números de vagas estão disponíveis no sítio da SAP: www.sap.sp.gov.br; acesso em: abril de 2011.

Figura 1: desenho livre de uma Penitenciária Compacta.

Sendo dividida em 08 raios, a unidade conta, necessariamente, com 08 *faxinas*. Como, na maior parte dos casos, são estes os presos que realizam a comunicação entre a *rapaziada* e os *guardas*,[10] não é raro que uma mesma informação seja transmitida de forma diferente em cada pavilhão. B., funcionária de uma unidade com esta arquitetura, deu-me depoimento que exemplifica as dificuldades geradas por este modelo.

> Eu estava com problema de matrícula de alunos na escola, com a adesão muito baixa para as turmas de alfabetização. Então chamei os *postos culturais* dos 08 *raios* pra conversar, pois eu sempre digo que eles são o braço da escola dentro dos raios. Durante nossa conversa, um deles me interrompeu: "ô Dona B., a gente tá com um problema sério lá dentro. É que o Seu A. não faz assim como a senhora, que chama todo mundo junto e a gente acerta o que fazer.

---

10   O que não os dá direito de exclusividade no processo de comunicação, conforme descrito em nota anterior.

Quando ele quer acertar alguma coisa pra *cadeia andar*, ele chama um *faxina* de cada vez e aí ele conversa uma coisa com cada um. Então a gente nunca sabe o que pode combinar com ele, porque ninguém vai combinar uma coisa contrária ao que o companheiro combinou. Então a gente só concorda com o Seu A. e ele acaba fazendo tudo do jeito dele. Aí quando um *faxina* fala com o *cultural* do seu *raio*, e o *cultural* fala com o *cultural* do outro raio, a gente fica sabendo que o Seu A. combinou uma coisa diferente com cada *raio* e aí a gente fica sem poder fazer muita coisa". Eu fiquei sem opção, porque como eu ia pedir ajuda pra levar gente pra escola, se os caras estavam ali justamente se sentindo enganados pelo meu diretor?

Caderno de campo, fevereiro de 2012

A localização da escola nesse modelo impõe restrições de acesso, uma vez que o *trânsito* interno de presos entre o pavilhão habitacional e os espaços onde ocorrem as demais atividades é sempre motivo de preocupação para os *guardas*, de modo que as diretorias de segurança e disciplina consomem boa parte de seu tempo em criar estratégias para diminuir este *trânsito*.

No caso das atividades educacionais, não é incomum que os diretores desloquem todos os presos que vão à escola para um mesmo *raio*, o mesmo ocorrendo com os *monitores de educação*. A estratégia possibilita à diretoria de disciplina maior controle sobre quem sai dos *raios* para a escola e permite aos agentes de segurança penitenciária uma rotina menos laboriosa de abertura, contagem, tranca e trânsito dos presos entre o *raio* e o pavilhão escolar.

Naquela unidade, porém, os alunos estavam distribuídos por todos os raios e, nesse caso, as dificuldades eram geradas por uma prática administrativa de tratar diferencialmente em cada *raio* as regras de *trânsito* pela unidade. Como consequência, instaura-se uma dinâmica de convivência entre os presos que é oposta ao próprio discurso da "reintegração social", uma vez que "ir à escola" se impõe como uma restrição a mais no *convívio* da prisão.

Modelo semelhante ao das compactas é o chamado "espinha de peixe".[11] Construídas ao longo dos anos 1990, essas unidades se caracterizam pela amplitude de seus espaços, de modo que ao adentrar a galeria central, que também

---

11   O nome "penitenciária compacta" é utilizado oficialmente pela SAP. Os demais termos são extraídos da vivência no campo e são utilizados por diretores, funcionários e presos para denominar os modelos arquitetônicos.

dá acessos aos pavilhões, a vista não alcança o *fundão da cadeia* (onde ficam as celas de *castigo*).

Em termos de estrutura física, as unidades deste modelo apresentam as melhores condições para oferta das atividades de trabalho e educação. Há grandes pavilhões para oficinas de trabalho, um pavilhão escolar formado por cinco salas de aula, uma biblioteca e sala dos professores, parlatório para atendimento jurídico e psicossocial e ala hospitalar. Após as rebeliões de 2006, muitas destas unidades foram subdivididas e os antigos três raios foram transformados em seis, ampliando o número de vagas que era de cerca de 800 para aproximadamente 1.200 presos.

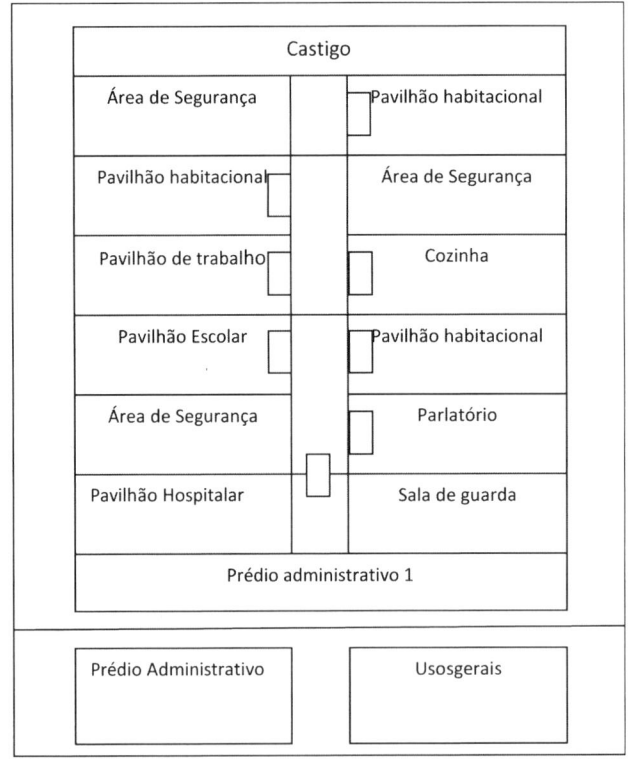

Figura 2: desenho livre de uma Penitenciária "espinha de peixe".

No entanto, decorre da localização da escola, que está no centro longitudinal da *radial*, um dos mais recorrentes argumentos dos diretores para dificultar seu funcionamento, qual seja, a hipótese de uma *tomada da cadeia*[12] se iniciando

---

12   Conforme indica Biondi (2010) tomar a cadeia representa "neutralizar os funcionários".

simultaneamente durante o trânsito dos presos dos pavilhões dianteiro e do *fundão* para os locais de trabalho e escola. Por isso, há uma vigilância redobrada sobre as atividades que ocorrem no pavilhão escolar.

Um terceiro modelo é o que se chama "cruz", em razão de ser dividido em quatro pavilhões habitacionais, que formam um "x". Nessas unidades, que foram inauguradas no final da década de 1990, cada pavilhão possui um galpão para oficinas de trabalho e uma ou duas salas de aula no piso superior. Os raios são separados por uma galeria de distribuição, que corresponde ao centro do "x" e onde fica a cozinha. A capacidade é para 792 presos.

Se numa penitenciária compacta a ida dos alunos à escola exige a abertura das *trancas* para a liberação de presos de oito raios, e no caso das espinhas-de--peixe, três ou seis raios, no caso das penitenciárias em "cruz", como as salas de aula são no próprio pavilhão habitacional, dispensando o *trânsito* de presos pela cadeia, sua localização exige a presença de ao menos um agente de segurança em cada espaço escolar, gerando outros riscos e preocupações referentes à possível rendição destes funcionários em eventuais motins.

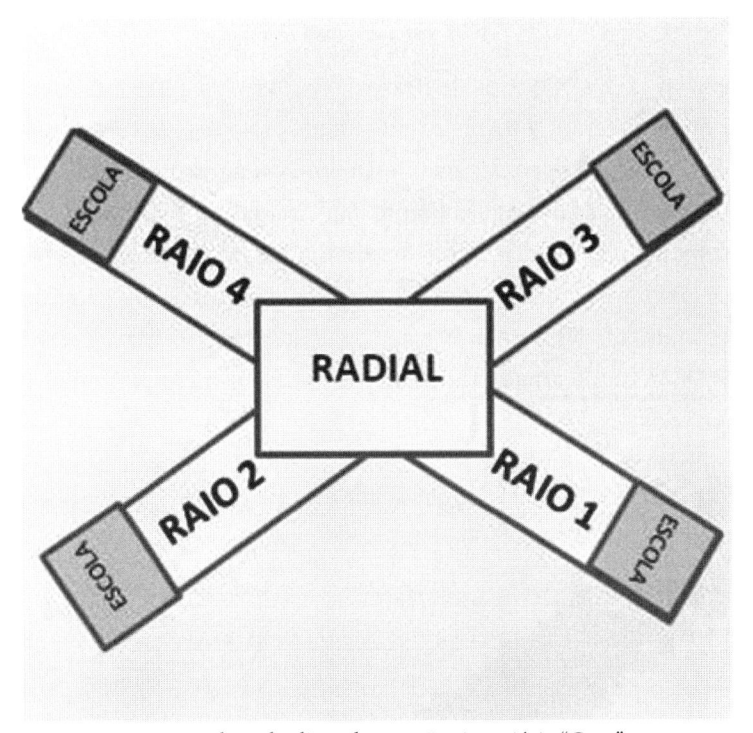

Figura 3: desenho livre de uma Penitenciária "Cruz".

Outro modelo comum, de unidades construídas em diferentes períodos da história, é o chamado "cadeia pública". Trata-se de um único prédio para habitação, com espaços improvisados e reduzidos para atividades de educação e oficinas de trabalho, geralmente dentro de algum dos pavilhões. Essas unidades se subdividem internamente em dois pavilhões, muitas vezes sem contato entre o lado esquerdo e o lado direito do prédio. Sua capacidade é para 500 presos.

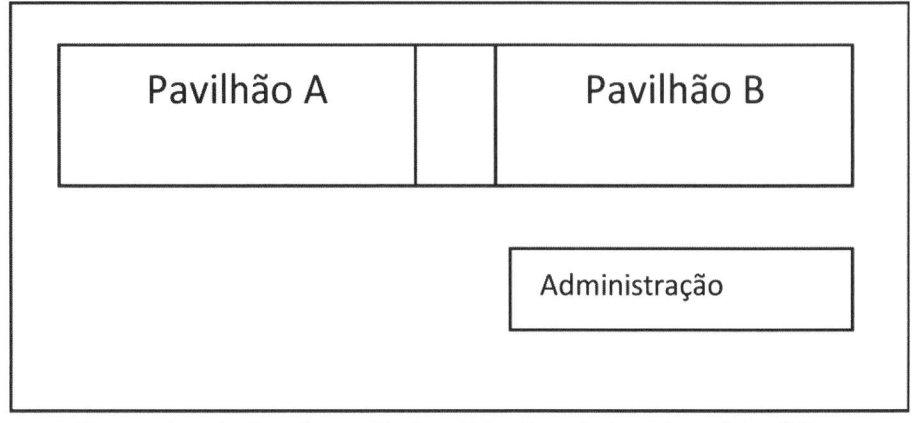

Figura 4: desenho livre de uma Penitenciária adaptada de antiga cadeia pública.

A arquitetura dos "Centros de Ressocialização" – CRS – caracteriza as ambiquidades que marcaram a primeira metade dos anos 2000. Construídos como unidades de pequeno porte, os CRS destinam-se a abrigar cerca de 210 presos, divididos em três alas contíguas, em forma circular, formando ao centro uma área de convívio para os dias de visita. Embora concebidos como proposta diferenciada para a "ressocialização" dos presos, tais unidades não comportam espaços para atividades escolares e seus galpões para oficinas de trabalho são reduzidos. A oferta de atividades escolares se dá por meio do improviso de espaços e horários.

Há também os Centros de Detenção Provisória.[13] Com arquitetura que caracterizaria o abandono da perspectiva "humanizadora" das prisões,[14] os CDPS

---

13   Um croqui de CDP pode ser encontrado em Biondi, 2010.

14   Tanto os CRS como os CDPS têm na gestão Nagashi Furukawa (1999-2006) seu momento de criação e expansão. Ao passo que os CRS foram anunciados como política inovadora e humanizadora de gestão penitenciária, os CDPS são compreendidos como "depósitos de presos", evidenciando a convivência, dentro do Estado e de uma mesma gestão política e administrativa, de práticas punitivas distintas e supostamente antagônicas (Silvestre, 2012).

são formados unicamente por celas habitacionais, projetados para abrigar aproximadamente 580 presos. Não há espaços para oficinas de trabalho nem para atividades de educação.

O Estado possui ainda unidades de regime semiaberto, que são construídas ou como anexos de alguma outra unidade prisional, ou como Centros de Progressão Penitenciária.

Por fim, há unidades, sobretudo na capital paulista, que possuem arquiteturas bastante diferenciadas, especialmente por terem sido construídas nas décadas iniciais do século XX.

A preocupação constante com a segurança gera outros desdobramentos para as atividades escolares. Em geral, os diretores de segurança e disciplina se referem à escola como o principal local para articulação política dos presos. Os instrumentais utilizados pela Funap para registro das atividades escolares acusam que a maior parte das ocorrências de suspensão de aulas se dá por "determinação da diretoria", o que pode representar tanto a ameaça de motim na unidade, como a queima de uma lâmpada no pavilhão escolar, ou, ainda, a realização, nas salas de aula, de outras atividades não relacionadas com o programa educacional.

Entretanto, muitas vezes cheguei a unidades prisionais onde as aulas estavam suspensas, mas as oficinas de trabalho funcionavam normalmente. Mais que o receio de qualquer ação dos presos contra a administração do estabelecimento, o que tais eventos evidenciam são, por um lado, uma diferença valorativa – tanto dos diretores como dos presos – quanto à importância da educação e do trabalho[15] e, por outro, um interesse explícito pela manutenção de qualquer atividade laboral.[16]

Em conversas com diretores de unidades prisionais de diferentes regiões do estado, o assunto acerca da dinâmica de liberação e tranca dos presos para as

---

15 Alguns trabalhos apontam que a educação, para a maior parte dos diretores de presídios, é percebida como "privilégio" para alguns presos; por outro lado, o Censo Penitenciário realizado pela Funap, em 2002, apontou que numa escala de importância os presos sinalizavam como maior necessidade a assistência judiciária, seguida da oportunidade de trabalho e, finalmente, a oferta de ações educativas. No primeiro caso, veja-se, por exemplo, Carreira, 2009; para o Censo Penitenciário, www.sap.sp.gov.br.

16 Toda oferta de vaga de trabalho nas unidades prisionais desperta interesse na administração dos presídios porque, além de "ocupar o tempo e a cabeça" dos presos e de lhes gerar recursos mínimos para aquisição de itens pessoais, gera recursos para o pagamento do chamado MOI, isso é, a mão de obra indireta, que trabalha para a própria unidade prisional, conforme mencionado em nota anterior.

atividades de educação e trabalho surgiam com frequência. Não menos frequentes eram os relatos sobre a ordem de soltura dos presos para estas atividades: trabalho, atendimentos (jurídico, psicossocial, médico etc.), escola. Também recorrente era o meu questionamento[17] quanto à posição da escola nesta ordem de soltura, ao que recebia, invariavelmente, respostas que buscavam atribuir irregularidade à sequência: "nem toda unidade é assim", "nem sempre é assim, depende do guarda que está no plantão", "ah, mas isso depende do número de pessoas que saem, muitas vezes a gente solta antes a escola", são respostas comuns.

Percebe-se que, embora haja procedimentos formais a nortearem as decisões dos dirigentes das unidades prisionais, como a legislação referente à oferta de educação nas prisões, as resoluções e portarias da Secretaria de Administração Penitenciária e da Funap, em cada unidade prisional há dinâmicas específicas que, no entanto, convergem para a primazia da contenção. Como afirma Lourenço (2007: 60 - 61),

> O limite para a flexibilização ou não das ações no interior das prisões não é bastante claro, pois é possível ver experiências bastante diversificadas nas unidades prisionais. Entretanto, parece obedecer a uma lógica ligada muito mais às percepções pessoais dos trabalhadores nessas instituições em relação aos prisioneiros, assim como às suas experiências de vida e de trabalho no interior delas. (...)
> Seja como for, parece que existe uma nítida superposição das ações de segurança e disciplina em detrimento de outras tarefas e atividades no interior das prisões, e as prisões não conseguem se libertar de sua característica original.

Em agosto de 2011, durante reunião com diretores de unidades prisionais das regiões de Campinas e Sorocaba, surgiu um relato diferente. R(a[18]) declarou que "tem de liberar antes o trabalhador e só depois o vagabundo". O relato do dirigente chamou-me atenção.[19] Eu insisti em entender melhor essa forma de ver a rotina:

---

17 Está claro que aqui as interações são entre gestores públicos: uma vez que minha participação nestas interações representa o esforço pelo fortalecimento das ações educativas nas prisões paulistas, os diretores de unidades prisionais buscarão dar respostas que justifiquem "as dificuldades" que eles encontram para operacionalizar tais ações.

18 Trata-se do mesmo diretor citado anteriormente.

19 Opera aqui o deslocamento entre os "olhares" do "superintendente" e do "pesquisador". Nosso diálogo se deu num contexto de interação entre gestores de políticas penitenciárias; no entanto, somente me manifestei após ouvir a fala do diretor e, ao invés de questioná-lo quanto a

> Se você não soltar o cara pra trabalhar, o preso fica ali na frente esperando, não tem essa de estudar, porque pra ele, ele fica ali falando *eu vou trabalhar, agora eu sou trabalhador*. Então pra mudar a escola vai ter de antecipar... aí os preso reclama, aí o empresário reclama, aí vai atrasar no almoço, porque pra eles, eles querem mostrar que não são vagabundo. Se não for assim, o próprio preso que trabalha se sente diminuído, porque aí ele fica igual a qualquer vagabundo que não faz nada (R(a), diretor geral de unidade prisional; Campinas, 10 de agosto de 2011).

A prática administrativa, segundo o relato do diretor, se coaduna com uma visão que tem no trabalho a força motriz da "recuperação" do criminoso.[20] E também essa visão exerce influência direta nas identificações que atravessam a posição do *monitor preso de educação*, vindo se somar aos dispositivos de controle da *rapaziada*, da Funap e dos *polícia*, às rotinas da "segurança e disciplina" e aos impedimentos e particularidades de cada modelo arquitetônico.

Dessa forma, a posição privilegiada do *monitor preso de educação* é ao mesmo tempo uma das posições mais subalternas das relações sociais estabelecidas dentro das muralhas, reforçando o caráter de reprodução institucional da prisão, que propaga o discurso da "reintegração", mas prioriza a contenção dos corpos e a punição dos indivíduos.

Assim, os relatos dos *monitores presos*, as declarações de diretores de presídios e as declarações de funcionários da Funap indicam as ambiguidades entre o protagonismo e a diferenciação ocupada por estes presos e seu trânsito por ambientes de tensões entre as ações de "reintegração social", a predominância da ação punitiva nos estabelecimentos penais e os mecanismos de controle do Estado e da *rapaziada*.

Tanto as relações predominantes no interior das unidades prisionais, como as práticas administrativas decorrentes das diferenças arquitetônicas, quanto, enfim, a hierarquização valorativa que é atribuída aos campos do trabalho e da

---

ordem de liberação dos presos para as atividades cotidianas de trabalho, atendimento e educação, com a questão usual "por que soltar nesta ordem", a qual já denota minha posição de representante da Funap, solicitei-lhe que me explicasse como era a rotina da soltura: "quem chama os presos? E quando chama, chama primeiro quem vai trabalhar ou vai chamando todo mundo junto?" (Caderno de campo, 19 de agosto de 2011).

20 Reproduz-se, também no contexto prisional, a dicotomia trabalhador x bandido, que marca a própria formação urbana brasileira (Chalhoub, 2012) e que é tão bem conhecida nas periferias (Feltran, 2008a; dentre outros).

educação,[21] colocavam o *monitor preso* como figura ao mesmo tempo emblemática do investimento estatal pela "reintegração social" dos presos e, por outro lado, como elemento fragilizado pelas dinâmicas de controle e vigilância proeminentes no cotidiano da vida nas prisões.

Na seção seguinte descrevo como, a partir de 2010, estas ambiguidades extrapolam o campo de atuação da Funap, se institucionalizam na estrutura oficial do Governo de São Paulo e engendram disputas pelo controle da administração política da educação nas prisões, postulada como um dos eixos centrais para a melhoria do "tratamento penitenciário" nos estabelecimentos penais brasileiros.

---

21   Essa valoração diferencial existe na própria Funap. Enquanto os monitores presos de educação recebiam remuneração de ¾ do salário mínimo, que corresponde à menor remuneração prevista pela LEP, os trabalhadores presos que atuam nas oficinas de produção da Fundação recebem a mesma remuneração durante o período em que são considerados "aprendizes", podendo dobrar a remuneração recebida quando chegam a "Oficial". Ao *monitor preso* era exigido o ensino médio completo e sua função exigia estudo e aprimoramento contínuos. Aos trabalhadores das oficinas não se exige escolaridade e a aprendizagem requerida é apenas instrumental, voltada para o exercício específico de tarefas repetitivas.

O "tratamento penitenciário" e as ambivalências do "controle do crime": o programa de educação nas prisões em disputa

Em 2005, os Ministérios da Justiça e da Educação iniciaram uma articulação conjunta para mobilizar os Estados e a sociedade civil com vistas à promoção da educação nas prisões e à regulamentação de sua oferta. Por meio de ações institucionais, da realização de encontros nacionais e estaduais e do financiamento de projetos em alguns estados, esta articulação culminou com a aprovação de duas Resoluções Normativas, a Resolução nº 03 de 2009, do Conselho Nacional de Política Criminal e Penitenciária e a Resolução nº 02 de 2010, do Conselho Nacional de Educação.

Ambos documentos têm como propósito a institucionalização de parâmetros para a oferta de educação nas prisões brasileiras. Dentre estes parâmetros, a obrigatoriedade desta oferta por meio das Secretarias Estaduais de Educação e a necessidade de dotar os sistemas de ensino na prisão de profissionais do quadro do magistério.

Seguindo trajetória distinta a este movimento, o Estado de São Paulo, por intermédio da Funap, ampliou consideravelmente o uso de *monitores presos* para a execução de seu programa de educação. Embora repleto de contradições, como se verá adiante, este papel institucional foi decisivo para a disseminação, nas relações prisionais, desta nova *posição*. O gráfico abaixo ilustra esse crescimento:

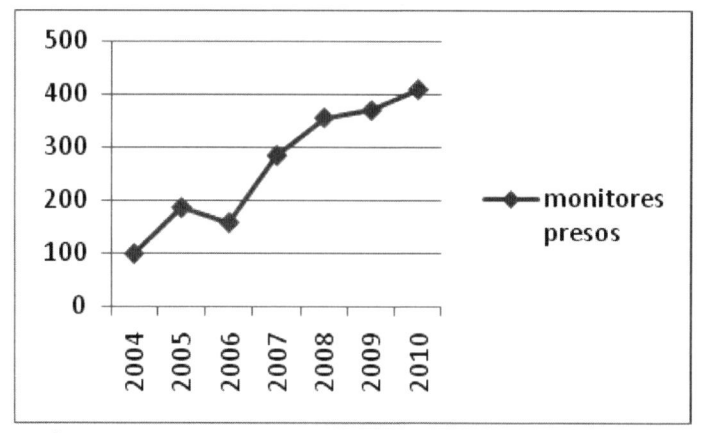

Gráfico 1: crescimento no número de monitores presos. 2004 a 2010.[1]

Em abril de 2011,[2] o total de presos atuantes no programa da Funap era de 482 monitores, cuja escolaridade dividia-se conforme o gráfico abaixo:

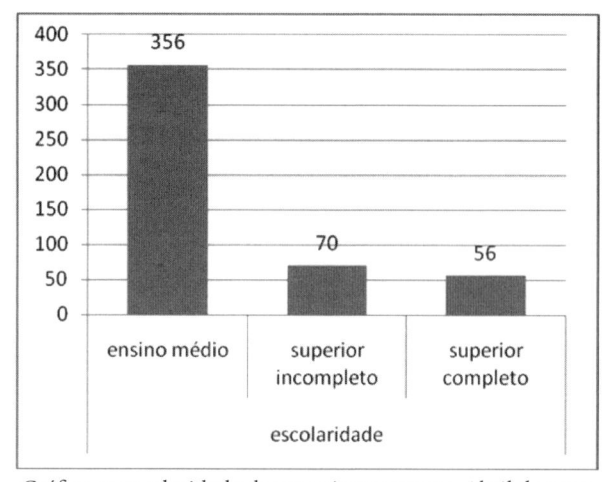

Gráfico 2: escolaridade dos monitores presos. Abril de 2011

1   Observa-se queda no número de monitores presos apenas em 2006, quando muitas escolas foram paralisadas em decorrência das rebeliões promovidas pelo PCC.

2   O número de monitores variava a cada mês, em decorrência de desligamentos e novas contratações. Os gráficos ilustram um recorte temporal específico, porém o que se percebia empiricamente é que não havia variações significativas do perfil de escolaridade, uma vez o que critério-chave para a seleção dos monitores presos era a escolarização básica completa (ensino médio). Em agosto de 2011, período de fechamento dos dados aqui utilizados, havia 594 monitores presos, sendo 540 homens e 54 mulheres. Ressalte-se que não havia uma sistemática de atualização dos dados de escolaridade e de tempo de serviço dos monitores presos; o único dado identificado mensalmente pela Funap era o quantitativo de presos atuando como *monitores de educação*, daí a opção pelo recorte temporal até agosto de 2011.

Quanto ao tempo em que ocupavam a posição, observa-se grande rotatividade:

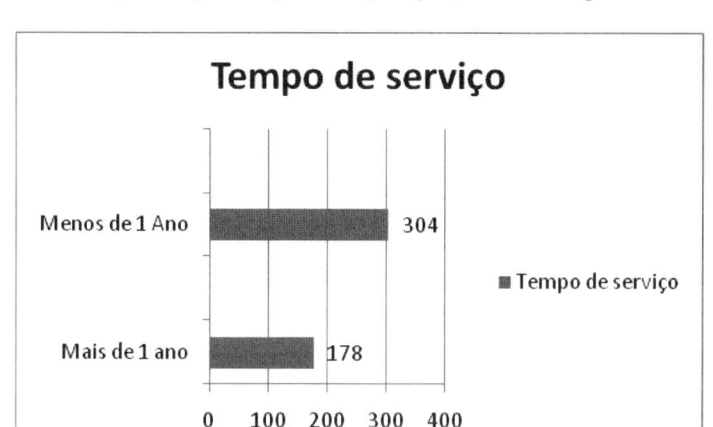

Gráfico 3: tempo de serviço dos monitores presos. Abril de 2011.

No entanto, se a pesquisa de campo apontava para a distinção dos *professores* no seio das relações estabelecidas nos presídios paulistas, alguns dados objetivos indicavam o sucateamento daquilo que fora proposto pela Fundação e que estava consubstanciado em seu projeto político-pedagógico enquanto estratégia de promoção da "reintegração social": assim, ao mesmo tempo em que há um crescimento vertiginoso no número de *monitores presos*, a Fundação abandona, paulatina e constantemente, a realização de encontros de formação e a alocação de profissionais de educação[3] para coordenação pedagógica dos grupos de *monitores presos*, itens previstos em seu projeto político-pedagógico. Por seu turno, a diretora executiva da Funap declara em diversas ocasiões que a opção pelo *monitor preso* constitui uma alternativa economicamente interessante: "precisar ter um professor licenciado em cada sala de aula seria um desperdício de dinheiro público".[4]

---

3   Os educadores da Funap são concursados como monitores de educação básica, tendo como atribuição o planejamento e execução de aulas de ensino fundamental. À época de implantação do projeto "Tecendo a Liberdade", a diretoria da Funap indicou que iria designar uma macro-atribuição aos monitores, acompanhada de gratificação salarial para o exercício da função de monitor orientador. A macro-atribuição, que permitiu aos monitores exercerem outra função, foi publicada por meio de Portaria interna da Funap. A gratificação nunca foi concretizada. Sentindo-se, nas palavras de alguns monitores, "usados pela Funap", muitos educadores optaram por voltar à função original, o que levou a Fundação a contratar estagiários de cursos superiores para o exercício da função de monitor orientador.

4   Entrevista de Lucia Maria Casali de Oliveira concedida à Revista Carta Fundamental, nº 22, Outubro de 2010, p. 35.

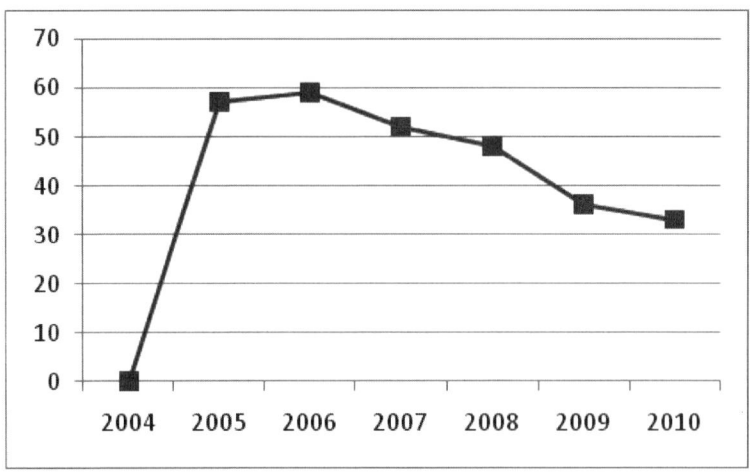

Gráfico 4: monitores de educação da Funap que coordenam os grupos de monitores presos – 2004 a 2010.

A opção, portanto, pelo monitor preso, passa a ser, segundo a direção da Funap, uma opção econômica para barateamento de seus investimentos num programa de educação, deixando de constituir um investimento pela "reintegração social" das pessoas em privação de liberdade. Esta visão, no entanto, se contrapõe ao valor que, no diálogo com educadores e alunos das unidades prisionais, percebi ser dado aos *monitores presos*, indicando que a visão do corpo diretivo não correspondia às relações estabelecidas no interior dos estabelecimentos penais. Por outro lado, os *monitores presos* passam a sentir os reflexos dessa precarização:

> A gente se sente meio abandonado sem ter o orientador aqui pra nos auxiliar. Eu até tento seguir o livro, mas fico sem saber o que fazer com a rotatividade dos alunos. Um monitor orientador poderia me ajudar a planejar melhor as atividades e entender como usar o material (Denis, monitor preso de unidade da coordenadoria central.)
>
> *Caderno de campo, novembro de 2010*

A questão toma nova dimensão com as decorrências impostas pela legislação federal que passa a normatizar a oferta de educação nas prisões, sobretudo a Resolução do Conselho Nacional de Educação. Como decorrência da obrigatoriedade de regulamentação dos programas estaduais de educação nas prisões, o Governo do Estado de São Paulo publica, em 02 de março de 2011, o Decreto 56.800, instituindo "Grupo de Trabalho para desenvolver estudos e propor políticas e ações voltadas para a educação no Sistema Prisional do Estado de São Paulo".[5]

O grupo de trabalho é nomeado por meio de Resolução do Gabinete do Secretário da Casa Civil, publicada em Diário Oficial no dia 22 de março de 2011 e conclui suas atividades num prazo de trinta dias, conforme determinado pelo Decreto de sua criação. Os trabalhos, apressados, apontam para um modelo de oferta de educação que mantém o *monitor preso* como sujeito indispensável para a execução de atividades educacionais nos presídios paulistas.

Em termos gerais, o modelo, denominado "Educação presencial distribuída", propõe a oferta de atividades educacionais em salas de aula regidas por *monitores presos*, sendo que estes ficam subordinados pedagógica e hierarquicamente a educadores da Funap, os quais, por seu turno, são subsidiados por conteúdos e metodologias desenvolvidos por grupos de professores ligados à Secretaria de Educação. O modelo busca aliar educação presencial com orientações pedagógicas remotas aos *monitores presos*, utilizando-se de ferramentas da educação à distância. Diz o relatório:

> As atividades educacionais dos detentos serão realizadas pelos Professores da FUNAP de forma diária e presencial nas salas de aula de cada Unidade Prisional, com apoio dos Monitores Presos. As turmas de estudo serão compostas de até 25 alunos com o acompanhamento de um mesmo Monitor Preso. Para as turmas de alfabetização o máximo de alunos em cada turma deverá ser de 15 alunos.
> Cada Professor da FUNAP poderá dedicar-se a um máximo de seis turmas. Cada Monitor Preso poderá dedicar-se a um máximo de duas turmas, uma em cada turno de estudo (Vogt, *et al*, 2011: 12).

O relatório expressa ainda o fruto de um jogo político presente no bojo do governo paulista: a proposta de criação da EVESP – Escola Virtual de Programas Educacionais do Estado de São Paulo, que tem como finalidade original oferecer suporte ao Programa de Educação nas Prisões.

Instituída pelo Decreto 57.011, de 23 de maio de 2011, a EVESP foi concebida por um grupo liderado pelo Prof. Carlos Vogt, ex-secretário de Ensino Superior do Governo de José Serra (2009 a 2010) e assessor especial do

---

5   Diário Oficial do Estado de São Paulo. Seção 01, p. 01, volume 121, nº 42, de 03 de março de 2011.

Governador Geraldo Alckmin. Trata-se de um grupo que pensa políticas de inovação, em contraponto ao perfil conservador das Secretarias de Educação e da Administração Penitenciária.

Seguindo o modelo da Univesp – Universidade Virtual do Estado de São Paulo, também criada pelo prof. Vogt, o lançamento da EVESP se insere num projeto político que tem como finalidade instituir uma Fundação Pública voltada para a oferta de educação à distância. O projeto, porém, gera um conflito de responsabilidades com a Secretaria de Educação, uma vez que compete a este órgão a gestão e operacionalização de quaisquer programas de educação básica. Assim, ao publicar o Decreto de maio de 2011, o Governo instituirá a EVESP como um Programa ligado à Secretaria de Educação e subordinado à Coordenadoria de Gestão da Educação Básica. A Fundação do Prof. Vogt será posteriormente instituída como "Fundação Univesp", cujo projeto de lei, de número 264/12, foi aprovado pela Assembleia Legislativa em 19 de junho de 2012, confirmando a força política deste grupo.

Também como resultado do Grupo de Trabalho, após aprovação de seu relatório final pelo Governador de Estado, foi publicado o Decreto 57.238/2011, instituindo o PEP – Programa Estadual de Educação nas Prisões do Estado de São Paulo. Tal Decreto foi anunciado pessoalmente pelo então Governador Geraldo Alckmin durante a inauguração da Penitenciária Feminina de Tupi Paulista, no dia 17 de agosto de 2011. O Decreto define que "a educação nos estabelecimentos penais será presencial e ministrada, preferencialmente, com metodologias baseadas no uso intensivo das tecnologias de informação e de comunicação" (Diário Oficial de São Paulo, 2011(b)), afirmando ainda que "a Univesp – Universidade Virtual do Estado de São Paulo prestará orientação acadêmica e metodológica, em seu campo de atuação, para a execução do PEP".

O choque de interesses toma, então, ares oficiais: por um lado, a Secretaria de Educação, órgão responsável legalmente pela oferta de educação básica e pela oferta de programas de aprimoramento do quadro do magistério paulista.[6] Por outro, a Univesp, aparecendo no Decreto como responsável pela orientação acadêmica e metodológica para execução do PEP. Nos meandros da disputa, um programa recém-criado e em busca de definições institucionais – a EVESP –; uma

---

6   A Secretaria de Educação possui um órgão específico para este fim, a Escola de Formação e Aperfeiçoamento do Professor. Disponível em: www.escoladeformação.sp.gov.br. Acesso em: agosto de 2011.

Fundação com acúmulo histórico sobre o tema "educação nas prisões", mas com uma gestão que relega a este programa uma importância minoritária; dezenas de educadores que desconhecem seu futuro profissional – os monitores do quadro da Funap –; *monitores presos* e alunos que desconhecem como funcionarão as escolas nas unidades prisionais.

A posição institucional do *monitor preso* está, nesse momento, fadada à extinção: nos gabinetes onde se tomam as decisões e onde se desenrolam as disputas políticas, pouco se sabe sobre o sentido desta *posição* nas teias de relações existentes no interior dos presídios paulistas. Em disputa, a simbologia do poder de ser responsável pela "reintegração social" de mais de 180 mil homens e mulheres em privação de liberdade.

PROPOSTA DE INSTITUCIONALIZAÇÃO DO MONITOR PRESO NA ESFERA OFICIAL DO GOVERNO DE SÃO PAULO

Paralelamente às decisões oficiais publicadas em decretos, equipes da Secretaria de Educação e da Funap continuam se reunindo para dar organização aos procedimentos necessários à implantação do PEP.

Ainda em 2011 são realizados quatro encontros regionais, reunindo educadores da Funap e dirigentes do sistema prisional de todo o estado de São Paulo. Em julho de 2012, a mesma estratégia é utilizada, com o intuito de discutir junto aos operadores das unidades penais as diretrizes para execução do PEP. Dentre os principais apontamentos realizados pelas equipes dirigentes estão a manutenção do *monitor preso*, tido "como elo entre a escola e a população carcerária e entre a escola e os outros espaços da prisão",[7] a gestão operacional do PEP pela Funap, a melhoria na infra-estrutura material, física e de recursos humanos e a composição de matriz curricular que integre educação presencial e atividades extraclasses.

Tais propostas subsidiam o que será definido no campo político. Em setembro de 2011, os Secretários da Educação e da Administração Penitenciária, acompanhados pela Diretoria Executiva da Funap e respectivas equipes técnicas, reúnem-se para tratar do assunto. Na ocasião, define-se que a Fundação permanece

---

7   A definição consta em "Relatório síntese dos colóquios regionais", elaborado pelas equipes da SEE e da Funap. Cópia em arquivo pessoal ou na Funap.

à frente da execução do PEP, sendo subsidiada pela Secretaria de Educação. Neste momento, nem EVESP, nem Univesp, fazem parte do rol de executores considerados pelos Secretários ali reunidos. O ponto principal de discussão é a definição, conforme exigência da Resolução Nº 03 do CNE/MEC, de um quadro de magistério específico para as prisões, o qual, nas palavras do Secretário de Administração Penitenciária, deve ficar vinculado à Funap, "evitando descontinuidades e maiores ônus nos procedimentos de segurança" (Memória de reunião SEE, SAP e Funap, 28 de setembro de 2011. Arquivo pessoal).

A posição do *monitor preso* como agente de articulação do PEP no interior das unidades prisionais parece ganhar força. Relatórios de reuniões, comunicados internos da Secretaria de Educação e da Funap e uma proposta preliminar de um novo projeto político-pedagógico[8] para educação nas prisões paulistas apontam-no como uma "figura importante no processo educativo, por conhecer e viver o contexto" (Secretaria de Educação de São Paulo, 2012), além de representar

> uma possibilidade de melhoria na qualidade de suas vidas [pois] ao se envolverem com a docência [os presos] passam a refletir sobre suas vidas a partir dessa experiência (...) Tomando-se por esta perspectiva, no espaço escolar, exercendo a função de tutor, o indivíduo em privação de liberdade, também (re)conquista sua cidadania (Secretaria de Educação de São Paulo, 2012).

A proposta respalda aquilo que fora apreendido por técnicos da Funap e da Secretaria de Educação em diálogos com a população prisional. Como membro deste grupo, apresento às equipes alguns dados colhidos em pesquisa, tal como o relato de um *monitor preso*, no qual surge a perspectiva do exercício desta função como esfera de preparação para a liberdade:

> Prestes a alcançar minha liberdade, olho para traz, e reconheço que somente a educação aliada a pessoas realmente empenhadas em estender a mão àqueles que desejam realmente uma mudança de vida, são capazes de transformar um infrator em um ser humano mais responsável, consciente, melhor como pessoa e cidadão.

---

8   A elaboração do projeto político-pedagógico – PPP – é assessorada pela Profª. Drª. Elenice Maria Cammarosano Onofre, do Departamento de Teorias e Práticas Pedagógicas da Universidade Federal de São Carlos. Pesquisadora do tema, Onofre é contratada pela Secretaria de Educação para acompanhar os encontros e sistematizar suas conclusões, organizando a escrita do PPP.

*Caderno de Campo: Mário, em novembro de 2010, quando
exercia a função de monitor preso de educação em unidades
prisionais do oeste paulista*

As decisões políticas assumidas na reunião entre os Secretários em setembro de 2011 geram importantes desdobramentos. A Secretaria de Educação publica comunicado interno criando as Escolas Tipo 52 – Funap, mecanismo que permite, pela primeira vez na história da educação nas prisões paulistas, matricular os alunos do sistema prisional como alunos oficiais da rede pública de ensino.[9] Dirigentes e supervisores das Diretorias de Ensino passam a ser mobilizados para acompanhar a discussão e para visitar as escolas de unidades prisionais, iniciando um processo de integração entre as Secretarias de Educação, de Administração Penitenciária e Funap.

Na Secretaria de Administração Penitenciária é publicada a Resolução 074/2012, de 04 de abril de 2012, que institui as "diretrizes para implantação do Programa de Educação nas Unidades Prisionais. Dentre os principais avanços propostos pela resolução estão a definição dos períodos de aula conforme exigência legal – 04 horas/aula para cada turma, sendo que até então as aulas ocorriam em períodos de duas horas – e a criação do Grupo de Articulação de Ações de Educação, responsável por mediar o processo de implantação do PEP e por subsidiar o Secretário com informações sobre este processo.

Na Funap, o número de *monitores presos* continua crescendo e em abril de 2012 chega à marca de 624 contratados.[10] No entanto, nenhuma providência é tomada pela diretoria da Fundação para fazer cumprir os demais pontos acertados, sobretudo a necessidade de criação da carreira de magistério para educação nas prisões. Fiel à ideia de que investir em educação para presos é desperdício de dinheiro público, a Diretoria Executiva da Funap permanece imóvel frente à necessidade de dar encaminhamento às decisões daquela reunião de setembro e

---

9   Em algumas unidades prisionais, sobretudo, Centros de Ressocialização, os alunos já eram matriculados na rede oficial, porém como alunos de salas de aula de alguma escola externa, em sistema de suplência. Com a criação das Escolas Tipo 52, todas as salas de aula do sistema prisional passam a integrar a rede oficial de ensino, desde que cumpridos requisitos legais para registro das turmas. Os requisitos são: existência de docente responsável – o monitor de educação da Funap ou algum servidor da SAP com curso superior; existência de alunos e horários de aula definidos.

10   Funap, Relatório Mensal Consolidado, abril de 2012.

obstaculiza qualquer iniciativa de servidores da Fundação que buscam organizar a implantação do PEP.

Prevendo o desgaste político dessa imobilidade da Funap,[11] a Secretaria de Educação questiona, por meio de ofício, quais as providências tomadas pela SAP e Funap para a contratação de professores para o ano de 2013. Em junho de 2012, em nova reunião entre os Secretários de Estado, Diretoria da Funap e equipes técnicas, o jogo ganha uma nova conformação.

Para compreendê-la é necessário um rápido preâmbulo. O Secretário de Administração Penitenciária do período relatado, sr. Lourival Gomes, retornou à SAP/SP no início da gestão do sr. Antonio Ferreira Pinto, que, após as rebeliões de 2006, foi convidado pelo então governador Cláudio Lembo para substituir o então Secretário Nagashi Furukawa. Ferreira Pinto, que empossa Lourival Gomes como Secretário Adjunto, convida também a sra. Lúcia Casali para assumir a Diretoria Executiva da Funap. Ambos são amigos desde o tempo de Ministério Público, onde fizeram carreira. Com histórico profissional polêmico para o cargo que passa a ocupar, a sra. Casali se notabiliza por falas públicas como "preso não aprende mesmo", "tem preso que só botando num paredão", "eu sou contra colocar professoras para dar aula na prisão porque elas vão se envolver com os presos".[12] Em março de 2010 Ferreira Pinto deixa a SAP para assumir a Secretaria Estadual de Segurança Pública de São Paulo; Lourival Gomes torna-se então Secretário de Administração Penitenciária.

O convívio entre o agora Secretário e a Diretora Executiva da Funap é tenso. Quem os acompanha de perto sabe que a permanência da sra. Casali, hierarquicamente subordinada ao sr. Lourival Gomes, deve-se ao compromisso que este possui com seu padrinho político, Antonio Ferreira Pinto. Daí, mesmo estando em xeque por conta do imobilismo de sua subordinada no que tange à educação nas prisões, o Secretário hesita em confrontar-se com a Diretora Executiva.

A tensão entre os dois se evidencia na reunião de junho de 2012 e o Secretário, ao invés de cobrar providências de sua subordinada, resolve alterar

---

11 Desde a publicação da Resolução Nº 03 CEB/CNE de 2010 e, principalmente, do Decreto Estadual 57.238/2011, um grupo de organizações não-governamentais passou a exercer forte pressão sobre a Secretaria de Educação para fazer cumprir a recente legislação sobre educação nas prisões. Manifestos, ofícios e audiências públicas na Assembleia Legislativa foram utilizados como estratégia, obrigando a Secretaria de Educação a posicionar-se em resposta a este grupo.

12 Falas deste tipo são corriqueiras em eventos onde a sra. Casali é chamada a discursar, seja em inaugurações de presídios, seja em palestras ou, até mesmo, durante audiência pública na ALESP.

os rumos de tudo que fora discutido e elaborado no estado de São Paulo desde a publicação da resolução do Conselho Nacional de Educação em 2010.

Diferentemente do que dissera em setembro de 2011, o sr. Lourival Gomes inicia sua fala manifestando o "sonho pessoal de ver professores da rede pública ministrando aulas nos presídios".[13] Todos os presentes se surpreendem com a fala do Secretário, que continua:

> A Funap já mostrou que não tem competência para levar isso adiante. Eu sou cobrado sistematicamente pelo Governador pra por mais aluno em sala de aula e a Funap não consegue me dar uma resposta positiva. Então, se eu não consigo transportar dez quilos, é melhor transportar um só, bem transportado. A Funap não tem o resultado esperado.
>
> *Memória de reunião, 26 de junho de 2012. Arquivo pessoal.*

A cobrança do Secretário era recorrente; os motivos agora apontados, porém, ocultavam outras intencionalidades. Ao longo do período de setembro de 2011 a junho de 2012 muitas foram as mensagens do sr. Lourival Gomes solicitando à Funap informações sobre como ampliar o número de alunos nas salas de aula das prisões paulistas. As respostas incluíam, sempre, a necessidade de regulamentação de horários de aulas – só surgida com a publicação da Resolução SAP 074, em abril de 2012 –, a melhoria das condições físicas e de equipamentos nas escolas, a criação do cargo de professor vinculado à Funap e, sobretudo, a diminuição dos períodos de *tranca*, minimizando as disputas entre os diversos atendimentos oferecidos e alterando as rotinas das prisões para favorecer as ações consideradas como pertencentes ao campo da "reintegração social". Recorrentemente, também, o Secretário afirma que a prisão deve combater o crime organizado e que, portanto, as escolas devem funcionar conforme os preceitos prioritários da "segurança e disciplina".

Conquanto esta visão de prioridade à contenção seja pública e comumente a de maior recorrência, a nova decisão do Secretário esconde outras razões: incapaz de demitir a diretora da Funap, ele resolve desqualificá-la numa reunião em que a política estadual de educação para privados de liberdade estava sendo decidida. Segundo relatos que colhi no mesmo dia, após aquela reunião o sr. Lourival Gomes chegou à sede da SAP vibrando por ter "desmontado a Lúcia

---

13 As citações decorrem de minha presença na reunião. Tomo-as como notas de campo, embora também representem registros pessoais de trabalho.

Casali".[14] A passagem foi repetida, com espanto, por diferentes servidores que trabalham diretamente com o sr. Lourival Gomes. Acomodava-se então um acordo não manifesto: o Secretário demonstrara sua superioridade hierárquica e deixara claro a inoperância de sua subordinada; a Diretora Executiva livrara-se de um "problema" e ficara em dívida com o seu superior.

Contudo, naquele momento o novo cenário não tira de campo a personagem principal da narrativa que aqui possui centralidade: questionados sobre o *monitor preso* de educação, tanto o Secretário de Administração Penitenciária, quanto a sra. Lúcia Casali, bem como o Secretário de Educação, declaram que compreendem tal posição como elemento indispensável para a execução do programa de educação nas prisões paulistas: "o preso ajudando um professor eu acho fundamental, até porque esses presos têm outro perfil e acabam ajudando a manter a ordem", informa o sr. Lourival Gomes. Para a diretora da Funap, "o monitor preso já é uma coisa que está colocada nas prisões e fica difícil dizer para os presos que isso vai acabar". O sr. Herman Voowald, Secretário de Educação, diz que tem "ouvido da equipe da SEE ótimas referências sobre o trabalho desses presos" e que não vê nenhum problema em usá-los como monitores.

Dessa forma, conquanto a reunião possua significados diversos e consequências diferenciadas para os órgãos envolvidos na questão,[15] mantém-se a proposta de continuidade da *posição* do *monitor preso* de educação, situação que alterar-se-á a partir de 2013 (conforme mencionado à nota de rodapé 10).

---

14   No mesmo dia da reunião, ocorrida em 26 de junho de 2012, foi realizada a primeira reunião do Grupo de Articulação de Ações de Educação, instituído pela Resolução SAP 074 motivo pelo qual eu estive na sede da SAP, quando ouvi os relatos acerca de sua satisfação por ter desqualificado a diretora executiva da Funap.

15   Descrevendo a "Cultura do controle", Garland enfatiza tratar-se de um campo "composto por uma multiplicidade de agências, práticas e discursos diferentes e [que] se caracteriza por várias políticas e práticas, algumas das quais bem contraditórias entre si" (Garland, 2008: 365). Aquela reunião marca um "acordo de cavalheiros" entre os Secretários da Educação e da Administração Penitenciária: ambos, ao representarem seus papéis de agentes do Estado, encenam a responsabilidade com a defesa do direito das pessoas presas à educação e encerram a reunião com o compromisso de tornar público, por meio de um comunicado conjunto, as novas decisões. Até o momento de conclusão deste texto, em outubro de 2012, nada fora oficialmente publicado. Por outro lado, ambos Secretários admitem, extra-oficialmente, terem tomado uma decisão que lhes trará problemas. Para o Sr. Lourival Gomes, significa criar mecanismos para "abrir a cadeia para gente de fora", segundo relato de uma assessoria do Secretário (Caderno de Campo, setembro de 2012). Para o Prof. Herman Voowald, significa ter de ampliar o quadro de professores da SEE, num momento em que se repetem denúncias e reclamações acerca da falta de professores nas escolas da rede pública.

De um sujeito privilegiado para a promoção da "reintegração social", tal como previsto inicialmente no "tecendo a liberdade", *o monitor preso* passa a ser compreendido como elo entre a administração penitenciária e a população prisional. Sem assumir, o Estado reconhece a partilha de sua gestão nas prisões. Outras são as posições que participam desta partilha. O *monitor preso* é, no entanto, a categoria da qual emerge, em princípio, o sujeito de pesquisa deste trabalho.

III

Egressos prisionais: dois interlocutores

O repórter diz: trinta e três mil jovens vão morrer assassinados nos próximos quatro anos. Imagino um policial abrindo fogo contra eles. Os pretos. Executados pelas costas, imagino. Os pobres. Vejo a massa encefálica grudada na parede onde ocorre a matança. E as bordas do ferimento. O repórter diz: os mortos, seguindo as estatísticas, serão negros e pardos. Alguém terá que lavar as calçadas, eu penso.

Patrícia Melo, *Ladrão de cadáveres*

"A escolha"

Primeira semana de abril de 2011. Quarta-feira, por volta das quatro da tarde. O odômetro do carro mostra 1.472 quilômetros rodados. Três dias, seis cidades. Na estrada, ligo para o número que me fora enviado por email. "Em dez minutos chego aí; onde te encontro?". Mário saíra da prisão há duas semanas. Liberdade condicional. Cumprira pena em regime fechado e semiaberto. Tráfico internacional.

Os vidros do carro fechados, o ar-condicionado na potência máxima. Chego ao estacionamento de um supermercado e o avisto. Blusa de linha bege, manga comprida. O traje se presta a ocultar os braços, que ao longo dos anos de prisão foram se enchendo de tatuagens. "Entra aí, vamos até o escritório da Funap". Logo que entra no carro, toca o celular. Mário tira do bolso um Smartphone Samsung, última geração. "Já encontrei com ele, fica tranquila. Depois eu te ligo". E depois, falando comigo: "Era minha esposa".

Eu recebera seu primeiro email no dia 29 de março. A mensagem, que indicava falta de hábito no uso da internet, viera escrita no campo "assunto": "Bom dia Felipe, é o Mário, já estou em liberdade e gostaria que se possível você entrasse em contato comigo, meu telefone é... tim, um abraço". Pelo telefone combinamos que nos encontraríamos naquela quarta-feira. Era uma etapa a mais de uma viagem que tivera como primeiro destino a cidade de Osvaldo Cruz, onde eu fora avaliar a dinâmica de realização das atividades escolares oferecidas na Penitenciária daquele município.

Os esforços de uma semana inteira de viagens, por rodovias, climas e paisagens bastante distintos, se condensam nos momentos de interação com os educadores presos e funcionários da Funap com quem dialogo nas diversas unidades prisionais. Nesses momentos, trabalho e pesquisa se misturam e se tensionam, exigindo um exercício permanente de atenção a mim mesmo. Se, como gestor, faz parte de minhas tarefas dar direcionamento e exercer controle sobre as ações dos educadores, minha participação de pesquisador se desdobra por meio da escuta, da observação e do registro de falas e situações vivenciadas.

Depois de Osvaldo Cruz, Presidente Prudente, Andradina, Mirandópolis, Bauru; Itu e Sorocaba, com partida para São Paulo na manhã seguinte. Chegaria em casa apenas na sexta-feira, quando o gestor e o pesquisador dariam passagem ao pai, marido, amigo. Uma semana intensa, encerrada com churrasco de bacalhau, cerveja e sambas de Cartola, Clementina, Noel Rosa e Chico Buarque.

Caderno de campo, abril de 2011

***

Conforme descrevi anteriormente, o exercício das atividades de gestor de políticas penitenciárias e pesquisador de dinâmicas e relações existentes nas prisões paulistas possibilitou-me vantagens e desafios. A facilidade de acesso aos sujeitos de pesquisa com os quais lidei foi uma das principais vantagens. Foi assim que, pesquisando a trajetória de Diego, encontrei em Mário um grande colaborador.

Filho de classe média do interior paulista, família nuclear: pai, mãe, um casal de irmãos. Mário estudou até a sétima série (Ensino Fundamental), gostava de português e inglês; odiava matemática. Deixou a escola por considerá-la "muito chata", "um lugar pra se perder tempo". Frequentou igreja católica, terreiro de umbanda, assembleia de deus. Mais tarde, por negócio, se converteria ao judaísmo. Hoje não dá importância a nenhuma religião: "rezo pra quem quiser me ajudar, acho que alguém vai atender, não me importa quem".

Já na adolescência Mário começou a trabalhar: office-boy, motorista, jardineiro, almoxarife, massagista. Não se lembra qual a ordem das ocupações, mas gostava de ser massagista. "Aprendi desde cedo que dinheiro é coisa boa", disse-me certa vez.

Nunca fui de muitos amigos, mas tive alguns bons companheiros de truco e tranca. Sempre fui muito ambicioso, este foi meu maior problema, nunca estava satisfeito com o que tinha, ainda hoje sou assim, tento me controlar hoje. Tenho compulsão por compra, isso é difícil controlar. Gosto de coisas boas, morar bem, carro... sempre gostei de bons lugares, bons vinhos, boa musica, boa companhia, sexo, muito sexo. E nunca gostei de me prevenir, odeio camisinha. Idiota e irresponsável.

Mário, Entrevista, outubro de 2011

A notícia da primeira gravidez chega aos dezessete anos; ao dezoito nasce o primeiro dos atuais três filhos: "registrados, porque têm outros por aí que não sei se são meus mesmo". Mário se refere pouco aos filhos e se esquiva de falar das mulheres. Gosta de falar de mulheres e apenas uma vez mencionou que a então atual e as duas ex-mulheres moram na mesma cidade. "Sem confusão entre elas", faz questão de ressaltar (Mário, Entrevista, abril de 2011).

Foi como vendedor que projetou crescimento profissional, ganhos financeiros e viagens. E mulheres.

Trabalhei em algumas grandes empresas, embeleze, nissim miojo e foi nestas empresas que descobri minhas habilidades em negociar. Sou muito engajado no que faço, tenho foco e sou extremamente criativo e motivado. Não espero que [as coisas] aconteçam, faço acontecer. Possuo um alto poder de persuasão, sei disso e às vezes utilizo para conseguir as coisas. E aí comecei a ganhar algum dinheiro. Mas isso me traz outro problema, mulheres, dinheiro atrai mulher, e ai vem filhos. Eu nem ganhava tanto assim, mas esbanjava. Foi nesta época que comecei a gastar muito mais do ganhava, viajava bastante, morava em bons hotéis, daí para frente não quis mais ser pobre.

Mário, Entrevista, outubro de 2011

Mário não era pobre. Sua família vivera o sonho do "milagre econômico" e acreditara no trabalho como o caminho para conquistar os sonhos de prosperidade: o carro, a casa e algum lazer. Sem luxo, com muito esforço, o dinheiro satisfazia as necessidades. Mas Mário queria mais:

Nessa época eu frequentava várias festas, em um lugar mais caro que o outro. Era vendedor, mas sempre acompanhava o filho do dono da empresa e ele sempre ia pros camarotes de festa de peão, boates. Só tinha mulher bonita e o cara pagava tudo pra todo mundo. Eu gostava daquilo e queria fazer a mesma coisa.

Mário, Entrevista, abril de 2011

Por "ganância", ele diz, inicia-se um novo período em sua vida, aquele que abrirá as portas para um novo tipo de atividade:

> Tudo começou em meados de 1989, tinha um gol BX, e queria uma BMW, comprei então com umas economias, e também com o prestigio de minha família na cidade onde morava uma adega de vinhos e bebidas. Era pequena, mas transformei-a em uma boa instalação. Foi ai que apareceu uma casa de shows à venda que me deu uma grande ideia, eu iria utilizar agora o prestígio da adega para com fornecedores e iria dar um grande golpe. Comprei a casa de shows com seis cheques sem fundos e divulguei um show com a dupla Chitãozinho e Chororó e As Marcianas, vendi uma quantidade imensa de ingressos, comprei em contrato de consignação ou comodato, tudo em freezers, bebidas, iluminação e instrumentos musicais, tudo para o tal show; um dia antes do suposto show, pedi para que o dono do imóvel fosse buscar um carro importado em Curitiba, e aproveitando da saída do mesmo, encostei 3 carretas para carregar até os fios de energia do prédio, vendi tudo para dois entrujões. Levantei uma boa grana e com ela fui para Campinas e peguei um ônibus rumo à cidade maravilhosa.

Mário, Entrevista, outubro de 2011

Era o início de uma "carreira de sucesso". A expressão é do meu interlocutor. Porém, é possível entendê-la numa perspectiva analítica. Partindo dos estudos sobre ocupações, segundo os quais a carreira se define como a "sequência de movimentos de uma posição para outra num sistema ocupacional", Becker aponta que este conceito pode ser utilizado para estudos das "carreiras desviantes" (Becker, 2009: 35).

Como não se trata aqui de descrever a "carreira" deste interlocutor, vale apenas destacar que ao longo de sua trajetória Mário cometeu crimes que vão de estelionato e apropriação indébita, passando por furto, porte de arma até chegar à prisão por tráfico de drogas. Não se pode dizer que há um movimento ascendente nessa trajetória, mas há intencionalidade. Segundo conta, ao cometer o furto ele está numa situação de urgência e o faz para se livrar de um "aperto":

> sempre fui muito consciente em tudo que fiz, iniciei no trafico de drogas porque sabia que era o meio mais rápido de se ganhar dinheiro. Furto, roubo, esse tipo de crime, não tinham a ver com meus objetivos. Fiz uma vez [um furto], porque precisava de um carro pra fugir.
>
> *Mário, Entrevista, outubro de 2011*

Mário conta que após o golpe da casa de shows, vendeu tudo, "por 200 mil mais ou menos". Botou o dinheiro em duas mochilas e foi pra Campinas. Viação Cometa, ônibus pro Rio de Janeiro.

> Quando desembarquei na Rodoviária Novo Rio coloquei as mochilas no guarda volume e fui até um barzinho ali perto. Tinha um grupo tocando pagode, fiquei ali pensando o que ia fazer, mas quando o pagode ficava morno eu colocava cerveja para eles e a coisa animava de novo. Assim fiquei até quase 11h30, ai uma moça do pagode me perguntou para onde eu ia, disse que procurava um hotel humilde, ela me indicou um em Madureira, mais exatamente em Campinho. Ela me levou até lá, pois estava indo a casa de sua irmã. Ao passar pela avenida Brasil ela me mostrou um motel muito bonito e falou que era o melhor motel do Rio, e que seu sonho era um dia passar uma noite lá. Quando descemos em Campinho ela passou em frente a um pequeno hotel e disse que era aquele. Mas aí ela me chamou e eu fui até a casa da irmã dela almoçar. Mais tarde ela me levou ao hotel e ao chegar lá em frente eu disse que iria realizar seu sonho e iria me hospedar no Champion Motel. Fomos para lá e fiquei com ela três dias. Daí ela me levou para sua casa na Cidade de Deus. Começava ali minha caminhada para o trafico de drogas.
>
> *Mário, Entrevista, outubro de 2011*

A partir dali Mário iniciará uma jornada que o levará a nove países na Europa, ao Oriente Médio, a toda a América Latina. Sua especialidade: elaborar rotas de transporte de cocaína para a Europa. A prisão, pela Polícia Federal, se deu por meio de uma "arapuca", armada numa cidade do interior de São Paulo:

Nunca entrei pra facção nenhuma, não queria me prender a grupos nem estatuto. Dirigi carro em fuga do Comando Vermelho, fui negociar com os Cartéis de Cali e de Medelin, mas sempre agi fora de qualquer *comando*. Tem uma ética nisso aí: você negocia direitinho, entrega o que promete, no prazo certo. Eu nunca carregava nada, só armava a logística. Aí uma vez eu queria *entregar* uma cidade pra um cara *fazer* para mim. Só que o cara foi preso com dois quilos de crack e disse que era de um traficante grande que tava na cidade. A polícia armou uma situação numa padaria: eu cheguei pra encontrar aquele cara e só tinha polícia lá. Aí não tinha como fugir. Eu sempre fugia da polícia antes dela chegar, várias vezes os caras chegaram em algum hotel e eu acabava saindo. Naquele dia não teve jeito, mas deu a maior confusão: eu nunca carreguei droga comigo então os caras me pegaram e não tinha nada. Aí me levaram pra delegacia, puxaram DVC e não tinha nada, porque eu só andava com documento falso. Aí chegou uma delegada do DENARC e me reconheceu. A polícia federal tinha mais de 1200 horas de gravação de conversa minha, mas não sabia quem eu era. Quando aquela mulher apareceu, eu soube na hora: *tô fudido!*

Mário, Entrevista, outubro de 2011

Mário cumpriu nove anos de prisão. Sem faltas graves, sempre trabalhando. Concluiu a educação básica por meio de exames supletivos na prisão. Em 2005 foi selecionado para dar aulas de ensino médio e inglês numa Penitenciária do oeste paulista. Segundo afirmou, nunca *entregou* ninguém, e cumpriu pena sozinho, longe de casa. Queria, conforme anunciou, "ter a opção da escolha ao sair da cadeia". Hoje, afirma, "estou família" (Mário, Entrevista, outubro de 2011).

Passagens de sua vida na cadeia e em liberdade serão retomadas adiante, quando elementos desta "escolha" se fizerem importantes para cruzar sua trajetória com a de Diego.

Mão branca

Anderson integrou a primeira turma de monitores presos que selecionei, lá por volta de 2004. Ex-aluno de Letras numa faculdade do interior paulista, cumpria pena em *cadeia do* PCC. Afilhado de *peixe-grande*, segundo um diretor que, à época, não concordava com sua seleção. Dentre os crimes cometidos, assaltos, furtos, porte de arma. Atos de violência em grupo. Além de todos esses artigos, a acusação não comprovou um latrocínio, mas ao chegar à cadeia em 2003 a *rapaziada* o reconhecia como um cara que matara um *mão branca.*[1] Tinha, então, 25 anos:

> Fui preso um mês após ter matado o PM, que fazia *bico* no ponto que fomos assaltar. O negócio era grande, rendeu 30 mil pra cada um de nós, que éramos cinco. Só que o *polícia* reagiu, trocou tiros e matou um colega meu. Eu estava atrás dele, então quando ele caiu, eu fui pra cima do *mão branca* e dei cinco tiros.
>
> *Anderson, Entrevista, setembro de 2012*

Chegar à prisão tendo assassinado um policial rendeu-lhe *status*.

> Fui logo pro *raio 3* [onde ficam os *presos pesados* daquela unidade] e ganhei uma semana de cocaína, de graça. Aí o *piloto* já chegou e disse que sabia da minha *caminhada* e que ele queria que eu entrasse pra *família*. Eu tava na maior adrenalina com aquilo tudo, porque na cadeia você vale pelo que você faz, pelo que você tem, e aí você consegue um monte de coisa. Então eu tava tendo *pó* à vontade, andava de tênis Nike, camisa Lacoste, tava *considerado*. Quando o (...[2]) falou que eu tinha que entrar pra *família*, fiquei achando que eu era *o cara*.
>
> *Anderson, Entrevista, setembro de 2012*

---

1   A expressão significa que Anderson matara um policial, crime que ele me confirmou ter cometido, mas pelo qual não fora condenado, pois a promotoria não conseguiu comprovar a acusação.

2   Trata-se do *piloto* da cadeia à época, preso proeminente no PCC e na mídia. Por este motivo, omito seu nome, a fim de preservar a identidade de meu interlocutor.

Preso pela primeira vez e recém-chegado à *cadeia*, Anderson se vê "envolvido e empolgado" pela situação e pela posição que ocupa:

> Então veio o batismo: recitei o estatuto do *Comando*, li um juramento, jogaram água na minha cabeça, igual num batismo evangélico. Ali eu prometi lealdade à *família* e prometi que nunca a abandonaria. Assistiram ao batismo um *padrinho*, dois *afilhados* seus, que testemunhavam ali a minha *caminhada*, mais dois *irmãos*. Pelo celular, as *torres* concordavam com o *batismo*. E ouviam tudo.
>
> *Anderson, Entrevista, setembro de 2012*[3]

Agora Anderson era um *irmão*, "membro batizado no PCC" (Biondi, 2010). Nascido na capital paulista e filho de família humilde, Anderson chegara à faculdade no esteio das políticas de incentivo à escolarização superior. Curso particular. Licenciatura no período noturno. Se o crime dera-lhe a chance de conquistar respeito, *status*, dinheiro, roupas e tênis da moda, ele também roubara o sonho de toda a família: ver o filho formado na faculdade. No centro desta trajetória, um problema comum a diversas outras famílias: as drogas.

Anderson é dependente químico: seu vício, a cocaína. Tornou-se usuário acompanhando o padrasto: "ele usava e dizia que eu podia usar, desde que fosse com ele. Só que ele usava muito, o tempo todo, e eu fui entrando na onda. Daí não dei conta" (Anderson, Entrevista, outubro de 2012).

Nessa época, Anderson cumpria alistamento militar obrigatório. "Logo vi que era bom no manejo de armas, montar e desmontar armamento" (Anderson, Entrevista, outubro de 2012). Mas o uso da cocaína tornou-se um problema e Anderson foi afastado do exército a "bem da força pública". Então veio a primeira internação:

> Usava-se muita droga no exército. E eu usava muita droga também em casa. Então fui ficando fora de controle, a cocaína alterna demais, ou eu tava no pico de euforia, ou ficava em depressão. E hoje eu sei que nunca consegui lidar com frustrações. Por isso eu procurei uma clínica na época e foi aí que eu fui parar no interior.
>
> *Anderson, Entrevista, outubro de 2012*

---

3   Para uma descrição detalhada do batismo no PCC, ver Dias, 2011: 252-255.

Paulistano de nascimento, morador da região do Jabaquara, Anderson é levado para uma clínica de reabilitação de dependentes químicos no interior do estado, a cerca de 400 quilômetros da capital. Instituição religiosa: "para eles, a droga não é uma doença, é coisa do demônio" (Anderson, Entrevista, outubro de 2012). A chegada ao interior alimenta o sonho da "recuperação". Seu objetivo: ingressar no ensino superior. Vestibular, aprovação, matrícula.

Durante o curso de Letras, a primeira recaída. "Nessa época, eu trabalhava no Detran, como auxiliar administrativo. Tinha a faculdade e a clínica. Não dava muito certo essas duas coisas, né. Na faculdade rolava muita droga também e eu me juntei com um pessoal pra voltar a usar cocaína" (Anderson, Entrevista, outubro de 2012).

Mais uma vez, o consumo é abusivo. O salário não é suficiente e Anderson se junta com outros jovens para praticar roubos que lhes garantissem o dinheiro que não tinham para o consumo do *pó*. Foram dezenas de assaltos a padarias, postos de gasolina, lotéricas. A tática dava certo e o grupo ousou ações mais arriscadas: empresas de transporte, "sempre com *fita dada*".[4] Até que um *companheiro* foi preso e o grupo todo foi capturado. "*Cagueta* jamais admite que entregou ninguém, mas eu não acredito em coincidência. Quando um foi preso, a polícia desmontou nosso grupo todo. O *cagueta* morreu dias depois", disse-me Anderson, insinuando que alguém matara o antigo companheiro. Veio a cadeia, a empolgação com *o crime*, o *batismo*.

Após um ano na *linha de frente*,[5] Anderson começa, segundo seu relato, a pensar que estava no caminho errado:

> Enquanto eu tinha grana, tava tudo firmeza. Só que eu tinha entrado pro *Comando* porque tinha chegado *cabuloso*; aí eu tinha de acompanhar os *irmãos* lá dentro, mas aqui fora eu não tinha ninguém do *crime* pra me ajudar. Minha turma tava tudo na cadeia. Meu *padrinho* me dava respaldo, e a gente *fazia umas fita* lá dentro. Só que eu fui me vendo no fundo no poço. Meu sonho sempre tinha sido estudar, fazer a faculdade. Ali eu vi que tava crescendo, mas num

---

4 Significa que alguém da empresa passava as dicas acerca de horários, previsão de ganhos com o assalto, melhor procedimento para realizar o crime etc.

5 A expressão denota "estar em destaque", "participar da cúpula do *crime* na cadeia". Ou seja: Anderson estava alinhado com as principais lideranças do PCC e fazia parte do grupo que dirigia o *coletivo* naquela unidade.

sentido contrário do que eu sonhava. Então resolvi sair daquilo lá. Entrei pra igreja e fui morar no *raio* 1. Aí as oportunidades se abriram de novo. Logo que eu cheguei no *raio* 1, veio o anúncio pra ser *professor*. Eu me inscrevi, nem sabia direito o que era aquilo, mas fui. Eu *tava limpo* [sem usar drogas] fazia um mês, porque a igreja é pior do que o *partido*, os caras te vigiam o tempo todo pra ver se você não vai *ramelar* [agir em desacordo com o que se espera]. Então cheguei na seleção com medo, eu pensava comigo: *porra*, se eu tivesse uma *branca* [cocaína] aliviava o nervoso. Mas eu não podia. Aí, na hora da seleção, passou tudo. Então eu sabia que tava voltando pro caminho certo. E aí eu fui escolhido pra ser *professor*.

Anderson, Entrevista, setembro de 2012

A igreja e a escola. Anderson encontra alternativas para se afastar do *crime*, mas sabe que sua vida está ligada, por um juramento, ao *partido*. É preciso manter seu *proceder* e agora a tarefa torna-se mais difícil: Anderson está sob o olhar da *família*, mas deve obediência também à igreja.

Entrar pra escola foi minha salvação. Os caras que tavam ali, os *monitores*, eram tudo *matrícula antiga* [presos que cumpriam pena há muitos anos]. Então eu fui aprendendo com os caras a *ficar de boa* com *os irmãos*, com a igreja, com a Funap. E a gente passava o dia todo na escola, eu só voltava pro *raio* na hora da *tranca*. Então não tinha muita *fita pra arranjar*. Eu estudava, dava aula, conversava com o seu F. [monitor orientador da Funap] pra caramba. Ali eu comecei a ver que dava pra *voltar pro mundão de boa* [sair da cadeia], sem deixar *micha* [desavença] com ninguém.

Anderson, Entrevista, setembro de 2012

***

As trajetórias de Mário e Anderson são opostas. Enquanto Mário optara pelo crime como caminho mais rápido pra ganhar dinheiro e ter uma vida luxuosa, Anderson tornara-se assassino, membro do PCC e *frente* do *Comando* em decorrência de um vício.

Mário seguira seu caminho sozinho; Anderson sempre esteve inserido em grupos que lhe ajustaram e determinaram seu comportamento. A igreja foi seu primeiro recurso para se afastar do *crime* e, a partir dela, ele encontrou a escola. Mário não teve de quem fugir, não precisou se afastar de ninguém. Quando foi preso, comprometeu-se a cumprir pena sem delatar ninguém. Em suas palavras, fez disso "uma escolha".

Ambos encontraram na escola, como *monitores presos de educação*, uma oportunidade de ressignificação. Os sentidos que conferem a isso variam. Retornarei às suas histórias em cotejo com a trajetória de Diego.

IV

Diego

Quando eu voltar do hospício
vou querer a felicidade
vou querer a vida aprumada
iluminada, reta, liberta dos vícios.
Logo no início vou abraçar o vício da generosidade cristã
que afasta o precipício, o satã, o ladrão,
o renegado, o mendigo do centro da cidade.
Vou tratar de ingressar na escola
chega de andar pedindo esmola.
Vou me incorporar à verdade
deixar de significar a maldade.
Logo no início vou cortar o cabelo
e arranjar um emprego decente.
Farejar os passos do gerente, o barão,
o delegado, o feitor,
tudo que é boa gente.
Nunca mais eu volto pro hospício
a menos que contra esse crédito eu peque
pois vivo entre a força que me enlouquece
e essa camisa de força
que hoje em dia me compreende.
E aquece.

Camisa de força
Samba de Carlinhos Vergueiro

Uma vida na prisão: primeiro ato – Educador[1]

Estudante universitário, aluno do curso de Pedagogia de uma instituição particular de ensino superior, bolsista do Programa Universitário Cidadão, Diego foi solto no dia 03 de março de 2010. Saíra da prisão após cumprir nove anos de regime fechado e três de regime semiaberto. Viajara dez horas entre a cidade onde cumpria pena e a capital paulista. Embebedara-se no trajeto, embora "não estivesse acostumado a beber".[2]

Bêbado, ao chegar a São Paulo se hospedou num hotel que "sequer lembra onde fica". Os amigos da viagem, egressos da mesma prisão, o deixaram no local. No dia seguinte chegou à casa da mãe. "Atordoado com o presente", "indeciso com relação ao futuro".

Levara consigo os papéis da soltura e alguns documentos da faculdade. Ostentava boas notas. Estava entre os melhores de sua turma.[3] Iniciara o curso de Pedagogia em 2008 e seus colegas de faculdade souberam tratar-se de um preso apenas no final daquele ano, quando um jornal regional o entrevistou para uma matéria sobre educação nas prisões.[4]

---

1 A identificação que faço nesta seção de Diego como educador é proposital. A pesquisa trará outros elementos, que darão complexidade a esta identificação e que serão descritas ao longo deste Capítulo.

2 Entrevista em 13 de maio de 2010.

3 Dados contidos em boletins de notas acadêmicas e retratados em reportagem de jornal, conforme nota seguinte.

4 À época da entrevista, eu exercia o cargo de gerente da Funap na região de Araçatuba. Acompanhei a entrevista de Diego e fui também entrevistado para a matéria, com o título "Preso realiza sonho de cursar faculdade". Quando articulava a pauta com o jornalista, perguntei a Diego se os colegas de turma sabiam que ele era um presidiário e a resposta foi negativa. No entanto, ele afirmou não ter receio em se identificar, pois estabelecera um bom convívio com alunos e professores e considerava que sua história poderia inspirar trabalhos acadêmicos de seus colegas, voltados para a temática prisional.

Diego concluíra o Ensino Fundamental e realizara todo o Ensino Médio dentro do sistema prisional.[5] Em 2005, ainda no regime fechado, foi selecionado para uma vaga de *monitor preso de educação* e passou a lecionar para turmas de alfabetização e ensino fundamental. Diego se "descobriu professor".[6] Quando foi transferido para o semiaberto, em 2007, quis prestar vestibular. Aprovado, virou aluno do curso de pedagogia de uma instituição particular de ensino. Pelo bom desempenho, foi selecionado como bolsista do Programa Universitário Cidadão.[7]

De 2005 a 2009 Diego desempenhou sua função de educador. Nos últimos dois anos, ele foi aluno universitário. Ao conquistar a liberdade, Diego voltou a ser prisioneiro.

Caderno de campo, maio de 2010

***

Conheci Diego em 2005, durante um processo seletivo para *monitor preso de educação* numa penitenciária da região oeste de São Paulo. Fui eu que fiz sua seleção para integrar o quadro de educadores e Diego foi uma aposta pessoal minha.

Durante o processo seletivo ele narrara sua trajetória de estudos na prisão e se destacara pela capacidade de argumentação oral e pela clareza na exposição dos seus objetivos pessoais para ocupação da vaga. Havia, no entanto, uma restrição disciplinar por conta de um dos artigos pelos quais fora preso: embora condenado pelo artigo 214 do Código Penal Brasileiro – atentado violento ao pudor – Diego sempre foi tido na unidade prisional como *preso por estupro*

---

5   As informações constam do Boletim de Informações Carcerárias, com acesso restrito por meio do GEPEN – Sistema de Gestão Penitenciária.

6   Em nossas conversas cotidianas, Diego sempre se referia ao seu papel de educador nas prisões como uma descoberta pessoal, pois jamais havia planejado ser professor. Em geral, presos e presas se inscrevem nos processos seletivos para educadores nas prisões em função dos benefícios oferecidos, a saber, a remuneração equivalente a um salário mínimo mensal e a contagem de remição de pena ao fator de três dias trabalhados para um dia remido.

7   O Programa concede bolsas de estudos de até 50% de desconto no valor das mensalidades. A seleção é realizada a partir do desempenho acadêmico e condições financeiras do estudante. Os alunos selecionados passam a desempenhar atividades voluntárias em alguma ONG ou projeto de cunho social. Diego realizava suas atividades na própria unidade prisional, uma vez que sua atividade como professor da Funap fora considerada como pertinente aos parâmetros para concessão da bolsa.

(Art. 213). Para entender essa forma de identificação, faz-se necessária mais uma passagem pelas práticas penitenciárias paulistas e pelas normas que regem o cotidiano de suas prisões.

O Estado de São Paulo possui três unidades voltadas para presos condenados por crimes sexuais (Iaras, Penitenciária II de Sorocaba e Penitenciária II de Serra Azul). Desconheço a existência de qualquer normativa oficial sobre essa questão e em diálogos com diretores de diversos presídios reconhece-se que essa é uma normatização trazida pela prática da administração penitenciária. Esta separação tem início, extra-oficialmente, com a inauguração da Penitenciária de Osvaldo Cruz, no ano de 2002, logo após a primeira megarrebelião do PCC. Considerando-se que em *cadeia do PCC* presos deste perfil não são aceitos, esta nova prática administrativa não parece ser casual.

A Penitenciária II de Serra Azul, quando inaugurada, foi destinada, também extra-oficialmente, para receber presos idosos, muito embora não houvesse qualquer adaptação arquitetônica ou infra-estrutura adequada a esse fim. Com cerca de seis meses de funcionamento, os presos de Osvaldo Cruz passaram a ser transferidos para esta outra unidade. Nesse período, a Penitenciária II de Sorocaba abrigava presos por crimes sexuais em alguns pavilhões. Paulatinamente, este perfil de condenação, que era minoritário, passou a ocupar a maioria das vagas da unidade. Iaras, por seu turno, foi tendo seu perfil transformado a partir de 2007, recebendo presos de crimes sexuais que estavam na Penitenciária de Itaí e que se rebelaram em 2006.[8]

Nestas unidades específicas para crimes sexuais as grandes distinções realizadas são quanto aos *bichas* e os *psicopatas*. Aqueles, embora possam dividir celas com presos heterossexuais, têm seus utensílios pessoais – copos, talheres etc. – separados e são obrigados a lavar o banheiro cada vez que o usam. Por seu turno, são considerados *psicopatas*, independentemente de laudos técnicos que confirmem tal diagnóstico, os presos que cometeram diversos crimes sexuais, como estupros em sequência ou estupro e pedofilia. Já um condenado que estuprou uma prostituta, por exemplo, não sofre discriminação de seus companheiros e muitas vezes o seu ato não é visto como criminoso pelos demais companheiros de *cadeia*.

---

8   Após a megarrebelião do PCC em maio de 2006, algumas unidades de outros coletivos também passaram por motins. Em Itaí os presos reclamavam de maus-tratos; em Avanhandava, cadeia do CRBC, quis-se mostrar que aquele coletivo também era "organizado" (Declaração de S., monitor preso em Avanhandava; anotações pessoais de trabalho, 2006).

"Dificilmente eles tocam no assunto do crime", relata A., funcionária de uma destas unidades, que completa: "se numa outra cadeia falar dos crimes cometidos ajuda a construir uma imagem de poder, aqui ocorre o contrário. Quanto mais crimes a pessoa cometeu, mais calada ela fica em relação a isso" (Caderno de campo, novembro de 2011).

Dessa forma, em tais unidades não existe valoração da *caminhada* de nenhum preso. "Como é que vai considerar um cara *fudidão*? Pela quantidade de criancinha que ele *comeu*?", disse-me um destes condenados (Caderno de campo, novembro de 2011). Resulta disso tudo que em tais unidades não são encontrados comandos nem lideranças, o que exige das diretorias formas específicas de negociação "no varejo", como define um diretor destas unidades (Caderno de campo, novembro de 2011).

Em outras treze unidades do estado, porém, são admitidos presos condenados por crimes sexuais quando estes possuem outras condenações. No entanto, não há distinção dos diferentes crimes e a identidade fixada é a de *preso de estupro*, ou *preso de artigo*. O perfil de Diego demonstra essa afirmação. Sua ficha criminal aponta diversos crimes, de diferentes artigos, tais como assalto e latrocínio, porte de arma e outros. No entanto, sua trajetória dentro do sistema prisional é marcada pelo artigo 214 que originou uma de suas condenações, dando-lhe o perfil de *preso de artigo*.

Os presos por crimes sexuais, portanto, são marcados permanentemente, o que lhes imprime fixidez ao perfil criminal. A unidade onde Diego se encontrava em 2005 é considerada "neutra", ou seja, abriga presos que não pertencem ou que foram expulsos de algum *coletivo*. Abriga também ex-policiais e alguns presos que, por algum motivo, ganharam notoriedade pública.[9] Assim, a identificação dada a Diego impunha-lhe algumas restrições, pois, em geral, o *preso de estupro* fica alijado de participação em algumas atividades, especialmente das escolas e postos de trabalho de melhor remuneração, caso da função de *monitor de educação*.

As resistências a Diego se esvaíram tão logo as aulas foram iniciadas. Em decorrência de sua trajetória enquanto aluno nas escolas da prisão, ele mostrou-se um ótimo *professor*, dentro dos princípios do Programa de Educação da Funap de valorização e aproveitamento de educadores populares (Funap, 2010).

---

9   Passaram por aquela unidade, por exemplo, representantes de grandes movimentos sociais e estelionatários famosos.

Possuía desenvoltura metodológica, dedicava-se aos estudos necessários à atividade docente, planejava com cuidado as suas aulas, sempre acompanhado do monitor orientador da unidade.

Dessa forma, durante o período de cumprimento de sua pena de prisão, e dada essa trajetória de estudos, elevação de escolaridade, dedicação ao exercício da atividade docente e ingresso no curso superior, Diego era tido como um exemplo de sucesso nas políticas de "tratamento penitenciário".

Diego jamais se referiu à sua *entrada no crime*. Mesmo quando o questionei, ele preferia não tocar no assunto, alegando vergonha e arrependimento pelo crime de atentado violento ao pudor. Porém, sua ficha criminal apresenta diversas condenações por assalto, o que indica que era esta sua prática principal. O ingresso na prisão representa, portanto, um recorte importante em sua trajetória. Não significa apenas a incorporação de um marcador de diferenciação que o acompanhará pelo resto da vida, o de presidiário ou egresso prisional. Significa, sobretudo, a incorporação de um adjetivo que, de certa forma, o qualifica como pária mesmo no sistema prisional: Diego era assaltante, mas, ao ser preso, é como estuprador que ele passa a ser visto.

Embora carregando essa identidade, Diego desempenha com destaque seu papel de *professor* e é reconhecido por seus companheiros de prisão.

Suas relações sociais no interior daquela unidade de regime fechado podem ser então representadas pela figura abaixo:

Figura 5: relações de Diego durante o cumprimento de pena em regime fechado

As instâncias de relacionamento de Diego na penitenciária de regime fechado são bastante restritas, tanto em termos de esferas de relações quanto no tocante às suas possibilidades de estabelecer outros vínculos, sobretudo com sua mãe – que mora na região metropolitana de São Paulo e não pode visitá-lo com frequência – ou com o *crime* – uma vez que seu comportamento é amplamente controlado, seja pela administração penitenciária, seja pela própria *rapaziada*.

Para a diretoria da unidade, que, conforme descrito anteriormente, exerce forte vigilância sobre os *monitores de educação,* Diego não pode dar passo em falso e tem de seguir as normas da *segurança* e *disciplina*: não pode se envolver com drogas, não pode ter desavenças no *raio* e nem permitir *esquemas* em sala de aula.

Ao mesmo tempo, a vigilância sobre Diego é exercida pela Funap: sua seleção fora resultado de divergência e só foi aceita pelo exercício de autoridade que, na ocasião, eu pude representar. Qualquer deslize de Diego significaria, naquela unidade prisional, um equívoco do gerente regional da Funap. Assim, Diego terá de cumprir com esmero suas atribuições pedagógicas, seus registros e planejamentos de aulas, o controle de frequência de alunos. O acompanhamento de seu trabalho dar-se-á diariamente pelo monitor orientador da unidade.

Não menos importante é o controle exercido pela igreja. Diego, à época, frequenta a Igreja Universal do Reino de Deus. Como descreve Dias (2008), o pertencimento a alguma igreja no interior da prisão implica, dentre várias consequências, a responsabilidade de assumir um repertório previamente determinado de comportamentos aceitos e continuamente vigiados, de modo que "a conversão religiosa é sempre tratada como uma mudança radical" (Dias, 2008: 104). Diego convertera-se na prisão e ao entrar para a igreja,

> todos os sentimentos, emoções, atividades, comportamentos e condutas que não condigam com aqueles associados ao papel de evangélico devem ser radical e abruptamente abolidos do seu repertório de identidades sociais no momento mesmo em que se define como crente (Dias, 2008: 183).

Por fim, Diego está fortemente vigiado pela *rapaziada*. Embora aceitando um *preso de estupro* como *monitor de educação,* a população prisional daquela unidade também exercerá suas formas de controle. Diego será *professor* somente no *raio* onde são aceitos outros *presos de artigo*, travestis, homossexuais. A unidade, de perfil "cruz", tem também suas separações e não será para todos os *raios* que aquela "permissão" valerá. À época, além da resistência da diretoria e dos companheiros de trabalho quanto à aceitação de Diego, duas ocorrências me despertaram a atenção para a valoração diferencial daquela aceitação.

Primeiramente, foi necessário um diálogo com o *piloto do raio* que, após ouvir como fora feita a seleção dos monitores e, sabendo que Diego havia se formado no ensino médio naquela unidade, concluiu "aprovando" a escolha e dizendo que "ajudaria a encher a sala". *O piloto* matriculou-se na escola e virou aluno de Diego (Anotações pessoais de trabalho, 2005).

Posteriormente, quando precisei negociar a aceitação do *monitor preso* na Penitenciária de R. (conforme descrito no capítulo II), mencionei aos *faxinas* daquela unidade que já vira até "*piloto* indo frequentar a sala de aula com preso que era *professor*". Embora eu não houvesse mencionado em qual penitenciária aquilo ocorrera, a resposta foi enfática: "isso só pode ser em *cadeia de coisa*",[10] disse-me um dos *faxinas*, com o qual todos os demais concordaram (Anotações pessoais de trabalho, 2006).

Aquela manifestação reforçava uma distinção importante: mesmo numa unidade em que se aceitavam *presos de artigo*, ainda que em apenas um *raio*; mesmo que a Diego se atribuísse, apesar de todas suas condenações, o perfil do *preso de estupro*, a ele fora dada, desde sua seleção e aceitação por parte da diretoria e da população da unidade, uma nova identificação: *professor*. Assim, era preciso, por parte da *rapaziada*, vigiar, controlar e determinar quais comportamentos Diego teria com aquela sua nova identidade social.

Em que pese a ausência de maiores informações sobre a trajetória de Diego anterior à sua primeira prisão, é a partir de todos estes deslocamentos – *preso de estupro*, *professor*, "funcionário" da Funap – que sua história toma significado para o objetivo deste trabalho. A pesquisa sobre esta trajetória trará diversos pontos de questionamento e de reflexão para contrapor aquele binômio normativo da "reintegração" x "reincidência".

---

10   "*Coisa*" é a designação, dada pelos presos ligados ao PCC, aos presos de outros *coletivos*.

Primeiro reencontro: relato de Diego sobre sua nova prisão

Precária e escura, a sala de atendimento denota incerteza e transitoriedade. Incerteza quanto à justiça; transitoriedade do tratamento prisional digno. Utilizada sobretudo para atendimento jurídico dos presos, ali desvanece toda a perspectiva "humanizadora" que poderíamos enxergar, por exemplo, naquela fachada com boa pintura, no atendimento prestativo dos funcionários. É como se o *local da justiça* anulasse essa perspectiva, explicitando a função punitiva da prisão. A justiça ali, para os presos, é corporificada no *feio*, no *descuidado*.

Diego está sentado num sofá baixo, de couro desgastado. Há na sala uma mesa e, por trás da mesa, uma cadeira. Puxo a cadeira e coloco de frente ao sofá. "Bom dia seu Felipe". A frase é dita por um interlocutor acuado e de cabeça baixa. Estendo a mão para cumprimentá-lo e ele corresponde, com algemas nos punhos. "E aí *professor*, quer voltar a dar aula?"

Além da tensão do ambiente, era visível no comportamento do Diego o receio de alguma repreensão de minha parte por encontrá-lo preso novamente. Embora estivéssemos a sós na sala, alguns *guardas* circulavam ruidosamente pelo corredor, provavelmente para ostentar a presença da *segurança*.

— Quero sim, seu Felipe. Hoje mesmo eu disse pros *companheiro* que se minha mãe entrasse no sábado eu ia escrever pro senhor. Minha mãe também tem o telefone do senhor lá na Funap e eu falei pra ela ligar pro senhor. Ela não ligou não, né? Eu pensei que ela não ia ligar.

— É ela não ligou. O pessoal lá em M. contou que você tava aqui. Primeiro falaram que você tava morto, depois que você tinha sido preso num assalto à mão armada.

A conversa passou aos acontecimentos dos quarenta e um dias que Diego ficara solto.

Caderno de campo, maio de 2010

***

Meu primeiro reencontro com Diego se deu naquele CDP descrito no início deste livro. Naquela ocasião eu tomara conhecimento, por intermédio de seus antigos companheiros de prisão que ainda se encontravam presos e que exerciam a função de *monitor de educação*, que Diego fora morto durante um assalto. Posteriormente chegou a notícia de que ele estava preso, não morto.

Aquele grupo de *monitores*, do qual Mário fazia parte, trabalhava junto desde 2005. Iniciaram como parceiros de *grupo-escola*[1] ainda no regime fechado; quando progrediam para o regime semiaberto, se reencontravam n'outra unidade. Alguns, como Diego, já haviam conquistado algum benefício de livramento, outros se encontravam em outras unidades prisionais. Conversavam sempre, sobretudo por meio de celular. Quem primeiramente me informara sobre a "morte" de Diego fora Mário.

Meu reencontro com Diego estava marcado pela interação entre o "superintendente da Funap" e o "preso reincidente": Diego, acuado, insistia em manifestar seu arrependimento. À minha frente estava, naquele momento, o preso que fora tido como exemplo de sucesso nas políticas de "tratamento penitenciário": Diego formara-se na prisão, virara *professor*, estudante universitário, bolsista de programa socioeducativo. E depois "fracassara". E com ele toda a promessa da "reintegração social".

Ao reencontrar Diego, era essa a representação que eu tinha de sua passagem pela prisão. Procurei entender, então, o que acontecera nos quarenta e um dias que ele ficara *na rua*.

Diego fará a narrativa da vitimização.[2] Segundo seu relato, ao deixar o hotel onde se hospedara na noite em que chegou a São Paulo, Diego dirigiu-se para a casa da mãe. Viúva, Dona Cecília mudou-se para o extremo leste de São Paulo quando seu filho foi preso e não pode mais ajudar nas despesas da casa. Trabalhou como diarista, ajudante de cozinha. Foi no trabalho de faxineira num caseiro salão de beleza que começou a fazer unhas. Virou manicure e pedicure,

---

1   Denominação que era dada pela Funap e reconhecida pela *rapaziada* ao grupo formado pelos monitores presos e monitor orientador de cada unidade prisional.

2   Goffman (2010) já alertara para os processos de socialização promovidos pelas instituições totais, processos que se convertem em linhas de vitimização quando os indivíduos que os vivenciaram, na prisão, tornam-se egressos prisionais.

depois cabeleireira. Na pequena sala da casa de dois cômodos, passou a atender algumas clientes. Nessa época, dizia que o filho fora trabalhar no Mato Grosso.

Quando virou *professor*, Diego passou a enviar dinheiro para a mãe. A ajuda, embora pequena, permitiu que Dona Cecília montasse seu próprio salão, agora em Guarulhos, região metropolitana de São Paulo. Lá ela receberia o filho recém-saído da prisão.

E ao chegar ali não há mais a identidade *professor*. Diego é, de novo, um *preso de artigo*:

> Assim que cheguei em Guarulhos fui procurado por um cara do PCC. Eles sabiam da minha *caminhada*. O recado foi direto: "aê *coisa*, aqui não é pra tu não. Se tu *armar alguma treta*, a gente *sumaria* tua morte".[3] Comecei a pensar num jeito de ir embora dali.
>
> *Diego, Entrevista, junho de 2012*[4]

Novamente *preso de artigo*, novamente sem dinheiro:

> Eu queria voltar pra faculdade, procurei a sede lá no centro pra pedir minha transferência. Eu tinha meus boletins, tinha a matéria do jornal. Queria continuar estudando. Só que eu precisava de dinheiro, precisava trabalhar. Então eu procurei um tio que mora em São Paulo, lá no centro. Mas ele disse que não podia me ajudar muito não. Eu fiquei na oficina [mecânica] dele dois dias e não apareceu nada pra fazer.
>
> *Diego, Entrevista, maio de 2010*

Diego não buscou apoio nos órgãos oficiais de atendimento a egressos prisionais. "O que iam me oferecer? Uma vaga num cursinho qualquer?" (Diego, Entrevista, maio de 2010). A solução encontrada foi "a mais simples":

> Na minha última *saidinha*, minha namorada chegou com um pacote de dinheiro (US$ 10.000) e me disse: olha só o que eu consegui! Tem muito mais lá, se você quiser a gente vai lá e busca.
>
> *Diego, Entrevista, maio de 2010*

---

3   "*Armar treta*" significa realizar algum ato – ilícito – que possa atrair a atenção da polícia. "*Sumariar*" é participar de audiência, de julgamento. No caso, a expressão significa "condenar".

4   Em junho de 2012 visitei Diego numa Penitenciária do oeste paulista, a fim de aprofundar a conversa que tivéramos em maio de 2010. Alguns pontos dessa visita serão antecipados aqui, mas a retomo com mais detalhes nas partes posteriores deste texto.

A proposta era redentora: um "último assalto" e a partida para uma nova vida, longe do *crime*, longe do PCC. Diego conta que sua namorada havia trabalhado numa loja de empréstimos financeiros, "de um coreano, chinês, sei lá" (Diego, Entrevista, maio de 2010). Desviara muito dinheiro sem ser percebida e saíra da loja porque o patrão não gostava dela. "Ela não é do *crime*, ninguém descobriu nada. Ela fez aquilo porque achou que era fácil demais", contou, seguindo um entendimento de que "só é *do crime* quem se vê como criminoso, quem age como tal, planejando um crime e depois repetindo várias vezes o mesmo crime" (Diego, Entrevista, junho de 2012).

Diego resolve ir buscar o dinheiro. "Era *fita dada* e sempre fica mais fácil fazer o negócio". Mas o negócio não foi tão fácil assim: ao entrar no prédio, em horário comercial, Diego "não esperava encontrar tantos funcionários":

> Aí a coisa complicou. Eu saquei o revólver e fiz todo mundo sentar no chão, Não queria pegar relógio, celular, nada de ninguém. Queria só o dinheiro da loja. Avisei todo mundo que o assalto era só da loja, que todo mundo podia ficar tranquilo. Só que tocaram um alarme e a polícia cercou o prédio. Eu nem tentei fugir, me rendi na hora.
>
> *Diego, Entrevista, maio de 2010*

A saída mais "simples" não concretizou a redenção: Diego foi capturado, tendo ficado poucos dias em liberdade. Um novo período de aprisionamento se iniciava, com novos julgamentos e condenações. Demonstrando compreender as formas de sua imputabilidade, sentenciou:

> Minha sorte foi que não feri ninguém, nem tava roubando nada de nenhum cliente da loja. Quando ouvi as sirenes liberei todo mundo, então não podem me acusar de cárcere privado. É só assalto mesmo, com porte ilegal de armas.
>
> *Diego, Entrevista, maio de 2010*

Segundo o relato que eu colhera em maio de 2010, pode-se posicionar Diego segundo as relações abaixo ilustradas:

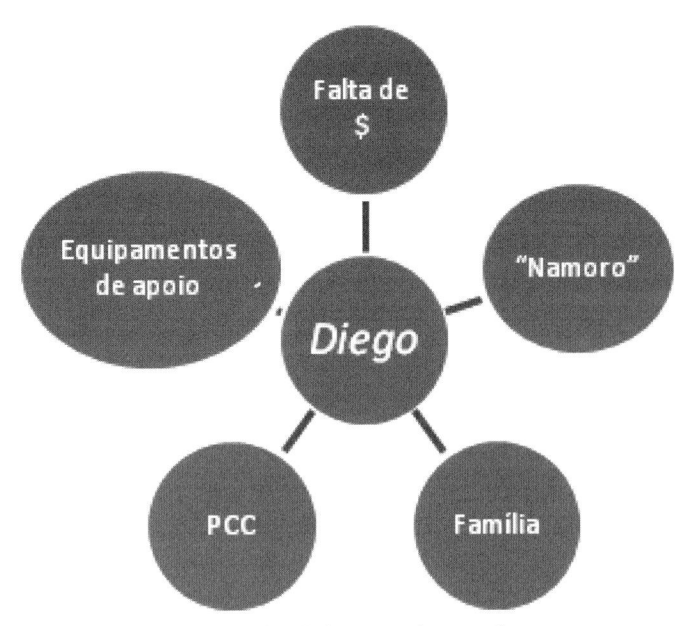

Figura 6: Diego em liberdade, segundo seu relato em 2010.

O PCC apresenta-se como estrutura de repressão, perseguição e vigilância. Diego não possui emprego formal e sua situação financeira é difícil. Com pressa para melhorar sua vida, posterga a busca pelas estruturas oficiais de apoio. A faculdade fica em segundo plano.

Por outro lado, a namorada o mostrara um caminho e, embora Diego tenha dito que a única influência que ela tivera foi de o "afastar da igreja, por ser católica" (Diego, Entrevista, julho de 2012), fora ela que lhe *passara a fita*. À mãe cabe a Diego ajudar e não ficar dela dependente. No mais, o tio tentou ajudá-lo, mas a oficina não ia bem.

Com uma trajetória de realização de diversos assaltos anteriores, a ideia de um último roubo surge como algo residual: um crime que o livraria do *mundo do crime*, da perseguição do PCC, da falta de dinheiro para ajudar a mãe. Diego toma sua decisão. A arma é conseguida "facilmente, num bar lá no Peruche, área do PCC" (Diego, Entrevista, julho de 2012). O plano é simples: entrar na loja no final da tarde, anunciar o assalto, pegar cerca de US$ 60.000,00 e fugir para alguma cidade do interior.

Diego se programa pra "agir sozinho, porque senão a grana ficava pouca" (Diego, entrevista, julho de 2012). E vai, sabendo dos "riscos que corria, mas sem medo. Era melhor arriscar do que continuar *fodido* como estava. E era o último, eu tinha certeza disso" (Diego, Entrevista, maio de 2010).

Esse foi o relato de Diego em 2010. Sua narrativa é marcada pelo arrependimento, pelo desconforto de "*ter agido pelo errado*" (Diego, Entrevista, maio de 2010). Aquele crime só ocorrera em decorrência das difíceis condições de vida encontradas ao ganhar a liberdade civil. Mas Diego quer ser diferente, "não quero ser *ladrão*" (Diego, Entrevista, maio de 2010).

Interagiam ali o preso "reincidente", que demonstrava o "fracasso da reintegração social", e o superintendente, que passara a questionar a efetividade das políticas estaduais de "tratamento penitenciário". A continuidade da pesquisa levaria a outras interpretações.

Uma vida na prisão: segundo ato – Ambivalências

A trajetória de Diego, tal como me fora narrada, surgia como confirmação do "fracasso da reintegração social". Embora tenha tido acesso a todas as formas de assistência previstas pelo ordenamento jurídico e ofertadas pela gestão penitenciária, tal acesso não foi capaz de ampliar em Diego a "resiliência" (Eduardo Marques, 2010) para enfrentar os desafios da vida em liberdade. Diante das dificuldades impostas pelo cotidiano na rua, Diego opta por retomar sua antiga prática criminal como estratégia de sobrevivência e resolução dos problemas.

Não foi isso, no entanto, que o aprofundamento da pesquisa desvelou. O questionamento deste "fracasso" foi, ao longo do percurso, mostrando-se mais necessário. Era preciso inscrever "reintegração" e "reincidência" num plano de complementariedade, mesmo que a partir de lógicas distintas de participação de Diego na vida fora da prisão. Era preciso voltar no tempo e compreender como Diego se "preparara para a vida em liberdade" uma vez que é este, segundo a lógica normativa, o propósito do "tratamento penitenciário".

***

Extraordinariamente, fazia frio naquele dia. A região oeste do estado de São Paulo se caracteriza pelo clima quente, sendo que a temperatura se eleva de forma exacerbada no interior das unidades prisionais, onde a falta de ventilação – decorrente das altas muralhas e das poucas janelas – e o acúmulo de calor – decorrente das telhas de amianto e do pé direito baixo nos ambientes fechados – criam uma atmosfera sufocante.

Era julho de 2010 e eu estava a cerca de 600 Km da capital, numa visita à unidade prisional de onde Diego saíra ao ganhar a liberdade. Anexo de regime semiaberto: ali se encontra o *grupo-escola* do qual

Diego participara. Mário e Guilherme foram seus colegas. O relato de ambos trouxe-me outro Diego, que não aparecia na trajetória que eu conhecera anteriormente.

Pouco antes de obter a liberdade, Diego passara a consumir drogas (maconha e cocaína) e contraíra algumas dívidas. Além disso, sua condição de universitário lhe garantia alguns privilégios,[1] tais como a saída frequente da unidade, autorização para saídas nos finais de semana,[2] convívio com pessoas que não pertenciam ao universo prisional.

Diego "passara dos limites", afirmou um funcionário da Funap.[3] Envolvera-se com uma colega de turma, casada com um *guarda*. Entusiasmado com a situação, Diego *vomitava*[4] tudo o que fazia na rua para os colegas de presídio.

Diego encontrara uma nova esquina:[5] não estava mais restrito ao ciclo de relações [que indiquei acima (Figura 05)], mas descobrira uma vida comunitária ligada à sua condição de aluno do ensino su-perior. Para F., funcionário da Funap, "Diego achou que era uma pessoa comum".

No entanto, tais relações envolviam transgressões, seja das regras judiciais a que estava submetido, seja das regras do convívio com seus colegas de prisão. Enquanto as transgressões estavam restri-tas ao "uso de drogas, não havia maiores problemas, desde que ele honrasse com suas dívidas. Tentamos chamar sua atenção, falamos que ia prejudicar todos nós, mas ele não quis nos ouvir", contou-me Guilherme. Porém, quando Diego passa a relatar seu envolvimento com a esposa de um *guarda* e suas idas a festas e churrascos, ele des-perta "ira, inveja, raiva e punição. Diego passou a ser cobrado pra

---

1   Os dois monitores presos se referiram, reiteradamente, a Diego como privilegiado, no sentido de alguém que foi mais favorecido que outros. Estava implícito nessa afirmação o desejo de também obter, sobretudo, a oportunidade de cursar o ensino superior.

2   Eu soube depois, em conversa com Mário, que, sob a alegação de que iria realizar trabalhos acadêmicos, Diego saía com frequência nos finais de semana e participava de festas e churras-cos realizados por sua turma de faculdade.

3   A partir daqui cruzo as informações obtidas com os monitores presos em visita à unidade prisional com as informações obtidas em diálogos posteriores com funcionários da Funap. Os diálogos foram travados durante minha visita à região, entre os dias 13 e 15 de julho de 2010.

4   A expressão significa que Diego contava aos colegas tudo o que fazia fora da prisão, não se importando com a repercussão, negativa ou positiva, de seus atos. "Vomitar" significa que a pessoa está falando além do que deve.

5   A referência é ao termo de Willian Foote Whyte, no livro *Sociedade de esquina*.

colaborar com a *pilotagem*, tinha que levar drogas lá pra dentro", disse outro funcionário da Funap.

Inicia-se assim um novo ciclo: vigilância dos *guardas*, cobrança da *rapaziada*: "todo mundo queria pegar Diego". Os *guardas*, porque sabiam que ele estava ultrapassando os limites, tentaram armar fla-grantes, abordaram-no no caminho para a faculdade, revistaram--no na rua, "mas não pegaram nada". Os presos, porque o ouviam contar coisas que nenhum outro preso podia fazer. Então passou a valer uma lei primária da prisão: "quem faz coisa errada, precisa de proteção. Diego passou a andar com os *faxina*, gerenciava ônibus de *visita*, cobrava os outros presos e até dar tapa na cara de preso ele deu", contou Mário.

Essa é a esquina de Diego ao ganhar a liberdade: não é mais o *grupo--escola*; suas relações estão, de novo, no *mundo do crime.*

Caderno de campo, julho de 2010

***

O relato que ouvira dos antigos companheiros de Diego apontaram-me outro caminho para interpretar seu retorno à prisão. Não se tratava tão sim-plesmente de um "fracasso" no processo de "reintegração social" e das ações de "tratamento penitenciário". Não se tratava simplesmente de um retorno de Diego às práticas criminais, deixando de lado sua vivência enquanto *professor* e o reconhecimento que obtivera como "exemplo" de preso que estaria "preparado para a reintegração social".

Diferentemente de seu ciclo de relações durante o cumprimento de pena no regime fechado, quando fora selecionado para a vaga de *monitor preso*, Diego estabelecera, durante a pena de regime semiaberto, um ciclo de relacionamen-tos com diferentes atores, os quais operam com lógicas bastante contraditórias. Diego se equilibrava, num jogo de representações e expectativas que o coloca-ram no centro de um processo difuso de vigilância e de cobranças. Ilustro seu ciclo de relacionamentos por meio da figura a seguir:

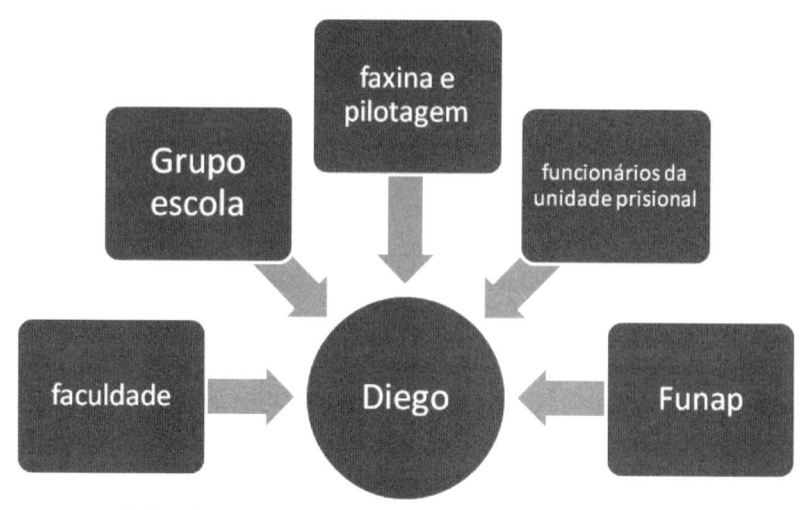

Figura 7: rede de relacionamentos de Diego durante a pena em regime semiaberto

Se, por um lado, a Funap representa, como dito anteriormente, uma estrutura de controle e vigilância, esta já não incide com tanta força sobre o comportamento de Diego. Após alguns anos como *monitor preso de educação*, Diego já sabe que comportamento é esperado dele e cumpre com facilidade o seu papel de *professor*. A Funap é, nesse momento, uma importante fonte de trabalho e renda.

Foi também por intermédio da Funap que Diego obteve autorização para cursar a faculdade. Após sua aprovação no vestibular, a liberação da unidade para que Diego fizesse a matrícula e cursasse a faculdade só seria possível com autorização judicial, a qual foi obtida após insistentes reuniões entre a Funap e a Vara de Execução Criminal responsável pelo seu processo. Ao longo do curso, porém, a faculdade ganhará outra dimensão em sua vida.

Segundo os relatos de seus companheiros de *grupo-escola*, ao iniciar um relacionamento amoroso com a irmã de um *guarda*, Diego passa a ser cobrado pela *rapaziada*, que também começa a questioná-lo acerca de privilégios quanto a saídas nos finais de semana. É aí que Diego recorre à proteção dos *faxinas* e *pilotos*: querendo manter-se com tais privilégios, Diego passa a ter de colaborar com as instâncias que, no *mundo do crime*, representam as lideranças dentro da unidade prisional. Sua tarefa: traficar drogas entre o presídio e a faculdade.

Esta "aliança com a *pilotagem*" acarreta consequências variadas. Por um lado, o permite, perante a *rapaziada*, "segurar a faculdade", segundo me contou Mário: "quando o *piloto* disse que o Diego '*tava estudando*', todo mundo entendeu o recado. Não era pra *cobrar o cara* quanto ao que ele estava fazendo lá fora" (Mário, Entrevista, julho de 2010).

Por outro lado, colocou Diego *lado a lado com o crime*: era preciso cumprir as tarefas que o *piloto* lhe passava e que consistiam em levar e trazer drogas para a faculdade. Além disso, essa relação será fundamental, posteriormente, para a "reintegração"[6] de Diego na *cadeia*: em julho de 2012, durante nossa conversa na Penitenciária do oeste paulista, quando Diego já cumpria sua segunda pena de regime, ele me relatou que

> Em meados de 2009 houve um problema entre o *piloto* e alguns *faxinas*. Pra você entender, seria como um ato de insubordinação. Quer dizer, tinha dois *faxinas* que queriam derrubar o G, que era o *piloto*. Os caras *tavam* tentando armar alguma situação, mas aí eu fiquei sabendo na escola, porque um aluno acabou contando. Então eu contei pro G. e a gente *armou* pra cima dos caras. Na época, o Seu P. [diretor de segurança do presídio, posteriormente afastado por denúncias de venda de celulares] ajudou a gente e a gente *plantou* uns celulares nas bolsas dos caras quando eles iam pra *saidinha*. O G. ficou me devendo aquele favor.
>
> *Diego, Entrevista, julho de 2012*

Diego afastara-se da igreja, e pouco se relacionava, fora do horário de trabalho, com o *grupo-escola*. Augusto, antigo companheiro nas unidades de regime fechado e de semiaberto, assim relatou a situação:

> Em diversas ocasiões eu tentei trazer o Diego pra gente, porque a gente sabia que ele estava envolvido com coisa errada. Mas aí ele já não queria saber, ele estava se preparando para ir embora e eu falava pra ele que se ele saísse daquele jeito, envolvido com os caras e usando drogas, ele não iria durar muito lá fora. Ele dizia que tava *pela paz.*
>
> *Augusto, Entrevista, julho de 2010*

Por fim, havia a vigilância dos funcionários da unidade prisional. Quando Diego começa a *andar lado a lado* com o *piloto*, e sobretudo depois de se tornar o *fiador* de sua permanência frente à armação dos antigos *faxinas* – que foram

---

6   Essa interpretação das passagens de Diego pela prisão será retomada adiante e faz parte do argumento central para refutar o binômio da normatividade da "reincidência".

transferidos de unidade após o "flagrante" armado por Diego –, os funcionários passaram a desconfiar de um "professor que fica dando trela pra bandido" (Relato de F., funcionário da Funap, julho de 2010).

> O Seu P. ajudou o Diego, porque *tava envolvido até o rabo com o piloto*. Eles faziam negócios de drogas e celulares. Só que o Seu P. tava de *chapéu atolado*[7] e não sacou o que era óbvio pra todo mundo. A mulher que o Diego tava pegando era irmã dele, que estudava na mesma sala dele. Mas ele [Seu P.] era diretor e ficava tudo quanto é funcionário com medo de contar pra ele. Os caras ficavam tentando armar algum flagrante: pegaram o Diego na estrada, no caminho pra aula, mas não acharam nada. Deram blitz pesada na cela dele. O Diego ria com aquilo mas a gente ficava preocupado. Só que gente não podia falar nada também, porque ninguém ia ficar pagando de cagueta né!
>
> *Augusto, Entrevista, julho de 2010*

Dessa forma, Diego emaranhara-se numa teia de relacionamentos que opunha um elo a outro: se ele pendesse para a Funap, para o *grupo-escola* ou para a igreja do qual se afastara, contrariaria o *piloto* e teria ameaçados os seus privilégios. Mantendo-se apenas fiel ao *piloto*, mas afastando-se da Funap, veria-se em dificuldades quanto a sua permanência na faculdade, pois fora pela Funap que obtivera autorização para estudar, que conquistara a bolsa de estudos, que possuía trabalho e renda para custear suas despesas e que conquistara o reconhecimento de sua *posição* enquanto *professor*. Tinha ainda de se equilibrar junto aos funcionários: contava com a cumplicidade de um diretor que desconhecia o envolvimento de Diego com sua irmã. E era vigiado pelos servidores, que buscavam desmascará-lo.

O desenrolar de sua trajetória com a conquista da liberdade civil mostrará que, longe de se desvencilhar destas relações após sua soltura, Diego reforçará alguns laços que ali foram estabelecidos. Os quarenta e um dias em que ficou *na rua* foram fortemente marcados por estes laços, como ver-se-á adiante. A perspectiva de um ato redentor, do *não querer ser ladrão*, tal como Diego me narrara em maio de 2010, desvanece, fazendo emergir não uma oposição entre "reintegração" e "reincidência", mas uma coexistência, uma sobreposição de valores e a busca de um equilíbrio entre o *mundo do crime* e o *professor* que fora "preparado para a vida em liberdade".

---

7   A expressão significa que a pessoa não percebe o que se passa ao seu lado, ou não percebe coisas que o afetam.

Uma vida na prisão:
terceiro ato – Seguro e ascensão

Quando encontrei Diego no CDP em maio de 2010, sua narrativa acerca dos quarenta e um dias em que esteve *na rua* foi marcada pela descrição das dificuldades quanto à retomada da vida em liberdade. A perseguição pelo PCC e a falta de emprego e renda eram motivos suficientes, segundo Diego tentara mostrar, para justificar o assalto frustrado e o retorno à prisão.

Além disso, e mais importante, a prisão mostrava-se-lhe como um lugar seguro, onde sua vida estaria preservada, onde ele obteria trabalho, renda e reconhecimento social pelo exercício da função de *professor*. Ou seja, além de proteção à vida, longe da perseguição de rivais do *mundo do crime*, a prisão representa para Diego a oportunidade de realizar aquilo que, cotidianamente, é cobrado dos indivíduos: trabalho, educação, convívio social. A vida na prisão configura, dessa forma, a "vida social"[1] de Diego. Não se trata, portanto, de um processo de "reincidência criminal", tal como o termo é abordado na literatura sobre o assunto. Trata-se, outrossim, de um processo de participação social dentro das esferas de relações em que Diego está inserido.

Estudando as relações cotidianas que cercam os indivíduos e conformam suas redes de sociabilidade, Eduardo Marques (2010) identifica diversos padrões que contribuem para a reprodução ou para a alteração das condições de pobreza e segregação urbana. Na análise dos padrões de associação das unidades de medidas[2] presentes nas redes, são apontadas como "as mais importantes dimensões

1   Essa questão pode ser entendida a partir da conceção de Hannah Arendt. Para esta autora, a esfera social se coloca como mediação entre a vida privada e a vida política: "A sociedade é essa esfera curiosa, um tanto híbrida, entre o político e o privado em que, desde o início da era moderna, a maioria dos homens tem passado a maior parte da vida. Pois cada vez que abandonamos as quatro paredes protetoras de nosso lar e cruzamos o limiar do mundo público, entramos primeiro não na esfera política da igualdade, mas na esfera social" (ARENDT, 2003: 273).

2   Nas análises de redes sociais, as unidades de medidas são elementos que permitem caracterizar padrões relacionais, identificando tanto posições quanto estruturas (E. MARQUES, 2010: 101).

da rede o seu tamanho (medido pelo número de nós), a variabilidade da sociabilidade (medido pelo número de esferas) e o seu localismo (medido pela proporção de indivíduos de fora do local de moradia)" (Eduardo Marques, 2010: 101).

O autor indica que "redes grandes, mas locais e baseadas em vínculos primários, pouco ou nada contribuem para a mudança na situação social dos indivíduos" (Eduardo Marques, 2010: 192). Por outro lado,

> maior variabilidade da sociabilidade gera maior acesso a informações e melhores oportunidades, em especial para indivíduos segregados, além de abrir um leque mais amplo de indivíduos e esferas disponíveis para a prestação de ajudas e o acesso a bens e serviços socialmente acessados (Eduardo Marques, 2010: 192).

Numa aproximação dessa análise à trajetória de Diego, poder-se-ia inferir que, ao ganhar a liberdade, Diego estaria diante uma rede social mais ampla, trazida pelo maior número de esferas de sociabilidade – família, trabalho (desemprego), PCC, órgãos de atendimento aos egressos prisionais, faculdade, Funap – e pela maior facilidade de trânsito por estas esferas, dada a liberdade de deslocamento por diferentes instituições. No entanto, o que se observa é que, embora passando a interagir com estes novos elementos, tais interações não alteraram o valor por ele atribuído aos padrões de associação a que já estava vinculado, que permaneceram ligados ao *mundo do crime*.

Diego deixa em segundo plano aquelas esferas menos locais (a faculdade, a Funap, os órgãos de atendimento aos egressos). Diante das dificuldades da vida *na rua*, sua rede está restrita à mãe, a um tio, à namorada. Os padrões de resolução de conflitos reproduzem aquela forma à qual ele estivera habituado: o assalto.

Assim, longe de configurar um ato redentor, o roubo à loja de empréstimos financeiros representa a forma habitual que, em liberdade, Diego possui para resolver seus problemas materiais e financeiros. Em termos simbólicos, representa ainda que estar *na rua* ou *na cadeia* possui pouca distinção, ao passo que, em termos práticos, é mais fácil para Diego administrar os conflitos do cotidiano no interior de um estabelecimento penal. Isso será evidenciado pelo seu retorno à prisão e pela superação dos conflitos iniciais que ele encontra, culminando na sua ascensão interna, quando estará, novamente, se equilibrando entre a posição de *professor* e o *caminhar lado a lado* com a *pilotagem* da cadeia.

***

Transcorre ainda o mês de julho. O cenário agora é outro: um anexo de semiaberto construído à beira de plantações de eucalipto. O clima é ameno e como boa parte dos presos daquela unidade *trabalha na rua*, predominam silêncio e tranquilidade.

Augusto fora companheiro de grupo-escola com Diego em dois estabelecimentos penais. Estava agora naquela unidade porque pedira aproximação familiar.[3] Para a direção do presídio, um preso de bom comportamento. Segundo os colegas de cárcere, um *cara de proceder*. Augusto chegara há poucos dias na unidade e já ocupava uma vaga de *monitor de educação*. Após conversarmos sobre a mudança de prisão, de cidade e de "clima" – a palavra servia tanto para representar a temperatura, como para indicar a diferença entre as unidades – questionei Augusto sobre a "reincidência" de Diego. "Surpresa nenhuma, seu Felipe. Todo mundo sabia que ele ia voltar", respondeu-me.

Augusto mencionou o envolvimento de Diego com as drogas e com a esposa do *guarda*, irmã de um diretor; disse desconhecer suas relações sociais no período em que ficou *na rua*, mas disse ter certeza de que "Diego está com problemas de *convívio*",[4] tanto por seu envolvimento com as drogas – e as dívidas que dele advêm – quanto por ter "fechado todas as portas que a Funap tinha aberto pra rapaziada".

Pude então perceber o significado da nova prisão de Diego para aquele grupo específico de presos: a quebra de um ciclo de possibilidades que, a partir de Diego, havia sido aberto e que, com sua nova prisão, não mais se vislumbrava possível. Dentre essas possibilidades, o acesso à universidade surgia como horizonte maior para a "reintegração social" daquele grupo.

Caderno de campo, julho de 2010

***

---

3   Trata-se de recurso para cumprir pena em localidade próxima à cidade de origem ou onde se encontra a família.

4   Ver Adalton Marques, 2009.

O ingresso de Diego na faculdade foi efusivamente comemorado pelo grupo de *monitores presos* do qual ele participava. Na visão daquele grupo, representava um salto de possibilidades, pois abria as portas da *cadeia* para que outros presos pudessem sair e cursar o ensino superior. Porém, o retorno de Diego à prisão significou exatamente o contrário: as portas se fechavam, pois, se Diego, que fora tido como o exemplo bem sucedido das políticas de "tratamento penitenciário", fracassara, tais ações deixavam de se justificar.

Quando encontrei Augusto numa unidade prisional da região central do estado, foi essa sua maior preocupação: "Seu Felipe, todos nós também queríamos fazer a faculdade. Agora sabemos que ficará mais difícil" (Augusto, entrevista, julho de 2010).[5] Aquele sentimento gerou consequências e entraves para a nova vida de Diego na prisão. Após visitá-lo em maio de 2010, tentei em duas outras ocasiões agendar novas entrevistas. Diego recusou-se a me receber.

Augusto esclarecerá o motivo: "Diego *está com problemas de convívio*", disse-me, o que indicava que, ao me receber naquela situação, Diego seria visto como alguém que se relacionava com *polícia*. Isso porque estando Diego sob vigilância da *rapaziada* em razão de ter cometido novo crime, quando o que dele se esperava era que continuasse na rua, um diálogo comigo seria visto como um diálogo com "alguém que poderia vir protegê-lo de nossa intervenção" (Augusto, Entrevista, julho de 2010). Invertia-se, portanto, a identificação que de mim era feita pela *rapaziada*: eu era *polícia*, não era mais *professor*.

Diego encontrava-se no *seguro* (Adalton Marques, 2009): embora detido num CDP para onde são levados presos que não participam de *coletivos*, ou também *presos de artigo*, Diego estava proibido, pelos códigos da *rapaziada*, de possuir quaisquer relacionamentos que não fossem com seus familiares. Dessa

---

5   A liberação de presos para cursar o ensino superior é bastante complicada e, embora não existam dados seguros sobre o número de presos que o fazem, constata-se empiricamente que é um percentual bastante reduzido. Em julho de 2012, o público potencial para cursar o ensino superior nas unidades prisionais representava cerca de 12% dos presos (Fonte: Funap, Relatório Mensal Consolidado de Informações de educação e trabalho). Considero como público percentual aqueles que já concluíram o ensino médio e que, portanto, estariam aptos a ingressar no ensino superior. A procura por este nível de ensino é maior na capital do que pelo interior, o que se justifica por diversos motivos, que não caberiam aqui ser discutidos mas que têm, dentre os principais fatores, a maior oferta de instituições de ensino superior, com possibilidades de bolsas de estudos, a proximidade com a família, que serve como fator de motivação, o maior número de presos em regime semiaberto na capital, os quais, em boa parte, trabalham fora das unidades e, portanto, tem mais acesso às dinâmicas sociais externas à *cadeia*.

forma, a nova prisão ganhava uma dimensão diferente daquela que Diego conhecera: não é mais um local onde obterá trabalho e renda, onde terá chances de prosseguir com os estudos. Sobretudo, não é mais um local de reconhecimento de seu papel como *professor*.

Segundo Augusto, Diego não pode voltar para as unidades onde ele passou no seu primeiro cumprimento de pena: "ninguém quer ele por lá não. Se voltar, *fica ruim* pra ele", disse, insinuando os riscos que Diego corria.

A inversão dessa condição dar-se-á em pouco tempo. E, para tanto, Diego recorrerá, novamente, ao *crime*.

A "reintegração": Diego e o *mundo do crime*

O retorno de Diego à prisão é marcado de ambivalências: para ele, significava, inicialmente, voltar a ocupar um espaço que considerava seu e a partir do qual ele organizava as diversas dimensões de sua vida (profissional, financeira, familiar) e os vínculos que estabelecia, tanto aqueles ligados à normativa da "reintegração social" – a Funap, a família, o grupo-escola –, como aqueles ligados à normativa da "reincidência" – *pilotos* e *faxinas*, o *mundo do crime*.

Para seus antigos companheiros de prisão e de *grupo-escola* significa um retorno indevido que, portanto, deveria ser punido com a permanência de Diego no *seguro.* Para a Funap, era um exemplo de "fracasso" das suas iniciativas de "preparação para a liberdade" e, ao mesmo tempo, o retorno de um excelente *professor* ao seu quadro de *monitores presos* de educação.

Nesse contexto, Diego se vê compelido à discrição: não lhe cabe, nesse momento, ganhar mais visibilidade do que aquela que obtivera anteriormente, quando os presos que faziam parte de seu *convívio* o viam com respeito e temor. Diego fica recluso: não recebe visitas, exceto da mãe; já não tem namorada; não recebe o superintendente da Funap. E mais importante, volta pra igreja:

> Alessandro é também um preso "reincidente". Dera aulas em alguns presídios do oeste paulista e quando obteve a liberdade condicional envolveu-se n'outro crime, retornando para a prisão. Naquele CDP, Alessandro é companheiro de cela de Diego. É ele quem me aborda e, entusiasmado, relata: "seu Felipe, o Diego não voltou pra cadeia à toa. Ele tem ainda uma missão a cumprir aqui dentro e por isso Deus trouxe o senhor aqui hoje. Ele tava perdido na rua, saiu da igreja e voltou pro *crime*. Mas ele vai sair dessa agora, agora ele voltou pra igreja e vai dar aula de novo. Ele tem muita coisa pra ensinar pra *rapaziada* aqui, eu mesmo também passei por isso, tinha saído

da igreja e vim parar aqui de novo. Agora não, agora eu to no caminho de Deus e to me preparando pra sair daqui",

(Caderno de campo, maio de 2010

"A igreja como refúgio e a bíblia como esconderijo", descreveu Dias (2008).
A igreja surge novamente, na trajetória de Diego, como estratégia de recolo-
cação em meio às relações sociais que se desenrolam nas prisões. Alessandro é
monitor preso no CDP e naquele momento sua abordagem foi para me dizer que
"estava indo embora" e pedir que eu desse a Diego "uma chance pra ele ficar no
[seu] lugar [como *monitor preso*]" (Caderno de campo, maio de 2010). Alessandro
não sabia, mas havia impedimentos para que Diego o substituísse, como me
informara Augusto, *monitor preso* que cumpria pena a cerca de 200 quilômetros
daquela unidade.

Aquela situação, porém, não perdurará muito tempo. Cerca de doze meses
depois, Diego já estará n'outra unidade e, mais uma vez, ocupando o cargo de
monitor preso de educação. O recado me chegará em abril de 2012, por intermédio de um agente de segurança penitenciária que trabalha numa unidade prisional do oeste paulista: "o Diego te mandou um abraço. Ele tá lá na penitenciária
agora, dando aulas".

Diego fora transferido do CDP para uma unidade prisional por onde nunca
passara. Esse percurso me será narrado por ele, durante nosso segundo reencontro, em julho de 2012. O monitor que eu encontrarei agora será bastante
diferente daquele "preso reincidente" de 2010.

***

Afastada da cidade, como tantas outras. Chego a Penitenciária de P.
antes das oito da manhã. Anunciada minha chegada, vem o recado:
"o Dr. J. C. pediu que você o aguardasse antes de entrar". É, eu chegara cedo demais. Todo diretor de presídio é chamado de "Doutor".
Quando perde o cargo, o pronome vai junto. Em certa ocasião,
quando participava de debate promovido pelo Ministério Público,
fui anunciado como "Doutor Felipe". Dispensei a honraria dizendo
que ainda estava lutando pra tentar acabar um mestrado. Rostos
retorcidos na plateia, composta, em sua maioria, dos doutores advogados. Ali na penitenciária também me veem como "autoridade".

Oferecem-me café, "o senhor pode se sentar", diz a secretária. Ao menos não chamou de doutor. Dispenso o sofá, tomo um café, "dá licença, vou ali fora fumar um cigarro". O "doutor" chega, me cumprimenta, cordial. Desconfio do que se passa e rapidamente minha desconfiança se esvai. "Felipe, você veio aqui entrevistar um preso pra sua pesquisa?". Bingo! A questão seguinte é a confirmação: "mas você tem autorização do Comitê de Ética?". Não, não tenho. O início de minha pesquisa é anterior ao Comitê. Protocolei antes um ofício de informação. Jamais recebi resposta. A pesquisa segue adiante. Um pouco incomodado, o diretor permite minha entrada. É o superintendente quem entra.

Caderno de Campo, julho de 2012

***

A Penitenciária de P. é considerada "neutra". O que se percebe, "para quem já tem *o olhar treinado*", disse-me Diego, "é que não há tanta neutralidade assim". Há disputas constantes, embates físicos, morais e psicológicos.

Aqui só não tem PCC. Mas tá uma *zona*. Hoje a escola tá vazia porque não soltaram *o raio* I. Teve briga lá ontem, mandaram um cara pro hospital, de tanto que bateram nele. Era da ADA, que tá aqui em São Paulo faz um tempo.[1] Mas tem também CRBC, tem CDL, até um resto de Seita Satânica tem aqui.

Diego, Entrevista, julho de 2012

Diego fala com desenvoltura sobre essas clivagens. As disputas entre os diferentes *coletivos*, ou *bandos*, como ele menciona, não parecem assustá-lo. "Desde que cheguei aqui, eu já vim pra escola. E nunca tive problema com ninguém", ressalta.

Sua postura emite sinais de poder: não é um Diego cabisbaixo como aquele que eu encontrara no CDP. Não é, tampouco, aquele Diego que se destacara numa entrevista, fora selecionado, virara *monitor preso de educação*, chegara à

---

[1] Originária do Rio de Janeiro, a ADA – Amigos dos Amigos controlava o tráfico de drogas e armas na favela da Rocinha. Com a instalação de uma UPP – Unidade de Polícia Pacificadora naquela favela, muitos de seus membros fugiram para São Paulo; alguns se encontram presos na Penitenciária de P. por crimes cometidos em cidades paulistas.

faculdade. Diego já não se destaca pela postura de aprendizagem e dedicação à escola que ele demonstrara no período de sua primeira prisão. Diego é agora um *ladrão*, um sujeito capaz de dispor

> a própria "caminhada" segundo um arranjo inequívoco (às considerações de outrem) de "respeito", "conduta" e "atitude", além de "humildade" e "cabulosidade" (...) e que, por conseguinte, é capaz de "entrar na mente" de outro (...) produzir cautela ou receio (no limite, medo) num outro com o qual se relaciona, seja através de palavras, de gestos ou de atitudes (Adalton Marques, 2009: 63).

A conversa flui com mais facilidade do que em maio de 2010. Diego já não se preocupa em justificar seus atos durante o período de liberdade civil. Ele simplesmente os narra.

> Quando a gente chega no *mundão* a gente percebe que nada do que fez aqui serve muito. A vida corre lá fora, enquanto aqui dentro ela não passa.[2] Aí você não pode esperar pra resolver suas coisas não. É tudo ontem. E eu percebi que tinha perdido um tempão na vida e que eu precisava avançar. Porra, o que que eu tava vivendo? Miséria? Ah, não, eu tava cheio de ganância e não queria viver naquilo lá não.
>
> *Diego, entrevista, julho de 2012*

A ganância. O mesmo motivo fora apontado por Mário, o mesmo termo fora por ele utilizado, quando descrevera sua entrada pro *crime*. Como relata Feltran, quem entra pro *crime* encontra ali "uma atividade remunerada, marcada por riscos e altamente desafiadora, que, se bem feita, abre as portas do consumo e do reconhecimento" (Feltran, 2011: 148). Diego já aprendera isso anos antes, já cumprira pena por este motivo, sabia bem os caminhos que poderiam levá-lo a satisfazer seus desejos:

> Eu estava com um Celta 2010, mas namorava todo dia um Astra que via num estacionamento lá perto. Eu queria também uma moto RD 350. Então eu fui comprar a moto, mas quando cheguei lá tinha uma RD 600. Aí eu quis aquela moto. Eu tava vendo uma casa pra

---

2   Escrevendo sobre "A capitalização do tempo social na prisão", Chies aponta: "no ambiente prisional, sob a perspectiva da temporalização, o tempo assume uma feição de contratempo, ocorrendo a estagnação do tempo social, ainda que não estagnado o tempo físico" (Chies, 2008: 51).

minha mãe, de R$ 180 mil. E porque eu não podia ter isso tudo? Por que não tinha dinheiro? "Que nada, eu posso conseguir o dinheiro", eu pensava. Aí eu tava conseguindo.

Diego, Entrevista, julho de 2012

A fonte de receita era a mesma: assaltos. Somente agora, passados dois anos desde minha primeira visita a Diego, ele deixara o discurso do arrependimento e do "reincidente" para expressar o que ocorrera naqueles dias que ficara na *rua*:

Quando eu saí da cadeia eu sabia que a vida ia ser foda. Eu queria juntar as coisas: fui lá na faculdade, levei meus papéis, tava pedindo a transferência. Mas era lá no centro de São Paulo, minha mãe morando em Guarulhos, todo mundo precisando de grana, porque meu tio também tava ruim. Eu queria fazer a faculdade, e então precisava viabilizar aquilo. E lá eu não podia ser *professor*, eu tinha de formar primeiro. Eu tinha de ir pro centro, então eu queria um carro. Aí eu consegui o carro com o roubo de uma carga do Boticário. Aí eu fiz outro roubo de carga lá na Casa Verde, no *meio do* PCC. Eu tava juntando uma grana, ia comprar as coisas que precisava, ia poder pagar a mensalidade.

Diego, Entrevista, julho de 2012

O *professor* e o *ladrão*. O *ladrão* pra financiar o *professor*. Questiono-o:

Não é estranho você falar em faculdade, em sair do *crime*, se desde que você saiu [da cadeia] você já voltou roubando?

A resposta é direta:

Eu queria juntar tudo.

Diferentemente do olhar normativo que opõe "reincidência" à "reintegração", Diego não opera com tal divisão. Em seu entendimento, um assalto é apenas uma prática social, tal como cursar uma faculdade. E uma alimenta a outra, a produz, a justifica. Ambas são parte de uma única coisa: a vida social de Diego. "Mas e a prisão?", pergunto-lhe. "Pois é, estou aqui", ele me responde, sem qualquer ironia, arrependimento ou culpa.

***

Diego ocupa novamente a posição de *monitor preso*. O faz desde que chegou àquela unidade prisional, transferido do CDP onde eu o encontrara pela última vez. É seu relato sobre essa transferência que ajudará a compreender, mais profundamente, algumas relações presentes nas prisões paulistas. E esclarecerá, também, como Diego foi "reintegrado":

> Quando o senhor esteve lá no CDP eu sabia que a notícia [daquela visita] *ia correr cadeia* [se espalhar pelas unidades prisionais] e que alguns caras vinham atrás de mim. É claro, muita gente acha que eu *atrapalhei o movimento* [prejudicou outros presos]. Mas eu tava ali de boa, eu tinha acabado de chegar, estava no *probatório*, minha mãe ia lá pela primeira vez.
>
> *Diego, Entrevista, julho de 2012*

Como Diego relata, sua condição naquela unidade de regime provisório estava em fase *probatória*. A expressão é extraída da própria administração penitenciária e incorporada com significado semelhante. Para a administração penitenciária, trata-se do período de chegada de algum preso a alguma unidade, quando, em geral, o ingressante fica cerca de trinta dias em regime de observação, sem participar de quaisquer atividades. Após permanecer esse período na *inclusão*, o preso é autorizado a entrar para o *raio*. Na linguagem de Diego, *estar no probatório* significa estar sob observação da *rapaziada*, que lhe dará a permissão para seguir para determinada unidade prisional.

Conquanto essa ordem de transferência seja de cunho judicial, o destino de cada preso é determinado pela Secretaria de Administração Penitenciária. Essa determinação, no entanto, não está isenta de acordos com a *rapaziada*. Há demarcação geográfica para o uso dos espaços entre os diferentes *coletivos* (Adalton Marques, 2009); mas há também "recados" que são enviados extra-oficialmente e aos quais, por segurança, a Administração opta por dar ouvidos.[3]

---

3   Em setembro de 2011 a SAP enviou à P2 de Serra Azul dois presos supostamente expulsos do PCC e que, portanto, não poderiam ser levados a *cadeias do Comando*. Mesmo detidos no seguro da unidade, esses presos, oriundos da Penitenciária II de Presidente Venceslau, realizaram um movimento típico do PCC, o de tomar a *cadeia pro Comando* (Dias, 2011; Biondi, 2010) e assassinaram cinco *presos de artigo*. A única informação da SAP, à época, foi de que iria "apurar os fatos" (http://www.jornalacidade.com.br/editorias/cidades/2011/09/09/cinco--presos-sao-mortos-na-penitenciaria-2-de-serra-azul.html). A SAP não admitiu que, equivocadamente, estava utilizando uma cadeia de artigo como unidade de *desinternação*, ou seja, unidade para trânsito e aprisionamento temporário dos presos que deixavam a Penitenciária

Foi assim com Diego, impedido, por seus antigos companheiros de *grupo-escola*, de retornar às unidades onde ele cumprira pena anteriormente.

> Eu cheguei a ficar deprimido com aquela situação. O pessoal me queria de *gancho* porque achavam que eu não podia voltar pra escola. Isso porque eles me viam aliado com o G., que era piloto na nossa época e que eu ajudei. Eu só não fui pra *faxina* naquela época por causa da faculdade; se eu fosse *faxina*, os *guardas* não iam me deixar sair pra estudar. Mas eu era *frente* do G., controlava ônibus, telefone, distribuía as celas. Então eu não via problema nenhum naquilo, mas os outros *professores* me queriam na escola o tempo todo.
>
> *Diego, Entrevista, julho de 2012*

Com o passar dos dias após minha visita de maio de 2010 e após suas recusas em me receber em junho daquele ano, descritas por Augusto como *problemas de convívio*, Diego restabelecera seus contatos com os antigos companheiros. E superara os entraves para seu retorno ao *convívio*, tendo o *crime* como estratégia:

> Pensa bem: se um *faxina* [o preso que ocupa a posição política] cai porque foi pego com uma faca, vai acabar a *faxina* [a posição em si]? Não vai. Então é a mesma coisa: os caras ficaram putos comigo no começo, mas depois a gente se entendeu de novo. *Monitor* [ser monitor] paga minhas contas aqui dentro. Mas quem é que pagava minhas contas lá fora? Então eu tava seguindo minha vida, mas voltei. E quando voltei, todo mundo viu que aqui dentro eu sou *professor*. Mas peraí, se você ficou de *probatório*, não foi tão fácil assim falar que aqui dentro você é *professor*, pergunto.
> É só saber dar um tempo pras coisas se ajeitarem. Tava aquela bronca toda, mas o que tava pegando mesmo é que os *guardas* não me queriam lá em (...).[4] O Seu MM [monitor orientador] tava puto comigo, porque ele vivia me falando que eu não podia aprontar nada. Pra ele é fácil falar. Então eu liguei pro G., que eu tinha ajudado ele, e falei que queria vir pra P., onde ele já tava. Aí vim pra cá junto com ele.
>
> *Diego, entrevista, julho de 2012*

---

11 de Presidente Venceslau, que funciona em regime disciplinar diferenciado. Fossem ou não do PCC, ou de qualquer outro coletivo, a probabilidade de conflitos estava implícita na estratégia de utilizar aquela unidade pra *desinternação de presos*.

4 Diego se refere á unidade onde cumprira pena e onde fora selecionado como monitor preso. Omito o nome.

De novo a *pilotagem*. Diego utiliza-se da rede que possui e, por seu intermédio, se coloca novamente em posição de destaque. E, mais uma vez, não há antagonismo entre ser *professor* e estar alinhado com o *crime*. Como também não há antagonismo entre estar na *cadeia* ou fora dela.

Por isso sua postura e a forma como me recebe são distintas de seu comportamento em 2010. Diego não se sente acanhando, não esconde suas relações. Tendo chegado à unidade com o histórico que possuía enquanto *professor*, logo foi incorporado ao quadro de monitores daquela penitenciária. "Não passei por seleção nenhuma; quando abriu a primeira vaga depois que eu tava aqui, já fui chamado pra ocupá-la", disse-me.

A prioridade se justifica a partir de duas práticas: em primeiro lugar, tornou-se recorrente ao longo dos anos de execução do programa de educação que instituiu a *posição do monitor preso*, que as gerências da Funap optassem por valorizar, num processo seletivo, presos e presas que já haviam dado aulas em outras unidades. Porém, no caso específico de Diego, uma segunda prática se antepôs: ao abrir uma vaga para substituição de *monitor preso* logo após sua chegada ao presídio, não há concorrente para Diego e ele é o único inscrito para o processo seletivo. Motivo: respeito ao *piloto*.

Nesse caso, importa notar que mesmo se tratando de uma unidade onde há disputas entre diferentes *coletivos* ou presos que não estão vinculados a nenhum grupo; mesmo que seja comum diretores que estão à frente de unidades com este perfil relatarem a necessidade de negociações *em varejo*, como descrito anteriormente; mesmo que sejam negados, no discurso oficial, a prática de acordos e o exercício de lideranças entre os presos e dirigentes do sistema prisional, as práticas e relações sociais no interior de cada unidade prisional nunca são lineares ou homogêneas, se distendendo de acordo com as forças momentâneas que se fazem presentes.

Por isso Diego foi levado àquela unidade: por conveniência para o Estado e por aceitação pela *rapaziada*. Seja onde for, as estratégias de Diego para resolução de seus conflitos transitam entre pólos que seriam, à primeira vista, opostos. Na rua, ele rouba para financiar seus desejos. Na *cadeia*, ele dá aulas. Sempre *lado a lado* com o *crime*. Em ambos lugares, Diego está integrado.

Diego, Anderson e Mário: o que "segura"?

Diego, Anderson e Mário viveram a experiência do aprisionamento em cadeias paulistas. Todos ocuparam, com destaque, a posição de *monitor preso de educação*. Cada um com sua história, cada qual com seus percursos, os três atribuem significados importantes à experiência de ser *professor*.

Meus diálogos com Anderson e Mário ocorrem, hoje, na *rua*. Ou ainda, pela internet. Diego está na prisão. A questão "o que segura?" surgiu destes diálogos que com eles estabeleci ao longo de minha pesquisa. À primeira vista, trata-se de uma questão que exigiria uma resposta normativa, no intuito de saber o que faz com que a pessoa que vivenciou o aprisionamento não queira voltar para a *cadeia*. Não foi assim que eles responderam a pergunta. Não foram esses os significados que deram a ela.

Para compreender as diferentes representações trazidas por meus interlocutores ao suposto antagonismo entre "reintegração" e "reincidência", procurei agrupá-las conforme as categorias, estruturas ou agenciamentos que lhe são comuns. Vejamos.

"TÁ MUITO CARO SER CRIMINOSO EM SÃO PAULO"

Diego e Mário trabalharam juntos enquanto cumpriam pena em *cadeias neutras*. Anderson foi *batizado no* PCC. A influência do *Comando* e sua hegemonia no *mundo do crime* em São Paulo, no entanto, afeta diretamente a vida dos três no momento em que se tornam egressos prisionais.

Como descreve Dias,

> o crescimento do PCC, em termos de seu controle geográfico, da sua participação na economia criminal e de controle sobre determinados estratos sociais em espaços territoriais específicos, foi acompanhado de uma dinâmica interna e externa em que os

confrontos violentos abertos foram absolutamente restringidos entre seus "iguais", ou seja, os atores que compõem o "mundo do crime" e os moradores das localidades controladas pela organização (Dias, 2011: 251).[1]

Como descrito anteriormente, Diego sofreu diretamente as consequências desse controle territorial. Sendo preso de artigo, o *mundo do crime*, na localidade para onde ele se dirige após sua soltura, era-lhe restrito. Como *coisa*, Diego estava impedido de realizar qualquer ação que se opusesse ao controle do PCC ou que com ele disputasse. Não obstante, se em 2010 Diego narrara esta relação com o PCC em termos de uma "perseguição" e de controle de seu comportamento, em 2012 sua narrativa toma outro tom.

Em duas ocasiões Diego manifestara o que seria entendido como um desafio ao controle do *Comando*. Primeiro, ao adquirir uma arma no Peruche; segundo, ao realizar um roubo na Casa Verde. Ambos bairros sob "domínio do *Partido*". O que está por trás desse enfrentamento? Diego responde:

> Eu não podia ficar marcado com aquela história de *coisa*. Que cacete de *preso de estupro* que nada! E aí como é que você se livra disso? Enfrenta quem te fode. Eu sabia dos riscos que corria, mas São Paulo é grande pra caralho. Os caras podiam até vir atrás de mim, mas aí iam ter de conversar, porque o que eu tava fazendo era coisa de *ladrão*, não de *artigo* .
>
> *Diego, Entrevista, julho de 2012*

Enfrentar o PCC assume, portanto, um novo sentido na vida de Diego: trata-se de recuperar uma imagem, um status, uma posição. Trata-se de ser *ladrão*, não mais *preso de estupro*. Diego, ao assumir o risco de *estar no crime* sem ser do PCC, e de fazê-lo em territórios sob domínio de seu inimigo, busca romper com aquela fixidez que haviam-no atribuído no sistema prisional paulista. A prisão ganha novo significado: Diego não reincide, ele se reintegra ao mundo social do qual fora alijado:

---

1   Seguindo a categorização dada pelo PCC, Dias utiliza o termo "mundo do crime" para referir-se ao próprio PCC e às pessoas que estão, de algum modo, a ele ligadas. Ressalto, porém, que o termo surge não apenas entre pessoas ligadas ao PCC, mas também como expressão referencial para praticantes de crimes que estão ligados a outros *coletivos* ou que não estão ligados a nenhum grupo. Nesse sentido, reforço a concepção dada a esta terminologia em Feltran (2008a), conforme nota de rodapé nº 08. Tal ressalva é importante, inclusive, para a compreensão do impacto do PCC na vida dos meus interlocutores que não são/foram do *Comando*, mas que se veem/viram como atores no *mundo do crime*.

Aqui não tem essa de *preso de artigo* não. Sou *professor*, "funcionário" da Funap, e todo mundo me respeita. Ninguém menciona [Art.] 213, 214. Só estou aqui porque fui preso num assalto errado, porque errei agindo sozinho. Se eu tivesse levado alguém comigo; meu erro foi ter ido sozinho buscar aquele dinheiro.

Diego, Entrevista, julho de 2012

Diego é assaltante, *professor*, *lado a lado* com G., o *piloto* da cadeia. Diego é reconhecido como um preso tranquilo pela diretoria da unidade, como um ótimo monitor pela gerência da Funap, como companheiro pelos presos. Diego está em casa.

De modo diferente, Mário também é procurado pelo pcc, mas se afasta de sua interferência:

Quando eu fui preso, eu achava que iam me matar. Eu não podia ficar no *cadeião* porque eu ia morrer. O delegado federal tava puto porque eu tava preso ali, porque ele achava que iam me matar. Aí meu advogado acertou e eu fui pro *seguro* em C., *cadeia do pcc*. Eu ficava falando "aí eu não entro", "não vou entrar", porque eu sabia que a pressão ia ser muito grande. Os caras lá não tinham nada contra mim e pra eles ia ser bom se eu entrasse. Porra, o *T.*, *T.* era meu *vulgo,*[2] em *cadeia do pcc*, era um prato cheio pros caras. Mas aí eu sabia que nunca mais ia *sair do crime*. E eu já tinha feito minha escolha. Aí o seu MS., porra, o seu MS. era um diretor fodido lá de C., ele me disse "se você quer tirar cadeia tranquilo e depois seguir tua vida, você tem que ir pra A.". Aí eu acertei de ir pra A. Só que nisso tudo meu advogado combinava com os caras, "olha, Mário tá segurando a onda sozinho, ele não vai entregar ninguém, a única coisa que ele quer é depois poder escolher o que vai fazer".
Por isso você diz que ninguém te procurou, nem na cadeia, nem agora? É, eu me afastei de tudo. Hoje já tem gente fazendo o que eu fazia. Eu só fazia o elo, a ligação daqui, na América Latina eu conheço quase tudo, Estados Unidos eu não conheço, aí hoje já tem gente fazendo a ponte na Europa, na Ásia. Meu negócio era subir e descer a droga, e conseguir o dinheiro pro negócio. No Brasil é muito fácil achar

---

2   Mário declara como era conhecido, tanto pelos parceiros de negócios, como pela polícia. Vulgo é o nome que se dá aos apelidos usados no *mundo do crime*. Quando o sujeito condenado possui mais de um vulgo, sua ficha apresenta os demais nomes como "aliases".

figurão querendo ganhar dinheiro. Empresário, juiz de direito, jogador de futebol. Eu ganhava dinheiro pra eles. Esse pessoal não precisa mais de mim. Aí o PCC me procurou... tudo molecada, é tudo moleque que tá dominando aqui. Os caras vieram atrás de mim.

Como eles te acharam?

Claro que todo mundo sabe quem sai da *cadeia*, ainda mais quando você sai de uma *cadeia* que não é do *comando* e vem parar numa região que tá lotada de *partido*. Na última *saidinha* os caras ligaram em casa. Aí eu disse que não queria nada com eles não e que ia voltar pra *cadeia* ainda. Eu disse pra eles que quando *caísse no mundo* eu podia conversar com eles. Então quando eu saí, eu cheguei aqui na quinta-feira e os caras já me ligaram. Aí marcaram uma *responsa* na praça da cidade... acho que eles pensaram que eu não ia, mas eu fui lá e falei que tava de boa, que ia ficar de boa e que eles não precisam de mim.

Eles não precisavam, mas você pode precisar, né. Ou então eles podem achar que você está contra eles.

Não, eu disse pros caras que *tô família*,[3] que vou trabalhar, eu quero seguir minha vida de boa. É tudo moleque que tá aqui fora e esses moleques não sabem o que fazem. Aí se eles vão *pedir benção* lá pra dentro, os caras vão falar que é pra me deixar quieto. Eu quero trabalhar, vou começar simples. Eu ainda tenho algum dinheiro, oitenta por cento eu perdi...

Mário, Entrevista, abril de 2011

Mário *saiu do crime*, não quer contato com o PCC, e também não ameaça os negócios do *partido*. Seu posicionamento é claro: desde que foi para a prisão, optou por não delatar ninguém com quem fazia negócios de modo que, ao sair, não tivesse compromissos com ninguém. E como não foi pro PCC, como também não é *preso de artigo*, Mário encontra a possibilidade de seguir sua vida. "Sei que os caras vão ficar de olho em mim, mas se eu não me meter em nenhum negócio, toco minha vida adiante", conclui (Mário, Entrevista, abril de 2011).

No entanto, um elemento que chama atenção de seu relato é a descrição que faz do PCC: "é tudo moleque que tá aqui fora e esses moleques não sabem o que fazem", disse.

---

3   A expressão "tô família" é, segundo a minha experiência no campo, a que melhor designa a intenção de *sair do crime*.

O ano de 2012 foi marcado, no Estado de São Paulo, pelos reiterados conflitos entre as polícias militar e civil e supostos membros do PCC. Na simultaneidade daqueles acontecimentos com a escrita da dissertação que deu origem a esse livro, duas ocorrências chamaram atenção: por um lado, o estado de alerta na atuação de dirigentes e servidores da Administração Penitenciária, com o envio de mensagens extra-oficias acerca de cuidados a serem tomados pelos funcionários. Por outro, uma manifestação de Anderson, quando o entrevistei em setembro de 2012: "o *comando* não está na rua, quem tá na rua é *lagarto*" (Anderson, Entrevista, setembro de 2012).

A expressão de Anderson se assemelha àquela de Mário e demonstra uma estratégia de atuação do PCC: *a disciplina do Comando*, que lhe permitirá exercer aquilo que Biondi (2010) identificou como uma "imanência transcendente".

> A expressão *disciplina do Comando* se refere ao conjunto de regras e normas de conduta impostas pelo PCC aos *irmãos* e a todos aqueles que se encontram nos espaços por ele controlados. Esse código de conduta abrange as mais variadas esferas da vida social dos indivíduos, incluindo sua relação com a família, com os *companheiros*, com o Estado – especialmente com a polícia ou com a administração prisional –, sua atuação no "mundo do crime", seu comportamento cotidiano (Dias, 2011: 296).

Dentre os princípios inerentes à *disciplina do Comando, a guerra contra o Estado*, o *ganhar a cadeia pro partido*, o *resgate*,[4] são procedimentos para os quais *irmãos, primos, companheiros*, devem estar permanentemente à disposição. Mas há outros.

> A existência do PCC é concebida independentemente das manifestações individuais e transferida ao plano transcendente (...) o que explica porque o PCC pode estar presente mesmo na ausência de irmãos ou de territórios prisionais (...). O que ocorre é que na medida em que temos uma transcendência como produtora e acionadora de vontades em suas mais diversas manifestações (...), vínculos territoriais estáveis são absolutamente desnecessários (Biondi, 2010: 209).

Considerando o estágio de hegemonia do PCC enquanto agenciador *do crime* nas periferias paulistas, considerando o constante fluxo entre os lados de dentro

---

4   As expressões significam, respectivamente, a oposição violenta aos agentes estatais, a conquista, pela força, de cadeias contrárias para o domínio do PCC e, por fim, a correção da conduta de algum preso desviante ao proceder do partido ou ainda, a integração de membros de outros coletivos ao Comando. Sobre esses termos, Dias, 2011; Biondi, 2010.

e de fora das prisões – dado, por um lado, pela constante entrada e saída das mesmas pessoas no sistema prisional, e, por outro, pelo crescimento contínuo deste sistema –, tornam-se compreensíveis as expressões "é tudo molecada que tá dominando aqui" (Mário) e "quem tá na rua é *lagarto*" (Anderson).

Seguindo a *disciplina do Comando*, muitos adolescentes e jovens, no intuito de construir uma *caminhada*, de afirmar seu *proceder*, são mobilizados para postos de menor importância ou maior risco, como no caso da abordagem aos egressos prisionais, com o intuito de intimidá-los ou de *resgatá-los* para o *partido*, ou ainda nos casos de enfrentamento da polícia e de ataques aleatórios aos órgãos estatais. Inscrições relacionadas ao PCC tornam-se comuns em muros de escolas, casas ou comércios. Os códigos do partido se espalham. É nesse sentido que Anderson pronuncia:

> tá muito caro ser criminoso hoje em São Paulo. Se você não tá no *comando,* seu espaço de circulação está cada vez menor e você corre o risco o tempo todo de ser interpelado por algum *primo* ou por qualquer *lagarto* que quiser fazer nome. Ou então você é do *partido,* aceita toda a *disciplina,* paga a caixinha – que tá em torno de um salário [mínimo] e pra pagar um salário o cara tem que roubar bem pra sobrar pra ele também. Enfim, não há muita escolha pra ser do *crime* [em São Paulo] hoje não (Anderson, Entrevista, setembro de 2012).

Foto 01: escritos em alusão ao PCC. Banheiro masculino em prédio da Universidade Federal de São Carlos. Foto de outubro de 2012. Arquivo Pessoal.

Assim sendo, se afastar-se do PCC, para Anderson, é buscar caminhos para seguir na *rua*, para Mário significa apenas a reafirmação daquilo que antes ele construíra: "não queria me ligar a nenhum estatuto" (Mário, Entrevista, outubro de 2011).

Num primeiro plano, estes dois casos significam, segundo a ótica normativa, atos de distanciamento da "reincidência". Já para Diego o enfrentamento ao PCC representa o oposto, representa sua "reintegração". Mesmo que seja enquanto inscrição no *mundo do crime*, é como *ladrão* que Diego volta a ser *professor*, volta a ter uma fonte de renda legítima, volta a ocupar uma *posição* que imprime respeito e admiração, ao mesmo tempo em que exige o cumprimento de comportamentos e regras adequados às instâncias de controle aos quais está submetido.

TRABALHO E RENDA

> Trabalho não falta se não ficar louco ganho uma grana rsss nunca trabalhei tanto na minha vida como é duro trabalhar e ganhar grana honestamente fora que tem conta pra cacete rsssssmas vale a pena, não volto pro poço. Rsss lembro do Diego pra ter motivação, não posso ser burro igual rsss
>
> *Mário. Mensagem eletrônica. 31 de agosto de 2011*

***

Ao longo de todo o período em que estive acompanhando Diego, embora sua narrativa dos fatos vividos dentro e fora da prisão tenha se alterado em consonância com os diferentes momentos narrados e, sobretudo, em decorrência da posição ou do status por ele ocupado em cada momento, uma das questões que permaneceu inalterada foi sua não-relação com o "mundo do trabalho".

Diego não possui histórico de trabalho anterior à prisão; dentro dela, jamais ficou sem trabalhar. Dados de seu "boletim informativo", cadastro que registra todas as informações acerca da movimentação carcerária e da participação dos presos em atividades de trabalho e educação, apontam que Diego começou a exercer alguma atividade de trabalho tão logo foi transferido para a primeira penitenciária onde iniciou o cumprimento de pena. E desde então, sempre esteve envolvido em atividades de artesanato, costura de bolas, ajudante geral, dentre outras. Também é como "ajudante geral" que a profissão de Diego é identificada em seu cadastro.

Diferentemente de Diego, Mário trabalhou desde cedo, em diferentes ocupações. Descobriu, pelo trabalho, o valor e os benefícios do dinheiro, mesmo motivo pelo qual chegou ao *crime*. Ao longo do período em que esteve em privação de liberdade, Mário construiu um "projeto de liberdade", conforme suas palavras:

> Enquanto em regime fechado lecionei para turmas de alfabetização e ensino fundamental (...) e começamos a desenvolver o projeto de inglês "English For All". Lecionei o curso de inglês durante praticamente 3 anos, com o objetivo de ensinar escrita, tradução e pronúncia deste idioma, criando novas oportunidades e perspectivas na vida de meus companheiros de cárcere (...) Depois, no semiaberto, criamos e desenvolvemos outro projeto ambicioso: a palestra "A Escolha", que busca informar, causar reflexão, conscientização para mudança de vida; tendo como temas quem sou eu?, sou eu quem realmente faço minhas escolhas?, vícios e compulsões. (...) Pretendo levar estes projetos para fora dos muros de presídios, transformando-os em projetos sociais na cidade onde moro.
>
> *Caderno de campo. Mário, Relato de caso, novembro de 2010*

Ao escrever-me, em agosto de 2011, Mário estava envolvido em dois "grandes projetos", conforme seu relato: a criação de um curso de inglês para taxistas e funcionários de bares e restaurantes, preparatório para a Copa Mundial de Futebol – FIFA 2014, realizada no Brasil; a coordenação de projetos comunitários numa ONG de sua cidade, tendo como estratégia motivacional a experiência adquirida na realização da palestra "A escolha", que realizava enquanto estava preso:

> A experiência de ter sido *monitor preso* foi fundamental para eu conseguir criar algo aqui fora. Aquela história de trabalho com temas, de ler Paulo Freire, de conversar com os alunos ao invés de achar que o professor sabe tudo, aquilo tudo é o que eu sigo agora aqui na ONG. O pessoal me pergunta: "onde é que você aprendeu a trabalhar assim?". Aí eu digo que foi no presídio e ninguém acredita.
>
> *Mário, Entrevista, outubro de 2011*

Quando, em sua mensagem eletrônica, Mário diz ser "duro trabalhar e ganhar dinheiro honestamente", ele completa: "o que ganho em um mês, um mês e meio, eu gastava em uma noite" (Mário, Entrevista, outubro de 2011).

Outra perspectiva acerca do trabalho é trazida por Anderson: "só agora eu descobri o que trabalhar pode ajudar na minha vida. Mas não é o trabalho em si, são as pessoas que convivo a partir do meu trabalho" (Anderson, Entrevista, setembro de 2012).

O relato de Anderson está ligado à sua trajetória pós-prisão. Tão logo obteve a progressão do regime fechado para o semiaberto, Anderson começou a estudar para voltar ao curso superior que fazia antes de ser preso. Ao ganhar o benefício de livramento condicional, prestou novo vestibular e entrou numa nova faculdade. Novamente o curso de Letras. Como estudante universitário, foi contratado como estagiário de educação da Funap. Contava a seu favor a experiência de ter sido *monitor preso*.

A experiência durou poucos meses. Anderson voltou pro *crime*:

> Na época eu tive uma recaída nas drogas. Aí comecei a frequentar *biqueira* pra comprar cocaína. Então os caras me reconheceram, porque *as boca* é tudo do *partido*. Eu tava afastado do *partido* desde que tinha começado a dar aula, porque eu tinha entrado pra igreja. Mas indo na *biqueira*, não tem como falar que to afastado. Voltei *pro crime*, porque eu tava nas drogas e os caras cobravam se eu ia *virar vacilão*. Só que os *irmão* sabiam da minha *caminhada*, então no começo eles só me cobravam o *proceder*. Mas aí a *cobrança* foi aumentando, porque eu tava toda hora na *quebrada* e os caras queriam minha *disposição*. Um dia meu *padrinho* me procurou, ele tava *na rua* e me procurou. Eu não podia sair daquilo, porque era *responsa* minha.
>
> *Anderson, Entrevista, setembro de 2012*

O compromisso com o PCC não podia ser quebrado e Anderson volta *pro crime*. Em seu relato, surgem planos e execuções de assaltos, *tomadas de biqueiras* (pontos de drogas), cobranças (acertos de contas com usuários de drogas que possuem dívidas). Mais um assassinato. Anderson é, na lógica normativa, um egresso reincidente. O retorno ao partido traz retorno financeiro muito além do valor da bolsa-auxílio recebida como estagiário. Anderson deixa o estágio, por orientação do gerente da Funap que o acompanha: "ele estava totalmente fora de condições de continuar trabalhando. Era *cobrança do partido* o tempo todo" (Anotações pessoais de trabalho. J., gerente da Funap, abril de 2008).

Quando reencontro Anderson em 2012, ele se diz "reabilitado"[5] e afirma que trabalhar agora faz sentido:

> As pessoas que eu oriento hoje sabem que eu passei por situações iguais ou piores que eles. Então tem esse respeito, eu falo com elas não como alguém que leu um livro ou foi visitar uma *quebrada*. Eu vivi aquilo, eu falo pra eles do que vivi. E estudo pra falar isso também. Assim eu junto o que vivi com o que estudo.
>
> *Anderson, Entrevista, setembro de 2012*

Anderson é educador social num projeto voltado para moradores de rua. Funcionário de uma ONG, que mantém convênio com a prefeitura do município onde se encontra, Anderson ingressou no projeto como cozinheiro, mas sua interlocução com os usuários do projeto chamara atenção da coordenação:

> Ele tem essa facilidade de conversar com as pessoas quando elas estão na pior condição. E ele não fala com elas querendo salvar ninguém. Ele fala do que elas podem fazer pra ter um dia melhor, mesmo que estejam usando drogas, mesmo que estejam na rua. Sem saber, ele vinha trabalhando com a redução de danos. Por isso a gente ficou de olho nele e, sabendo da história dele, porque também ele nunca escondeu sua história, a gente percebeu que ele ia ser um bom educador social.
>
> *T., coordenadora de programa social. Entrevista, setembro de 2012*

Diego, Mário e Anderson possuem experiências distintas com relação ao "trabalho". E expectativas também diferentes, o que lhes inscreve de forma bastante distinta no "mundo do trabalho". Essa diferenciação aponta um sentido oposto àquilo que Madeira (2008) identificara enquanto "temática central nas trajetórias pós-prisionais" (Madeira, 2008: 324). Diz esta autora:

---

5   Retomo adiante o processo de reabilitação de Anderson e as estratégias por meio das quais ele se *afastou* do PCC.

> Os egressos têm uma trajetória marcada pelo trabalho: em pri-
> meiro lugar, na sua visão, o envolvimento criminal é fruto de um
> abandono do ideal de trabalho, em função de uma vida mais fácil,
> de maior lucro e satisfação mais imediata, e que, para seu azar,
> deu errado. Quer queiram, quer não, a essencialização do traba-
> lho é algo que lhes persegue desde o início de sua trajetória cri-
> minal, quando optaram por manter-se longe dele, passando pela
> vida carcerária (Madeira, 2008: 324).

O que as trajetórias de Diego, Mário e Anderson demonstram é, exatamente, a quebra da essencialização[6] do trabalho. Se Mário construiu uma carreira
profissional anterior ao crime, ela pouco interferiu para desconstruir sua opção
de ingressar numa "carreira criminal", mesmo que tal opção tenha se dado, conforme a autora, pela busca de uma "satisfação mais imediata". Por outro lado,
nem Anderson nem Diego acumularam experiência profissional significativa
anteriormente ao ingresso *no crime*. Não era esta a esfera social que possuía
centralidade em suas vidas, de modo que não foi a falta de trabalho, ou a experiência frustrada nesse campo, que os levou a cometerem os atos pelos quais
foram condenados.

Da mesma forma, o trabalho não passa a ocupar nenhuma centralidade
quando os três interlocutores se tornam egressos prisionais, embora no caso de
Diego a falta de acesso ao mercado de trabalho funcione como motivo incenti-
vador – mesmo que secundário – para a prática dos assaltos que realiza. Mário,
por seu turno, continua reclamando do trabalho – "é duro trabalhar e ganhar
grana honestamente" –, mas permanece no esforço de uma vida legalmente
aceita, por motivos que não se centram em sua vida profissional (e que darão
sustentação à sua resposta quanto ao questionamento sobre "o que segura").

Por fim, Anderson teve acesso ao trabalho após deixar a prisão, mesmo que
na forma de um estágio remunerado, e, apenas após sua *recaída* e sua *reabilitação*, passou a identificar na atividade profissional algum sentido, o qual se assenta sobre outros valores que não estão necessariamente ligados ao retorno
financeiro gerado pelo trabalho.

Além do "lugar" que o trabalho ocupa na vida de egressos prisionais, outro
aspecto divergente entre o que verifiquei em campo e aquilo que a pesquisa de

---

6   A concepção de "essencialização", em Madeira, é tomada no sentido de algo essencial para a
     saída do crime. É esta concepção que está aqui refutada, uma vez que as trajetórias de Diego,
     Mário e Anderson demonstram outras percepções acerca do trabalho.

Madeira aponta se dá com relação à expectativa dos egressos quanto ao trabalho. Em sua pesquisa, Madeira aponta que

> para a maioria dos egressos, as novas experiências de trabalho tenderão a reproduzir as formas antigas, com o agravamento de que, se na época não eram ex-presidiários, hoje terão de lidar com o acréscimo do preconceito e da estigmatização, em uma sociedade ainda mais precarizada (Madeira, 2008: 325).

No sentido apontado por Madeira, os sujeitos pesquisados relatam uma expectativa de reprodução de experiências de trabalho mal sucedidas, em geral por serem experiências de baixa remuneração. Em que pese as diferenças – quantitativas, de público pesquisado, de localidades geográficas –, o que destaco nesta divergência é a visão, embutida na abordagem daquela autora, de que o trabalho ocupa centralidade no processo de "reintegração social", de modo que a ausência de trabalho, ou de oportunidade de vir a trabalhar, acaba por "conduzir ao crime". Não é isto que pude observar. Por isso, conforme descrevi anteriormente, o pressuposto normativo impede que se desvelem convergências e complementariedades entre "reintegração" e "reincidência".

Se Diego manifesta, inicialmente, alguma expectativa com relação ao trabalho, é somente na perspectiva de justificar seu retorno ao *crime* para o "superintendente da Funap". Ao se referir à sua falta de condições financeiras para custeio de suas necessidades, para ajudar sua mãe, para adquirir os bens materiais que deseja, Diego omite suas preocupações mais imediatas: recuperar status no *crime*, romper com a identificação de *preso de artigo* que o acompanha.

Por seu turno, se, ao ganhar a liberdade civil, Mário carrega consigo a expectativa de "levar pra fora os projetos que realizava lá dentro", o sentido mais forte que esta expectativa carrega é manifesto n'outra frase: "não volto pro poço (...) lembro do Diego pra ter essa motivação".

Anderson, por fim, só se atentará para o trabalho mais tardiamente: "quando saí da cadeia, só o que eu queria era ficar longe das drogas, na igreja, estudando. Até me perder nesse caminho, por conta de uma frustração pessoal" (Anderson, Entrevista, setembro de 2012).

Poder-se-á objetar que a abordagem aqui exposta representa um universo bastante pequeno para se produzir inferências acerca da importância do trabalho enquanto categoria relevante para a "reintegração social" de egressos prisionais. Não é isso, no entanto, o que está sendo afirmado: o que está em jogo é a representação do trabalho enquanto categoria salvacionista, imprescindível para *tirar do crime* os egressos prisionais, quando o que esta pesquisa demonstra é que também o trabalho pode ser compreendido como uma "superfície de inscrição", na qual se inserem tanto suas características "ressocializadoras", como seus apelos à "reincidência".

Feltran (2010) demonstra como a coexistência entre *trabalhadores* e *bandidos* no interior de uma mesma família cria um equilíbrio entre esses polos que, *a priori*, são opostos. Diz ele:

> a emergência do crime no conjunto social das periferias reconfigurou, portanto, as estratégias de sobrevivência, as perspectivas de olhar para o trabalho e o que é legítimo, e atingiu mesmo o universo doméstico de famílias (...). Essa reconfiguração dos pilares de estruturação da dinâmica social das periferias está em curso (...) Se, publicamente, trabalhador e bandido são opostos, no interior de diversas famílias moradoras de favela e periferias, na São Paulo contemporânea, articula-se a contribuição de atividades lícitas e ilícitas tanto para a subsistência quanto para a inscrição dos indivíduos em circuitos sociais mais amplos (...) A crise moral é controlada racionalmente, passa a não haver mais condenação dos atos criminosos. Trata-se de uma opção como outra qualquer (Feltran, 2010: 156).

Da mesma forma, o que a trajetória de Diego informa é que esse conflito se anula também no plano individual e na percepção de si mesmo. Diego não postula conflitos entre o *professor* e o *bandido*: seu "pertencimento no mundo"[7] comporta esses dois pólos como realidades complementares, e não como facetas que se excluem.

O *trabalho*, portanto, não é o caminho que se opõe ao *crime*, como faz crer a abordagem normativa do binômio aqui refutado.

AFINAL, O QUE SEGURA?

> Como eu te disse, eu voltei pro *crime* depois de uma recaída. Eu trabalhava na Funap e houve um roubo de passes de ônibus dentro do escritório. Eu era o único egresso ali, então os olhos todos se

---

7   Considero o termo segundo a concepção bachelardiana, em que homem e mundo, intimidade e externalidade, são realidades familiares. O homem não é uma realidade em si, ele é uma realidade no mundo. Daí a ideia do pertencimento, como realidade fenomenológica.

voltaram pra mim. Só o J. [gerente regional da Funap] acreditou e mim e a gente sabia quem tinha feito aquilo. Mas a desconfiança e a acusação geral caíam em cima de mim. Nessa época eu frequentava a casa de um amigo e a gente sempre tomava uma taça de vinho. Só que eu fui aumentando a quantidade, uma, duas, três garrafas cada vez que ia lá. E eu ia percebendo que ficava faltando alguma coisa: era aquele ardido na garganta que a gente sente quando *dá uns tiros* [usa cocaína]. Aí eu voltei *pra boca.*

Anderson, Entrevista, outubro de 2012

Outra categoria comumente apontada como referencial para o processo de "reintegração social" de egressos prisionais é a família. No plano normativo, surgem ainda a religião, as políticas públicas (qualificação profissional, educação, saúde), a assistência jurídica e psicológica, as medidas assistenciais (Madeira, 2008; Espinoza, 2003).

Organizadas enquanto programas de atendimento a egressos prisionais, essas categorias, se eficientemente providas ao público a que se destinam, e distribuídas em sistemas de redes de atendimento, "se apresentam como a única alternativa de garantir sobrevivência para essas populações [os egressos prisionais] em vulnerabilidade" (Madeira, 2008: 332). No plano empírico, porém, mais que questionar a "eficiência" dos programas, como o fazem Madeira e Espinoza, cumpre compreender como cada uma daquelas categorias, assim como o "trabalho", também está longe de possuir qualquer neutralidade axiológica que justifique a compreensão naturalista[8] da oposição "reintegração" x "reincidência".

Anderson expressa, no depoimento acima descrito, as ambivalências de cada uma destas categorias. Quando volta para o *crime*, Anderson está inserido em toda a rede de atendimento que se postula como necessária à "reintegração social" dos egressos prisionais: trabalho, estudos, assistências psicológica e social, igreja. Se a recaída nas drogas o reaproxima da *boca*, é lá que a *família*, o trabalho e o potencial de uso de seus conhecimentos se ressignificam:

---

8   O uso do termo é proposital. Até o momento, venho abordando o binômio enquanto categoria normativa. Porém, tal normatividade se reforça quando passamos a desconstruir as bases sobre as quais ela se assenta, no caso, uma visão naturalista dos conflitos de condições materiais, que justificaria olhar distintamente os "bons" e os "maus", "trabalhadores" e bandidos".

> Sabe Felipe, o *crime* é sujo, mas não admite falhas. Eu já estava frequentando a *quebrada*, já tinha sido identificado, era o *Big Boy* de novo que tava ali, tinha de andar com a *família*, tinha de mostrar que eu não tava contra *o crime*. Um dia a gente chegou num bar e deu de cara com um *coisa*. Aí começou o *debate*: "porra, tem um *coisa* ali, o que a gente faz com ele?". Os caras queriam me testar, porque eu tinha me afastado pra ser da *igreja*, pra ser *professor*. Agora eu tava com eles de novo, mas sempre tem aquela desconfiança pra saber se você *tá junto* mesmo. Então a gente recebeu o *sumário*, os caras ligaram *nas torre* e passaram a *fita*: "aê, mata o *vacilão*". Então o *vacilão* podia ser tanto *o coisa* que tinha invadido a área, como eu, que tava sendo observado. Eu me pronunciei na hora: me dá *as ferramentas*. Entrei no bar e dei três tiros no cara.
>
> *Anderson, Entrevista outubro de 2012*[9]

A situação é, no entendimento de Anderson, liminar: "*ladrão vive de pontos*", ele completa, concluindo depois o significado que aquele crime passa a ocupar na sua trajetória:

> A partir dali os caras viram que eu *tava junto* mesmo, que se fosse pra eu ficar no *crime*, era com a *família* que eu *corria*. Então eu pude traçar outro caminho. Eu caí fora da Funap pra mostrar que não tinha nada a ver com o roubo dos passes e saí da faculdade, porque eu não tava conseguindo estudar mesmo. Aí eu fui embora, fui me internar numa clínica de tratamento. Só que pra isso eu sabia que não podia *pedir benção*. Os caras viam que eu tinha voltado, como é que eu ia querer sair de novo? *Eu me joguei*.
> Então você fugiu do PCC?
> É, mais ou menos. Eu sabia que iam me achar, então eu não podia dizer que tava fugindo. Por isso eu fui pra clínica. Quando um *primo* me achou, eu falei: "porra, eu *corri* porque eu tava precisando me tratar. Olha só onde eu tô, você acha que eu escolhi isso aqui?". Só aí que eu liguei pro meu padrinho, eu pedi um *sumário*, falei pros caras que não tava fora, que eu precisava me tratar, que quando eles precisaram de mim eu não *vacilei*, minha *caminhada* tava em

---

9   "Big Boy" é nome fictício, em referência ao nome pelo qual Anderson é identificado no PCC. Na fala de meu interlocutor, "família" e "crime" referem-se ao PCC, ao passo que "ferramentas" significa "armas". Os demais termos nativos já foram identificados anteriormente.

dia, nunca tive *puxão de orelha*. Eu fiquei na clínica por um ano e durante seis meses, pelo menos, os caras ficaram *sumariando*. Aí eu arrumei um trabalho num comércio, de ajudante. Um irmão apareceu lá um dia, "aê *Big Boy*, fica *de boa* que a gente tá entendendo teu lado. Ninguém tá *dando aval procê afastar* não, mas a *rapaziada* entendeu teu caminho". Desde então ficou assim: eu não tomei *gancho*, não *afastei* e, melhor, não fui *decretado* [expulso]. Eu só to na minha, seguindo minha vida. É isso que segura!

Como assim, é isso que segura?

Você tem que ter sua *responsa* reconhecida, não tenho *micha* nenhuma, nenhum *puxão de orelha*, nada. Meu *padrinho* não *deu aval* da minha saída, porque senão prejudica a *caminhada* dele. Mas ninguém tem nada contra mim. Então eu seguro minha onda, o que segura é isso: os pontos que você tem.

Anderson, Entrevista, outubro de 2012

Anderson se reabilitara. E seu depoimento remeteu-me, novamente e em sentido oposto, a Diego, que afirmara: "que cacete de *preso de artigo* que nada" (Diego, Entrevista, julho de 2012). São *os pontos* mencionados por Anderson, ou seja, a identificação que lhes atribuem aqueles que, com eles, compartilham as vivências no *mundo do crime*. Por um lado, é o "dispositivo do crime" regulando a vida dos egressos prisionais; por outro, são esses egressos construindo seus trajetos num equilíbrio sutil entre diversas lógicas aparentemente contrárias, mas que, ao se cruzarem, os permitem vivenciar as diversas esferas do mundo social, seja o trabalho, seja a família, a educação etc.

É este equilíbrio, estabelecido na convergência entre *o crime* e o modelo contratual da sociedade contemporânea, que marca a forma de pertencimento dos indivíduos que, por motivos variados, tiveram suas vidas ligadas ao aprisionamento nas prisões paulistas. Em termos normativos, Anderson e Diego são "reincidentes". A "reincidência" de Anderson o permitiu viver em liberdade civil, com a vigilância do *crime*, mas podendo inserir-se no mundo do trabalho, na escola, na família. Para Diego, a "reincidência" significou sua "reintegração" no *mundo do crime*, espaço de sociabilidade onde ele conquista seu reconhecimento e sua inserção nas esferas de participação social.

E se Mário não "reincidiu", ele tampouco esteve "integrado" no *crime*, de modo que, ao ganhar a liberdade, necessitasse se "reintegrar à sociedade":

Fala Felipe, aqui ta bombando, passando umas dificuldades, mas vai melhorar. Trabalhando muito e muita conta rsss aqui to numa gandaia só, trabalhar pra cacete e não comer ninguém é querer demais rsss fechando agora mais uma parceria com o shopping da cidade pra eu dar aulas para os funcionários

meu nome ja ta muito falado na cidade rsss só falta ter grana KKKK

Mário, mensagem eletrônica, 03 de abril de 2012

Mário *saiu da cadeia*, e continuou *tocando sua vida*, o que demonstra como as relações internas à prisão implicam em feixes específicos na vida pós-soltura.

V

Apontamentos finais

"A liberdade de movimento é historicamente a mais antiga e também a mais elementar. Sermos capazes de partir para onde quisermos é o sinal protótipico de sermos livres, assim como a limitação de liberdade de movimento, desde tempos imemoriais, tem sido a pré-condição da escravização. A liberdade de movimento é também a condição indispensável para a ação, e é na ação que os homens primeiramente experimentam liberdade no mundo".

Hannah Arendt, *Homens em tempos sombrios*

Outubro de 2012. Há dias, senão meses, que a burocracia e a lógica centralizadora de gestão na Funap impedem-me de realizar as tarefas que ao longo dos últimos oito anos me propus enfrentar. O movimento que se imprime à Fundação é de sucateamento. O propósito: entregar, em sua totalidade, o programa de educação nas prisões para a gestão e execução exclusiva à Secretaria de Educação. Meu movimento é de resistência. Enfrentamento. Outubro de 2012. Meio-dia e o sol arde na capital paulista. Feijoada, conversa, cervejas. É quarta-feira e Anderson me acompanha. Impedido de exercer minhas funções, recuso-me a fingir estar trabalhando. Há coisas mais importantes a fazer. Entrevista, bate-papo. Enquanto flui nosso diálogo, me dou conta que o gestor que antes se misturava a todo tempo já pouco influencia o pesquisador. Já não me ocupo tanto em vigiar minhas intervenções. A conversa simplesmente flui. E o vínculo agora é bastante diferente. Anderson expressa essa percepção: "jamais contei isso tudo pra ninguém. Só você mesmo, e essas tantas Brahmas, pra me fazer falar tanto". Há confiança. Quatro e meia da tarde. O telefone anuncia aquilo que eu já esperava. Na quinta cedo iria à Funap: entregar o carro, celular, documentos de trabalho. Assinar a demissão. Aquela jornada se encerrava. Antes, porém, era preciso acabar a quarta-feira. Anderson me acompanha. E sentencia: "ninguém fica igual depois que vira *monitor na cadeia*. Seja como for que o *cara* queira usar essa experiência, ele vai usar. Mas com certeza ele será outro *cara*. Essa diretora da Funap tem de ser muito burra pra não *sacar* isso". Abrimos mais uma cerveja. A noite se apresenta quente. E longa!

Caderno de Campo, outubro de 2012

***

Como descrevi no início deste texto o processo de pesquisa que levei a cabo esteve o tempo todo imbricado entre minhas preocupações intelectuais e minha inserção profissional no campo de investigação. Até por isso, é marcante o caráter descritivo que marca este livro: a simultaneidade entre minha história vivida, a abordagem metodológica junto aos sujeitos de pesquisa, as ocorrências e decisões institucionais das quais participei, os embates teóricos, políticos; o trânsito entre a gestão de políticas prisionais e a investigação sociológica destas políticas, conduziram o texto por esse caminho.

Mas a ênfase descritiva não é apenas decorrência das condições e dos caminhos da pesquisa: é também o recurso encontrado para buscar contribuir com um campo de investigação que sofre com as restrições impostas pelos sistemas de administração e de controle que vigoram sobre as prisões paulistas. Nesse sentido, todas as dinâmicas, relações e representações descritas podem contribuir para outras análises, outros estudos. Essa foi uma opção ética de meu trabalho, um compromisso político decorrente do espaço e do lugar que ocupei e que, conforme mencionei anteriormente, me possibilitou acesso privilegiado ao campo de pesquisa.

Não obstante, ao longo de todo o texto pontuei questões que, nesse momento, merecem ser um pouco mais depuradas. Assim, é chegada a hora de tomar as descrições realizadas como objeto de análise, muito embora ciente das limitações que meu próprio envolvimento com a temática impôs a essa tarefa.

Das fontes bibliográficas

O repertório bibliográfico aqui utilizado não se vincula, especificamente, a nenhuma escola, corrente ou tradição sociológica. O que busquei fazer foi um diálogo com dois autores clássicos dos estudos sobre prisão – Goffman e Foucault – e com as novas pesquisas sobre o contexto e as dinâmicas paulistas das prisões e da violência. Além disso, a leitura de autores contemporâneos da sociologia da violência e da punição permitiu-me compreender melhor os argumentos de inserção do trabalho neste campo de pesquisa. Conceitos e concepções como criminalização, controle do crime, paradigmas de violência, endurecimento penal, economia criminal, dentre outros, subjazem as diversas relações e representações descritas, bem como os conflitos de ordem política e institucional. Se a tais conceitos ou concepções não foi dada maior ênfase, trata-se de uma opção específica para esta pesquisa, uma vez que a investigação analítica poderá ser retomada em estudos futuros.

Não obstante, algumas destas concepções e aportes teóricos podem ser agora explorados com mais cuidado.

Uma primeira concepção, de bastante uso no Brasil, é a definição de Goffman da prisão enquanto instituição total, "um local de residência e trabalho onde um grande número de indivíduos com situação semelhante, separados da sociedade mais ampla por considerável período de tempo, levam uma vida fechada e formalmente administrada" (Goffman, 2010: 11).

Se uma importante contribuição de Foucault está na demonstração dos mecanismos pelos quais a prisão se torna uma das instituições de maior força nas sociedades contemporâneas, sobretudo por sua promessa de excluir da sociedade mais ampla aqueles indivíduos que são considerados perigosos, perniciosos, indesejáveis, muitas das características descritas por Goffman para as "instituições totais" podem hoje ser refutadas, o que buscarei fazer tomando por base acontecimentos e relações anteriormente narrados.

Relembrando a narrativa de I., que exerceu o cargo de diretor de presídio e foi desligado desta função após resistir à ordem do então Secretário da Administração Penitenciária de entregar um celular a um preso, para que houvesse uma negociação acerca da megarrebelião do PCC de 2006, é possível desconstruir a noção do "controle [como] o fato básico das instituições totais" (Goffman, 2010: 18), bem como a prerrogativa de um controle total do corpo diretivo sobre os internados.

Da mesma forma, a rede de articulação que caracteriza o PCC e o permite estar presente mesmo onde não existam seus membros, como demonstra Biondi (2010), contraria a característica descrita por Goffman de que nas instituições totais há apenas a convivência, por um longo período, com o mesmo grupo de referência, com as mesmas pessoas. Se é comum, atualmente, as pessoas manifestarem "ter passado a tarde no facebook", quando, fisicamente, estavam à frente de algum aparelho digital – PC, tablet, smartphone etc. – é porque as novas ferramentas de comunicação permitem um deslocamento espaço-temporal que proporciona o convívio mesmo com quem não está fisicamente presente. E é esse deslocamento espaço-temporal que marca as relações sociais que hoje caracterizam as prisões paulistas, tal como demonstra a narrativa de Anderson sobre seu *batizado no partido*, quando *as torres* acompanhavam e davam aval à sua *filiação*, mesmo estando em diferentes unidades prisionais do estado.

Não é diferente com a perspectiva da mobilidade social entre dirigentes e internados. Primeiramente porque, em termos financeiros, na maioria dos casos, o que se observa é não haver muita distinção entre *guardas* e *bandidos*. Os acontecimentos ao longo de 2012 de conflitos entre forças de segurança e supostos criminosos, assim como as dinâmicas da periferia descritas por Feltran (2011, 2010a, dentre outros), demonstram que *guardas e bandidos* são habitantes de territórios semelhantes, das mesmas localidades, compartilhando o espaço público e disputando legitimidade, o que, no cotidiano, gera diversos mecanismos de coexistência. Em segundo lugar, os acordos estabelecidos entre Estado e população prisional, como descrito em diversas ocasiões ao longo deste texto, demonstram que mais do que uma "inversão de papéis" (Goffman, 2010:

89) entre dirigentes e internados, é a partilha da administração do cotidiano das unidades prisionais que mantém *a cadeia andando*.

Ressalvadas algumas impertinências da obra de Goffman para a compreensão das prisões paulistas como "instituições totais", sua abordagem acerca das "identidades" e "papéis sociais", do "desempenho", do "estigma" e da "institucionalização" foi aqui assumida como correspondente àquilo que o campo apresenta. É nessa perspectiva, por exemplo, que se dão as diferentes identificações que incorrem sobre minha presença nas prisões, seja como o *professor* a quem um *faxina* pôde dar a mão, seja como *o polícia* que não pôde ser recebido por Diego. Também é essa a concepção presente por trás das ações de Diego no *mundo do crime*, quando busca romper o estigma do *preso de artigo* e ser reconhecido como *ladrão*, uma identidade social que lhe permite ascensão nas prisões por onde passa. Por fim, é numa lógica de "desempenho" que Anderson age como *bandido*, executa o *sumário* de morte de um *coisa* e, a partir do reconhecimento de sua *caminhada*, consegue *afastamento* do PCC.

Outro debate teórico importante que permeia esta obra está na concepção de *mundo do crime*. Desde o início assumi aqui a perspectiva trazida por Feltran (2008a), conforme registrado em diversos momentos do texto. Entretanto, ao longo do trabalho apontei também que há divergências em torno dessa noção, a qual é compreendida, em diversos casos, como relacionada sobretudo à expansão e à hegemonia ocupada atualmente pelo PCC. Nesse sentido, ser *do crime*, participar do *mundo do crime*, seria uma condição exclusiva deste *coletivo*.

Pois bem, a narrativa sobre Diego demonstra que, mais do que uma carreira delinquencial, o que permeia sua trajetória é uma forte inserção em esferas de relacionamento que se ajustam e que o projetam exatamente no *mundo do crime*, mas em oposição ao PCC, o qual Diego afronta, inclusive, como estratégia de ascensão social para o seu *convívio na cadeia*.

Não obstante, tomando alguns elementos da trajetória de Mário, é possível refletir outra questão sobre a noção de *mundo do crime* que aqui foi adotada. Mário afirmou não ter *"aderido a estatuto"*, não ter se unido a *"nenhum comando"*. Quando foi procurado pelo PCC, Mário disse só ter encontrado *"molecada"*. Mas então Mário, tendo construído uma carreira criminosa, não era *do crime*? Uma pista é dada na própria forma como Feltran descreve a expressão *mundo do crime*; outra, naquilo que Peralva, Sinhoretto e Gallo (2012: 16) apontam como uma "classificação dos indivíduos envolvidos com o tráfico". No primeiro caso, tem-se a referenciação do *mundo do crime* como uma esfera local dos agenciamentos do narcotráfico, dos roubos, assaltos e furtos. No segundo, um sistema hierárquico de funções e posições, segundo o qual Mário pode ser identificado no patamar dos traficantes internacionais, escala bastante presente na economia das drogas no estado de São Paulo, onde os indivíduos ligados a este mercado

> aparecem desempenhando as atividades centrais, de distribuição no atacado, serviços judiciais (especialmente importantes em portos, aeroportos e estradas), recursos financeiros e lavagem de dinheiro. Atividades bastante especializadas e centrais para todo o mercado da droga não apenas no país, como no mundo, por ser um ponto importante de conexão entre os países produtores da América Latina e os países europeus e da América do Norte (Peralva, *et al*, 2012: 19).

Tal abordagem permite compreender porque Mário não se identifica com *o crime*, uma vez que sua atuação se dá no interior de uma economia mundial e numa posição que se caracteriza pelo não uso da violência, pelos atributos de negociação típicos do "mundo dos negócios", pela formação de redes de confiança e lealdade. Por isso os relatos de Mário em que se reconhece como "proativo", como "empreendedor", "persuasivo". Por isso seu incômodo com um furto, uma vez que tal ação não fazia parte de seus objetivos.

Mas se tal interpretação é correta, outro problema se apresenta: a identificação do *crime* apenas com a favela, a periferia, a pobreza. E se Feltran indica sempre que seu estudo é sobre a política e a violência nas periferias de São Paulo, resta-nos o problema de entender como o crime também atravessa as fronteiras desse território, se ressignifica em outras localidades e nos permite desnaturalizar as relações que se interpõem entre a pobreza, o crime e as manifestações da violência. Esse é um problema que este livro jamais daria conta.

Ainda no campo da abordagem teórica, cumpre agora tomar com atenção o debate que propus em torno dos conceitos de "reintegração social" e "reincidência criminal", objeto principal de reflexão, cuja trajetória de Diego, acredito, já apontou diversas insuficiências. Antes, retomo algumas dinâmicas e relações que se desdobram das prisões paulistas e que exercem influência na discussão deste binômio.

Consequências das diretrizes político-institucionais da administração penitenciária na vida dos monitores presos de educação

Ao longo do capítulo II descrevi diversas dinâmicas de convívio e de negociação entre o Estado e a população prisional que implicam em feixes específicos de pertencimento e de relações entre os presos, que configuram diferentes *coletivos*, cujas clivagens exercem impacto direto nas trajetórias dos egressos aqui mencionados.

Descrevi ainda as diferenças entre arquiteturas e regimes das unidades prisionais, bem como algumas formas como o Estado, por meio dos operadores do sistema penitenciário e até mesmo de seus gestores, negocia o convívio entre servidores e presos, garantindo o *andamento das cadeias*.

Por fim, tendo identificado o *monitor preso de educação* como uma identidade social específica das relações no interior das prisões paulistas, apontei as disputas políticas que foram sendo travadas, sobretudo no período de 2010 a 2012, pelo controle do Programa de Educação nas Prisões de São Paulo, disputas que se inserem naquilo que Garland identificara como um campo de disputa pelo "controle do crime" (Garland, 2008), o qual, neste contexto específico, se desdobra sobre o controle das políticas de "reintegração social", que coexistem, como já mencionado, com as tendências de endurecimento penal (Silvestre, 2012).

Pois bem, uma vez descritas as passagens das trajetórias de Mário e Anderson, e apresentado o percurso de Diego que o leva da prisão à liberdade civil, desta ao reaprisionamento em condição subalterna e, finalmente, à sua nova ascensão, em condições fortalecidas, no *mundo do crime*, cabe retomar alguns pontos descritos no capítulo II para compreender suas influências na perspectiva dos *monitores presos de educação* enquanto egressos prisionais.

O primeiro ponto que chama atenção são as articulações de Diego, após seu reaprisionamento, para retomar seu posto de *professor*, o status que o acompanha e, principalmente, para aniquilar, no convívio do dia a dia, a identi-ficação de *preso de artigo*.

Conforme descrito, enquanto estava em liberdade Diego cometeu diversos assaltos e realizou ações em territórios dominados pelo PCC. Se as ações crimi-nosas, normativamente vistas como "reincidência", renderam-lhe, num primei-ro momento, uma reação de seus antigos colegas de prisão e de *grupo-escola*, Diego facilmente soube superar essa resistência, colocando-se *lado a lado* com o *piloto* de cadeia que havia ajudado n'outra ocasião. Porém, o que mais chama atenção é o arranjo realizado por Diego que o permitiu ser transferido do CDP na capital paulistana para a unidade prisional onde estava seu parceiro.

O fato demonstra claramente as articulações e negociações entre o Estado e o *mundo do crime*, a negação do combate diário ao crime organizado, diferente-mente do que anuncia o então Secretário de Administração Penitenciária. Além disso, procedimento de tal ordem só é possível em decorrência das práticas pe-nais instituídas a partir da gestão penitenciária paulista, que empreendeu, desde o final da década de 1990, amplos esforços para alterar a LEP e permitir maior autonomia aos gestores de unidades prisionais, como nos casos das transferên-cias de presos pelos estabelecimentos penais (Teixeira, 2009: 165-175). Assim, a ida de Diego do CDP da capital para a unidade na região oeste do estado foi acer-tada por seu advogado com as direções dos presídios, tão logo Diego indicara que já estava "pronto para ir embora de São Paulo" (Diego, Entrevista, julho de 2012). Pode-se dizer que, após superar os entraves causados pelo *crime*, Diego acertou-se com o Estado e decidiu onde iria cumprir sua nova pena.

Não menos importante é anotar a importância do modelo arquitetônico da *cadeia* para onde Diego se dirigiu na obtenção de seu novo posto de *professor* e em sua ascensão política no *crime*. Conforme descrevi anteriormente, Diego narrou que a unidade onde se encontrava era "*uma zona*" (Diego, Entrevista, ju-lho de 2012). Trata-se de um presídio do modelo arquitetônico aqui identificado como "cadeia pública", em que os espaços de convívio se dividem em dois *raios*, geralmente sem comunicação entre o raio I e o raio II. Naquela unidade, porém, esse convívio não é proibido e os presos dos dois raios se misturam. Ali também não há, conforme mencionou Diego, separação entre *coletivos*, havendo mem-bros de diferentes grupos. Assim, sendo amigo de G., o *piloto*; sendo o preso que, no passado não distante, preveniu G. quanto a uma *armação* para sua *derrubada*,

Diego é respeitado por todos os outros presos e transita sem dificuldade pelos dois raios e por todos os espaços de convívio da *rapaziada*. É, portanto, uma situação distinta daquela que Diego vivia durante o cumprimento de sua primeira pena em regime fechado (conforme Figura 5 acima), quando Diego era *preso de artigo* e tinha como espaço de convívio apenas o raio que habitava.

A importância dos modelos arquitetônicos surge também na narrativa de Anderson: sendo *frente* no PCC, Anderson habitava o raio III de sua unidade, onde à época estavam, segundo seu relato, uma *torre do partido* e o *piloto* da unidade. Ao buscar a igreja e ingressar na escola, Anderson se transfere para o raio I, onde estão os presos que trabalham e estudam. Assim, há um recorte espacial – nestas e na maioria das unidades – que distingue os presos que se dizem voltados para o processo de "reintegração social", ou seja, aqueles que participam das ações de "tratamento penitenciário", dos presos que estão apenas *puxando cadeia*.

Não obstante, há constrangimentos nesta divisão. Um deles foi descrito por Anderson e diz respeito às novas formas de vigilância que sobre ele se impõem quando ele pede *afastamento do partido* para ir para a igreja. Outro é aquele descrito pelo ex-diretor de segurança e disciplina N. e citado anteriormente, quando este interlocutor descreve estar *"tudo sob controle dos cara"*. Na prática, esta assertiva se realiza por meio de um rigoroso controle sobre quem sai dos *raios* para as escolas e pavilhões de trabalho, ao passo que quem fica no *raio* está isento dos constrangimentos diários de revistas vexatórias e questionamentos[1] que são feitos pelos agentes de segurança penitenciária. Inserir-se numa atividade de "tratamento penitenciário" é, portanto, estar mais submetido às regras de controle e às pequenas negociações do cotidiano.

Outro impacto gerado pelas decisões político-institucionais do período na vida dos *monitores presos* foi o desmanche contínuo que se observou nos três pilares de sustentação teórica que compunham o "Tecendo a liberdade". Conforme demonstram os gráficos 1, 2 e 3 apresentados anteriormente, ao mesmo tempo em que cresceu o número de monitores presos desde 2004, os demais itens de investimento não tiveram o mesmo acompanhamento. Ou seja: *os monitores presos* deixaram de ser acompanhados por monitores orientadores (da Funap ou

---

[1]   "Aê bandido, tá indo pra escolinha?", é uma frase comum dos guardas. Porém, quem fica no *raio, puxando cadeia*, não é incomodado, uma vez que os agentes de segurança não entram nesses espaços, exceto em momentos de *blitz* ou em ações da tropa de choque para conter algum motim.

da SAP) e, dentre estes, os que permaneceram atuando na função deixaram de receber a formação continuada que fora prevista. Os impactos negativos destas decisões foram relatados por Diego, por Mário e por Anderson.

Diego disse dar "aulas sossegado" e que "as pessoas [a Funap] pouco sabem do trabalho que é feito aqui, a não ser pelos relatórios mensais que a gente envia" (Diego, Entrevista, julho de 2012), de modo que aquele quadro de controle e proximidade exercido pela Funap sobre suas relações sociais na primeira pena de regime fechado (figura 5), não mais se reproduz.

Anderson e Mário, por outro lado, farão referência às aprendizagens geradas pela participação em processos contínuos de formação: "o Seu M. era parceirão", disse-me Anderson, referindo-se ao seu monitor orientador. "Era foda olhar todo dia pra cara do Seu. F." relatou Mário, que completou: "mas de tudo que eu aprendi, muito eu devo a ele".

Não obstante, a consequência mais direta do sucateamento daquilo que fora proposto enquanto modelo político-pedagógico para a educação nas prisões (Funap, 2010) foi o abandono organizacional a que foram submetidos os *monitores presos de educação*, fortalecendo a tendência a fazer desta mais uma *posição* de controle da administração penitenciária para negociação com a *rapaziada* ou de controle da *rapaziada* para negociação com os dirigentes de unidades prisionais, de modo que a perspectiva da institucionalização desta posição na estrutura oficial do Estado, tal como descrito no capítulo II, não significaria mais o reconhecimento, a valorização e um investimento consistente naquilo que originou a criação desta *posição* (Leme, 211; Melo, 2010).

Não por acaso, no início de 2013 o Estado de São Paulo publicou em Diário Oficial a Resolução Conjunta SE/SAP nº 01, dispondo Diretrizes para a Oferta de Educação nas Prisões. A partir desta Resolução, a responsabilidade pela oferta e pela execução das ações escolares nas prisões paulistas foi integralmente assumida pela Secretaria Estadual de Educação, encerrando o ciclo de mais de trinta anos da Funap na mediação destas ações e desqualificando todos os diálogos estabelecidos entre diferentes agentes estatais no período de 2010 a 2012. De posição central nas ações educacionais, o *monitor preso* passou a ser um elemento residual de um programa subalterno na esfera da "reintegração social".

"Reintegração Social" e "Reincidência Criminal": uma compreensão empírica frente à normatividade

Como descrevi por meio da trajetória de Diego, e utilizando passagens das trajetórias de Mário e Anderson, as concepções normativas de "reintegração social" e "reincidência criminal" pouco representam quando se busca compreender as estratégias por eles utilizadas para darem conta das questões que os afligem. À questão "o que segura?", que me foi mencionada em diversas ocasiões por diferentes interlocutores, não foram dadas as respostas comumente esperadas sobre o que os manteria *fora do crime*.

Assim, Diego manifesta como resposta a esta questão a superação do estigma do *preso de artigo*, o que só lhe foi possível por imbricar-se, de forma ousada e arriscada, no *mundo do crime*, em oposição ao PCC, que constitui o *coletivo* hegemônico na cena paulista – seja nas prisões, seja fora delas.

Anderson, por seu turno, utilizou-se de todos os princípios e valores da *família* – o PCC – a fim de reforçar sua *caminhada* segundo o *proceder* do *partido*, de modo que, ao fazê-lo, fosse possível buscar outras formas de participação social.

Por fim, Mário não se envolve com *o crime*, tal como ele é visto pela literatura que tem como foco principal as prisões e as articulações entre sistema prisional e violência urbana, sobretudo nas periferias paulistas. Interessado numa vida de luxo, de consumo de alto padrão e de sexo, tudo o que Mário diz não querer é "*voltar pro poço*", o que não significa que esteja fora de participação em ações que possam ser consideradas "ilegais".[1]

---

[1] Não é hora de entrar nas discussões sobre os ilegalismos, suas fronteiras e articulações com o plano da legalidade. Esse debate é realizado, dentre outros, por Vera da Silva Telles e Daniel Veloso Hirata, que assinalam que o "trânsito entre o informal e o ilegal, quiçá o ilícito, sempre esteve presente e sempre foi importante em cidades marcadas desde longa data por um hoje expansivo mercado informal, sempre próximo e tangente aos mercados ilícitos" (Telles & Hirata, 2007: 07-08). No caso de Mário, cabe apenas mencionar que uma de suas fontes de renda é o aluguel de um apartamento em Barcelona/Espanha e de um apartamento na capital paulista, ambos remanescentes de seu período de traficante internacional e que não foram "tomados por seus advogados". Em certa ocasião, perguntei a Mario sobre se os bens que ele

Por tudo que foi descrito, é preciso voltar à terminologia deleuziana e compreender a figura da "superfície de inscrição". Diz o filósofo francês, acerca dos trabalhos que realizou com seu conterrâneo Foucault:

> Não possuíamos o gosto pelas abstrações, o Uno, o Todo, a Razão, o Sujeito. Nossa tarefa era analisar estados mistos, agenciamentos, aquilo que Foucault chamava de dispositivos. Era preciso, não remontar aos pontos, mas seguir e desemaranhar as linhas: uma cartografia (...) É nos agenciamentos que encontraríamos focos de unificação, nós de totalização, processos de subjetivação, sempre relativos, a serem sempre desfeitos a fim de seguirmos ainda mais longe uma linha agitada (Deleuze, 1992: 113).

Assim como Deleuze/Foucault, não me parece suficiente seguir as "certezas" da "reincidência" como "voltar a delinquir" (Julião, 2010: 537), nem tampouco da "reintegração" como "voltar à sociedade adaptado, respeitando as leis" (Julião, 2010: 537). Insuficiente também é imaginar que as práticas de "tratamento penitenciário" servirão, inequivocamente, para "ampliar a resiliência" de presos e egressos, tornado-os imunes à prisão.

As relações interpostas pela "transcendência" do PCC em muito superam os limites físicos das prisões e geram consequências diretas sobre as vidas de quem passa pelas prisões paulistas, como demonstrei anteriormente. Da mesma forma, os acordos entre a administração penitenciária e a população prisional possibilitam aos presos oportunidades de articulação que, em muitos casos, lhes abrem portas de pertencimento social, mesmo que no interior das *cadeias*, como demonstra a transferência de Diego para a penitenciária do oeste paulista.

Não menos importante, as constantes transferências de presos pelas dezenas de unidades prisionais, as articulações e disputas entre os diferentes *coletivos*, a partilha da administração das prisões entre Estado e população prisional, por meio das diversas *posições políticas* existentes (*piloto, faxina* etc.), a coexistência de práticas de endurecimento penal e propostas de humanização das

---

mencionara ter possuído, incluindo dois hotéis de luxo construídos em São Paulo para repatriação e lavagem de dinheiro oriundo de Israel, haviam sido confiscados pela justiça brasileira. "Muito pouco", ele respondeu, completando: "a maior parte foi tomada pelos advogados. É assim, quando você *cai na cadeia*, os caras acham que são donos do que você construiu" (Mario, Entrevista, abril de 2011). À época em que este texto foi concluído, além de coordenar projetos numa ONG e lecionar inglês para turmas de taxistas, trabalhadores de hotéis e restaurantes e alunos da própria ONG, Mário participava de seleções e negociações de jogadores de futebol infantil, as tradicionais "peneiras".

prisões e, finalmente, as representações que giram em torno da prisão – desde os estigmas criados e a prisionização, por um lado, até o status da *caminhada*, *o proceder*, por outro – configuram feixes de agenciamentos ainda pouco explorados na literatura e que, conforme foi sendo descrito ao longo deste trabalho, apresentam-se como fundamentais para compreender porque a prisão é vista, atualmente, como uma esfera a mais de pertencimento para significativa parcela da população paulista.

Compreender esse fluxo entre aprisionamento, liberdade civil e reaprisionamento apenas numa categoria normativa como a "reincidência penitenciária" é deixar de considerar todas as oportunidades e possibilidades de convívio social que surgem a partir da prisão. Ao mesmo tempo, imaginar que o não retorno à prisão consiste num processo puro ou natural de "reintegração social", de sucesso das práticas de "tratamento penitenciário", significa assumir a categoria normativa como se ela fosse a realidade, invisibilizando a experiência vivida pelos sujeitos que passam pelas prisões no Estado de São Paulo.

É isso o que, acredito, as trajetórias de Diego, Anderson e Mário apresentam.

BIBLIOGRAFIA

ADORNO, S. "Sistema penitenciário no Brasil: problemas e desafios." *Revista USP*, 9, 1991, p. 65-78.

_____. "Crise no sistema de justiça criminal". *Ciência e Cultura*, ano 54, nº 1, 2002, p. 50-51.

ADORNO, S.; BORDINI, E. B. T. "Reincidência e reincidentes penitenciários em São Paulo, 1974-1985". *Revista Brasileira de Ciências Sociais*, nº 9, vol. 03, fev. 1989, p. 71-94.

ALVAREZ, M. C. "Os sentidos da punição." *ComCiência – Revista Eletrônica de Jornalismo Científico*, nº 120, 10 jul. 2010. Disponível em: <http://www.comciencia.br/comciencia/?section=8&tipo=entrevista&edicao=35>. Acesso em: ago. 2010.

ALVAREZ, M. C.; SALLA, F.; GAUTO, M. "A contribuição de David Garland: a Sociologia da Punição". *Tempo Social – Revista de Sociologia da USP*, vol. 18, nº 1, jun. 2006, p. 329-350.

ANTONIETTO, C. M. C. "Os fins da pena de prisão, realidade ou mito?". *Revista Eletrônica da Ordem dos Advogados do Brasil*, Seção do Paraná, nº 2, ago./dez. 2008, p. 132-141.

ANTONIO JUNIOR, M. M. *Ciência e Cidadania*. Paper. 1º set. 2011 Disponível em: <http://www.psolsantos.com.br/artigos/artigo_det.php?id=17>. Acesso em: 5 set. 2011.

ARENDT, H. "Reflexões sobre Little Rock". In: *Responsabilidade e julgamento*. São Paulo: Companhia das Letras, 2003.

BARROS, R. L. A. de. *Os dilemas da sociedade punitiva: reflexões sobre os debates em torno da sociologia da punição*. Dissertação (mestrado em Ciências Sociais) – Faculdade de Filosofia e Ciências, Unesp, Marília, 2007.

BECKER, H. *Doing things together: selected papers*. Evanston, Illinois: Northwestern University Press, 1986.

_____. *Outsiders: estudos de sociologia do desvio*. Rio de Janeiro: Zahar, 2009.

BIONDI, K. *Junto e misturado: uma etnografia do PCC*. São Paulo: Editora Terceiro Nome, 2010.

BOMBAL, I. G.; GARAY, C. "Incidencia en políticas públicas y construcción de la ciudadanía." *RETS – Revista Eletrônica do Terceiro Setor*. Apoio à gestão. Disponível em: <www.rets.org.br>. Acesso em: ago. 2011.

BRASIL. Lei nº 7.210, de 11 de julho de 1984. Institui a Lei de Execução Penal. Disponível em: <http://www.planalto.gov.br/ccivil_03/LEIS/L7210.htm>. Acesso em: jul. 2008.

BRASIL. Resolução Nº 02. Dispõe sobre as Diretrizes Nacionais para Oferta de Educação a Jovens e Adultos em Situação de Privação de Liberdade nos Estabelecimentos Penais. Ministério da Educação – Conselho Nacional de Educação/Câmara de Educação Básica. Brasília, maio de 2010.

CARREIRA, D. *Relatoria Nacional para os Direitos Humanos à Educação: educação nas prisões brasileiras*. São Paulo: Plataforma DhESCA Brasil, 2009.

CHALHOUB, S. *Trabalho, lar e botequim: o cotidiano dos trabalhadores no Rio de Janeiro da belle époque*. 3ª ed. Campinas: Editora da Unicamp, 2012.

CHIES, L. A. B. *A capitalização do tempo social na prisão: a remição no contexto de lutas de temporalização na pena privativa de liberdade*. São Paulo: Métodos/IBCCRIM, 2008.

COLLINS, R. *Quatro tradições sociológicas*. Petrópolis: Vozes, 2009.

COSTA, R. da. "Sociedade de controle". *São Paulo em Perspectiva*, São Paulo, vol. 18, nº 1, 2004, p. 161-167.

C. R. Educação como direito humano. "Um olhar de dentro." In: YAMAMOTO, A. *et al* (orgs.). *Educação em prisões*. São Paulo: Alfasol: Cereja, 2010 (Cereja Discute).

CUNHA, E. L. "Ressocialização: o desafio da educação no sistema prisional feminino". *Caderno CEDES*, Campinas, vol. 30, nº 81, maio/ago. 2010, p. 157-178.

DA SILVA, D. A. "Responsabilidade sobre a educação nas prisões: Estado e Sociedade civil." In: YAMAMOTO, A. *et al* (orgs.). *Educação em prisões*. São Paulo: Alfasol: Cereja, 2010 (Cereja Discute).

DELEUZE, G. *Conversações*. São Paulo: Editora 34, 1992.

_____. *O que é dispositivo*. Dados incompletos. Disponível em: <http://www.prppg.ufes.br/ppgpsi/files/textos/Deleuze%20-%20O%20que%20%C3%A9%20um%20dispositivo.pdf>. Acesso em: jun. 2010.

_____. "Que és un dispositivo?" In: *Michel Foucault, filósofo*. Barcelona: Gedisa, 1990.

DIAS, C. C. N. *Da pulverização ao monopólio da violência: expansão e consolidação do Primeiro Comando da Capital (PCC) no sistema carcerário paulista.* Tese (doutorado em Sociologia) – FFLCH-USP, São Paulo, 2011.

_____. *A igreja como refúgio e a bíblia como esconderijo: religião e violência na prisão*. São Paulo: Humanitas, 2008.

DURKHEIM, É. *Da Divisão do Trabalho Social*. São Paulo: Martins Fontes, 1995.

ESPINOZA. O. (coord.) *Avaliação do Atendimento à População Egressa do Sistema Penitenciário do Estado de São Paulo*. Brasília: Ilanud e Departamento Penitenciário Nacional / Ministério da Justiça, 2003.

FELTRAN, G. de S. *Fronteiras de tensão. Política e violência nas periferias de São Paulo*. São Paulo: Editora Unesp/CEM/Cebrap, 2011.

_____. "Margens da política, fronteiras da violência: uma ação coletiva das periferias de São Paulo." *Lua Nova,* São Paulo, nº 79, p. 201-233, 2010.

_____. "A gestão da violência nas periferias urbanas de São Paulo: repertórios de dispositivos normativos na 'era PCC'". Mimeo. Artigo publicado em versão em inglês em: "The Management of Violence on the São Paulo Periphery: the repertoire of normative apparatus in the 'PCC era'". *Vibrant*, vol. 7, nº 2, jul.-dez. 2010.

_____. *Fronteiras de tensão: um estudo sobre política e violência nas periferias de São Paulo*. Tese (doutorado em Ciências Sociais) – IFCH-Unicamp, Campinas, 2008a.

_____. "O legítimo em disputa: as fronteiras do 'mundo do crime' nas periferias de São Paulo". *Dilemas – Revista de Estudos de Conflito e Controle Social*, Rio de Janeiro, vol. 1, jul.-set. 2008.

FOUCAULT, M. *Vigiar e Punir*. Petrópolis: Vozes, 1987.

_____. "Sobre a prisão". In: *Microfísica do Poder*. Rio de Janeiro: Graal, 1979.

_____. *A verdade e as formas jurídicas*. Rio de Janeiro: Nau Editora, 2005.

FUNAP – Fundação Prof. Dr. Manoel Pedro Pimentel. *Projeto político-pedagógico*. Arquivo Pessoal. 2010.

GARLAND, D. *A cultura do controle: crime e ordem social na sociedade contemporânea*. Rio de Janeiro: Revan, 2008.

_____. *Punishment and Modern Society: a study in social theory*. Chicago: Oxford University Press, 1993.

_____. "Entrevista". *ComCiência – Revista Eletrônica de Jornalismo Científico*, nº 120, 10 jul. 2010. Disponível em: <http://www.comciencia.br/comciencia/?section=8&tipo=entrevista&edicao=35>. Acesso em: ago. 2010.

GOES, E. M. *A recusa das grades. Rebeliões nos presídios paulistas: 1982-1986*. São Paulo: IBCCRIM, 2009.

GOFFMAN, E. *Manicômios, prisões e conventos*. São Paulo: Perspectiva, 2010.

_____. *Estigma. Notas sobre a manipulação da identidade deteriorada*. Rio de Janeiro: Guanabara Koogan, 1988.

_____. *A representação do eu na vida cotidiana*. Petrópolis: Vozes, 1999.

IHRC – International Human Rights Clinic/Human Rights Programa at Harward Law School. *São Paulo sob achaque: corrupção e violência institucional em Maio de 2006*. IHRC, Justiça Global Brasil, maio 2011.

JULIÃO, E. F. "O impacto da educação e do trabalho como programas de reinserção social na política de execução penal no Rio de Janeiro". *Revista Brasileira de Educação*, vol. 15, n° 45, set./dez. 2010.

KLIKSBERG, B. *Repensando o Estado para o desenvolvimento social: superando dogmas e convencionalismos*. São Paulo: Cortez, 1998.

LEME, J. A. G. "Analisando a 'grade' da 'cela de aula'." In: LOURENÇO, A. da S.; ONOFRE, E. M. C. *O espaço da prisão e suas práticas educativas: enfoques e perspectivas contemporâneas*. São Paulo: Edufscar, 2011.

_____. "A cela de aula: tirando a pena com letras. Uma reflexão sobre o sentido da educação nos presídios". In: ONOFRE, E. M. C. *Educação escolar entre as grades*. São Paulo: Edufscar, 2007.

LIMA, R. S. "A violência entre espetáculos e praxes". *Polêmica*, UERJ, vol. 16, 2006.

LIMA, R. S.; RATTON, J. L. *As ciências sociais e os pioneiros nos estudos sobre crime, violência e direitos humanos no Brasil*. São Paulo: Fórum Brasileiro de Segurança Pública; Urbania; Anpocs, 2011.

LOURENÇO, A. da S. "As regularidades e singularidade dos processos educacionais no interior dos presídios e suas repercussões na escolarização de prisioneiros". In: ONOFRE, E. M. C. *Educação escolar entre as grades*. São Paulo: Edufscar, 2007.

MADEIRA, L. M. *Trajetórias de homens infames. Políticas públicas penais e programas de apoio a egressos do sistema penitenciário no Brasil*. Tese (doutorado em Sociologia) – Instituto de Filosofia e Ciências Humanas, UFRGS, 2008.

MAIA, C. N; NETO, F. de S.; COSTA, M; BRETAS, M. L. *História das prisões no Brasil*. Vol. I. Rio de Janeiro: Rocco, 2009.

MARQUES, Adalton. *Crime, proceder, convívio-seguro: um experimento antropológico a partir de relações entre ladrões*. Dissertação (mestrado em Antropologia Social) – FFLCH-USP, São Paulo, 2009.

_____. *Dar um psicológico: estratégias de produção de verdade no mundo do crime*. Paper, s/d.

MARQUES, Eduardo. *Redes sociais, segregação e pobreza*. São Paulo: Editora Unesp; Centro de Estudos da Metrópole, 2010.

MELO, F. A. L de. "Quando o 'dentro' se mistura ao 'fora': etnografia de Diego pelo 'mundo da prisão'". *Revista LEVS*, São Paulo, nº 7, 2011. Disponível em: <http://www.levs.marilia.unesp.br/revistalevs/edica07/Autores/felipe_melo.htm> Acesso em: ago. 2011

_____. "Centro de desenvolvimento e reintegração social de Mirandópolis: uma experiência de mobilização comunitária para a reintegração social da população prisional". *Anais do 3º Encontro de Segurança Pública e Cidadania – Violência e Políticas Públicas de Segurança: Pesquisa e Ação*. Marília, Unesp, 2007.

_____. "Estratégias de Atendimento ao Egresso Prisional e ao Familiar de Preso: análise de experiências e proposta de mobilização". Paper. *Anais do 1º Congresso Latino-americano de Educação em Direitos Humanos*. Araraquara, Unesp, 2008.

_____ & PRADO, S. L. "Pode o preso dar aula? A experiência da educação de adultos nos presídios paulistas". Paper. *1º Congresso Internacional da Cátedra da Unesco de Educação de Jovens de Adultos*. João Pessoa, jul. 2010.

_____ & OLIVEIRA, J. A. "Educação nas prisões: mais que reconhecer, é necessário efetivar esse direito com qualidade". In: YAMAMOTO, A. *et al. Cereja Discute. Educação nas Prisões*. São Paulo: Alfasol, 2010 [Cereja Discute 1].

MISSE, M. "Crime, sujeito e sujeição criminal: aspectos de uma contribuição analítica sobre a categoria 'bandido'". *Lua Nova,* São Paulo, nº 79, p. 15-38, 2010.

MISSE, M.; MACHADO da SILVA, L. A.; PEREIRA LEITE, M.; VÉRAN, J-F.; VARGAS, J. D.; WERNECK, A. "Violência, sujeito e sociologia: Entrevista com Michel Wieviorka". *Dilemas – Revista de Estudos de Conflito e Controle Social*, Rio de Janeiro, vol. 2, nº 3, jan.-mar. 2009.

MONTAÑO, C. *Terceiro Setor e a questão social: crítica ao padrão emergente de intervenção social*. São Paulo: Cortez, 2002.

NOLETO, M. J. *Parcerias e alianças estratégicas: uma abordagem pratica*. São Paulo: Global, 2000.

ONOFRE, E. M. C. *Educação escolar de adultos em privação de liberdade: limites e possibilidades*. Disponível em: <http://forumeja.org.br/gt18/files/Elenice%20 ANPED%202008.ppsx>. Acesso em: mar. 2009.

_____. "El acompañamiento a los docentes noveles: prácticas y concepciones". Paper. *II Congreso Internacional sobre profesorado principiante e inserción profesional a la docência*. Buenos Aires, 24-26 fev. 2010.

PEÑA, N. M. & ECHEVERRY, L. G. J. *Investigacion cualitativa: el principio de la complementariedad etnográfica*. Armenia: Editorial Kinesis, 2000.

PENNA, M. G. de O. "O exercício docente por monitores presos e o desenvolvimento do processo formativo". In: ONOFRE, E. M. C. *Educação escolar entre as grades*. São Paulo: Edufscar, 2007.

PERALVA, A.; SINHORETTO, J.; GALLO, F. A. "Economia da droga, instituições e política: os casos de São Paulo e Acre na CPI do Narcotráfico". In: TELLES, Vera (org.). *Ilegalismos, cidade e politica*. São Paulo: Fino Traço Editora, 2012.

REIS, M. dos S. *De volta ao exílio. As representações sociais da reincidência penitenciária*. Dissertação (mestrado em Sociologia) – Departamento de Sociologia, UnB, Brasília, 2001.

ROCHA, L. C. da *A prisão dos pobres*. Tese (doutorado) – Instituto de Psicologia, USP, São Paulo, 1994.

RUSCHE, R. (org.). *Educação de adultos presos: uma proposta metodológica*. São Paulo: Funap, 1995.

RUSCHE, G. & KIRCHHEIMER, O. *Punição e Estrutura Social*. 2ª ed. Rio de Janeiro: Revan, 2004.

SÁ, A. A. "Sugestão de um esboço de bases conceituais para um sistema penitenciário". In: *Manual de Projetos de Reintegração Social.* Governo do Estado de São Paulo/Secretaria da Administração Penitenciária, 2005.

SALLA, F. "A retomada do encarceramento: as masmorras *high tech* e a atualidade do pensamento de Michel Foucault". *Cadernos da Faculdade de Filosofia e Ciência*, Marília, Unesp, 9 (1), p. 35-58, 2001.

_____. *O encarceramento em São Paulo: das enxovias à Penitenciária do Estado.* Tese (doutorado em Sociologia) – FFLCH-USP, São Paulo, 1997.

_____. *De Montoro a Lembo: as políticas penitenciárias em São Paulo.* s/d. Disponível em: <http://www.nevusp.org/portugues/index.php?option=com_content&task=view&id=987&Itemid=96>. Acesso em: jun. 2009.

SÃO PAULO. Resolução SAP 074, de 04 de abril de 2012. Institui as "Diretrizes para implantação do Programa de Educação nas Unidades Prisionais". *Diário Oficial do Estado de São Paulo*, 2012.

SÃO PAULO. Decreto 56.800, de 02 de março de 2011. Institui o "Grupo de Trabalho de Educação nas Prisões". *Diário Oficial do Estado de São Paulo*, São Paulo, nº 42, 03 de março de 2011, Seção I.

SÃO PAULO. Decreto 57.011, de 23 de maio de 2011. Cria a "EVESP – Escola Virtual de Programas Educacionais do Estado de São Paulo". *Diário Oficial do Estado de São Paulo*, São Paulo, SP, nº 96, 24 de maio de 2011, Seção I.

SÃO PAULO. Decreto 57.238, de 17 de agosto de 2011. Institui o "PEP – Programa Estadual de Educação nas Prisões". *Diário Oficial do Estado de São Paulo*, São Paulo, nº 156, 18 de agosto de 2011, Seção I.

SCHAFF, A. *História e Verdade.* São Paulo: Martins Fontes, 1986.

SECRETARIA ESTADUAL DE EDUCAÇÃO DE SÃO PAULO. *Projeto Político-pedagógico para educação nas prisões do Estado de São Paulo* (mimeo). Elenice Maria Cammarosano Onofre (org.). São Paulo: Secretaria de Educação, Secretaria de Administração Penitenciária, Funap, 2012.

SILVESTRE, G. *Dias de visita: uma sociologia da punição e das prisões.* São Paulo: Alameda, 2012.

SINHORETTO, J. "Campo estatal de administração de conflitos: múltiplas intensidades de justiça". In: *Anuário Antropológico*, v. 2009, p. 109-123, 2010.

_____; SILVESTRE, Giane; MELO, Felipe A. L. de. "O encarceramento em massa em São Paulo". *Tempo Social – Revista de Sociologia da USP*, vol. 25, nº 1. p. 83-106, 2013.

TEIXEIRA, A. *Prisões da exceção: política penal e penitenciária no Brasil contemporâneo*. Curitiba: Juruá, 2009.

TELLES, V. S.; HIRATA, D. V. "Cidade e práticas urbanas: nas fronteiras incertas entre o ilegal, o informal e o ilícito". In: *31º Encontro Anual da Anpocs*, Caxambu/MG, 2007.

VASCONCELOS, F. T. R. "A sociologia da violência em São Paulo". Paper. *Anais do II Seminário do Programa de Pós-graduação em Sociologia: Sociedade e Subjetividade*. São Carlos, Ufscar, 2011.

VOGT, C. A.; PACHECO, M. E.; BERNI NETO, H. MELO, F. A. L. de; LOYOLLA, W. P. D. C.; SANCHEZ, J. C. D.; STOCCO, N. B.; OLIVEIRA, A. S. *Educação no Sistema Prisional do Estado de São Paulo*. Relatório Final do GT "Educação nas Prisões", instituído pelo Decreto 56.800/11. Governo do Estado de São Paulo, 2011.

WACQUANT, L. "O lugar da prisão na nova administração da pobreza". In: *Novos Estudos*, Cebrap, 80, 2008, p. 9-19.

_____. "As prisões da miséria". *Coletivo Sabotagem*, 1999. Disponível em: <www.sabotagem.revolt.org>.

WHYTE, W. F. *Sociedade de esquina: a estrutura social de uma área urbana pobre e degradada*. Rio de Janeiro: Zahar, 2005.

WIEVIORKA, M. "O novo paradigma da violência". *Tempo Social – Revista de Sociologia da USP*, São Paulo, 9 (1), maio 1997, p. 5-41.

WILHEIM, J. "Por que reformar as instituições". In: PEREIRA, L. C. B; WILHEIM, J; SOLA, L. (orgs). *Sociedade e Estado em transformação*. São Paulo: Editora Unesp; Brasília: Enap, 1999.

AGRADECIMENTOS

Esse livro é fruto de encontros diversos, muitas vezes inusitados, outros potencialmente imprevisíveis, na maior parte dos casos, incentivadores. Encontros e reencontros. E também distanciamentos e rupturas. Um processo que se inicia, sistematicamente, em 2010, quando ingressei no Programa de Mestrado em Sociologia da Universidade Federal de São Carlos. Mas que é preenchido não somente por todos os caminhos percorridos até aquele ingresso, nem tampouco pelas possibilidades que a partir dele se apresentaram. É preenchido, sobretudo, pela competência, pela generosidade e reciprocidade que pude construir com todas as pessoas que dele se ocuparam, seja pelas oportunidades de reflexão e troca de dúvidas e conhecimentos, seja porque se fizeram personagens e colaboradores da narrativa que foi apresentada.

Obviamente, esse não é um processo fácil. E posso afirmar que seu início foi marcado, inclusive, pelo estranhamento. Experiências, perspectivas e sentimentos que precisavam se encontrar. Depois as dúvidas, as provocações, os desafios. Alguns cafés, copos de cerveja. E só então os encontros.

Surgiram construções, expectativas, possibilidades. Paideia. A disposição. E textos, ideias que aos poucos se materializavam em escrita. Escrita que trazia à tona um caminho. Passos que, muitas vezes sem rumo, levavam a algum lugar. Então sobreveio a admiração. Pathos. Chegamos. Peripateia. E pelo caminho percorrido, pela oportunidade de chegar aqui, manifesto meu cordial, sincero e admirado agradecimento à minha orientadora, Profª. Drª. Jacqueline Sinhoretto. Sem ela nem a pesquisa, nem a dissertação, muito menos esse livro, teriam se materializado.

O agradecimento se estende aos professores do Departamento de Sociologia da UFScar com os quais pude compartilhar momentos de reflexão e aprendizagem, sobretudo àqueles/as a quem tive de submeter ideias e frases: Prof. Dr. Valter Silvério, Prof.ª Dr.ª Maria da Glória Bonelli, Prof. Dr. Richard Misckolci. E deste time, um agradecimento especial ao Prof. Dr. Gabriel de Santis Feltran, que não somente assina o prefácio deste livro, mas que me mostrou ser possível pensar a sociologia a partir de meu cotidiano, pois as teorias já elaboradas nos servem de lente para enxergar, como afirmava Platão, mais profunda e claramente aquilo que nos aflige.

Nesse percurso, as tarefas foram mais facilmente digeridas pela oportunidade de encontrar algumas pessoas: Prof. Dr. Marcos Alvarez, do Departamento de Sociologia da USP, de quem pude ouvir reflexões importantes e que foram incorporadas neste trabalho. Prof.ª Dr.ª Camila Caldeira Nunes Dias, da Universidade Federal do ABC, que aceitou com entusiasmo participar de alguns eventos que organizei e aos quais ela sempre levou provocações fundamentais para minha prática como gestor e meus caminhos de pesquisa. Prof. Dr. José Luiz de Amorin Ratton Junior, que, junto com Jacqueline e Gabriel, compôs a Banca Examinadora da Defesa de Dissertação, pontuando com respeito e acuidade diversas contribuições para que o texto original chegasse a esta versão que ora se publica.

Agradeço também aos colegas de GEVAC – Grupo de Estudos em Violência e Administração de Conflitos/UFScar, sobretudo Giane Silvestre, Filipe Horta, Juliana Tonche e Márcio Bonesso, que, de alguma forma, emitiram comentários indutores para novos caminhos. E @s colegas de turma, especialmente Luciano, Luizão, Ângelo, Juliana, Mariana, Thiago, uma juventude que mostra que a "Academia" também vale a pena.

Meu retorno à Universidade não teria sido possível sem o consentimento e o apoio de dirigentes e colegas da Funap – Fundação Prof. Dr. Manoel Pedro Pimentel, onde então eu trabalhava. Por este motivo, agradeço aos gerentes, educadores e direção da Fundação. Mas manifesto cumprimentos especiais à Teresa, Célia e Rosália, importantes pontos de sustentação para meus posicionamentos sempre intercambiantes e nem sempre convencionais para o papel social postulado ao "superintendente". E ao Juraci, que, além de dar dicas de leituras e emprestar livros providenciais, compartilhou comigo cervejas e ideias, organicamente assumidas nesse texto. Além deles, Fernando, Valdomiro e Wéliton, Miranda, Elisande, Cido e Adão, João Piauí, Silvio, José Antonio e Conceição, cada um a seu modo, cada qual no seu tempo, me fizeram compreender melhor a instituição e o campo de pesquisa. Mas de todos, e já congratulando aqueles/as que não nomeei, ninguém foi tão fundamental como M., companheiro de todas as horas e "enciclopédia" para assuntos da dinâmica prisional.

Como este livro é resultado de um estudo que se ampara em trajetórias, não poderia deixar de mencionar pessoas que compartilharam a construção da minha própria caminhada por cenários deveras distintos: Dª. Sônia ensinou-me o traquejo nos embates político-institucionais; Adilson e Marisa deram mostras de que, mesmo quando nos enfraquecem, sonhos e possibilidades continuam no horizonte; Carlão é a amizade segura, que põe em perspectiva a concretude do sonhar; Anderson foi fonte de inspiração e inquietações que culminaram no desafio que me propus estudar; Lupe foi parceiro em meus testes boêmios de hipóteses e argumentos; Claudimar e Vilma ouviram-me e me alertaram, com todo direito, o dissabor da vida institucional que então eu vivia (e deles tomo de empréstimo, inspirados no velho Vinícius, a expressão final destes agradecimentos). Ah, Lourenço Chacon me deu incentivos e me socorreu desvelando a autoria do samba que, por pertinência, abre o capítulo IV.

Se a pesquisa realizada foi possível, devo sinceros agradecimentos a tod@s aqueles/as que, em cumprimento de pena ou já tendo saído da prisão, compartilharam comigo suas histórias, angústias, expectativas e frustrações. E como estes não se resumem às personagens abordadas neste trabalho, deixo meus cumprimentos a tod@s alun@s do sistema prisional e monitores/as pres@s de educação.

E tem mais: minhas famílias. Pai, mãe e irmãos são sempre fontes de contradições e, sem essas, muitos dos movimentos que fazemos na vida não aconteceriam. Pelo impulso e acolhida que [quase sempre] me dão, agradecer com essas linhas representa muito pouco, mas fica o registro.

Quanto a Lelê e Adriel, nada consigo escrever que represente o carinho, a admiração e a importância que têm em minha vida, por isso tomo de assalto as palavras de Adélia Prado: "o que a memória ama fica eterno. Te amo com a memória, imperecível".

Chego então a Adriana. Fonte de luz e novos caminhos. Inspiração! Você tornou possível que eu prosseguisse, quando já não sabia sequer o que fazia sentido. A ti agradeço o reencantamento pela vida e o amor que dele advém.

E assim, em meio a tropeços e trombadas, a distâncias e aproximações, sigamos em frente, pois "enquanto houver gelo, há esperança"!

Esta obra foi impressa em São Paulo pela Vida
e Consciência Gráfica & Editora no verão de
2015. No texto, foi utilizada a fonte Calluna
em corpo 10,5 e entrelinha de 15,75 pontos.